高等院校互联网+新形态教材·经管系列(二维码版)

财务管理
（微课版）

黄 虹 洪 兰 编著

清华大学出版社
北京

内 容 简 介

本书是"十三五"期间上海市精品课程"财务管理"配套的教材建设成果,全书以工商业为依托,以上市公司为展示主体,从五大方面阐述公司财务管理的原理性问题:财务管理的基本概念、基本理论及财务管理环境;财务报表分析和财务预测与财务预算;流动资产管理与短期融资;投资决策,包括财务估价、投资决策基础理论与方法、项目投资与管理、期权估价;筹资决策,包括筹资决策理论、长期筹资决策、资本成本与资本结构、股利决策等。

本书既可以作为高等院校财务管理、会计及经济管理类等相关专业本科学生的教材,又可作为广大实务工作者的业务参考书和相关专业职称、资格考试的参考书。

本书封面贴有清华大学出版社防伪标签,无标签者不得销售。
版权所有,侵权必究。举报: 010-62782989,beiqinquan@tup.tsinghua.edu.cn。

图书在版编目(CIP)数据

财务管理:微课版/黄虹,洪兰编著. —北京:清华大学出版社,2022.6
高等院校互联网+新形态教材. 经管系列:二维码版
ISBN 978-7-302-59904-3

Ⅰ. ①财… Ⅱ. ①黄… ②洪… Ⅲ. ①财务管理—高等学校—教材 Ⅳ. ①F275

中国版本图书馆 CIP 数据核字(2022)第 012465 号

责任编辑:梁媛媛
封面设计:李 坤
责任校对:李玉茹
责任印制:朱雨萌

出版发行:清华大学出版社
网　　址:http://www.tup.com.cn, http://www.wqbook.com
地　　址:北京清华大学学研大厦 A 座　　邮　编:100084
社 总 机:010-83470000　　邮　购:010-62786544
投稿与读者服务:010-62776969, c-service@tup.tsinghua.edu.cn
质量反馈:010-62772015, zhiliang@tup.tsinghua.edu.cn
课件下载:http://www.tup.com.cn, 010-62791865

印 装 者:三河市天利华印刷装订有限公司
经　　销:全国新华书店
开　　本:185mm×260mm　　印　张:17.25　　字　数:419 千字
版　　次:2022 年 6 月第 1 版　　印　次:2022 年 6 月第 1 次印刷
定　　价:53.00 元

产品编号:076601-01

前言

本书是根据社会经济的发展，按照上海市精品课程建设及面向21世纪高等院校工商管理类(如财务管理、会计、资产评估等)专业教学的要求精心编写的凸显核心教学内容的精简教材。全书充分展示了财务管理的基础核心内容与方法，同时兼顾了财务管理理论和实践的最新发展。通过对本书的学习，学生能够系统深入地掌握财务管理的基本知识和决策技术，为后续专业课程的学习奠定基础。本书既可作为高等院校财务管理、会计及经济管理类等相关专业本科学生的教材，又可作为广大实务工作者的业务参考书和相关专业职称、资格考试的参考书。

本书从五大方面阐述了现代企业财务管理的基本问题：①财务管理的基本概念、基本理论及财务管理环境；②财务报表分析和财务预测与财务预算；③流动资产管理与短期融资；④投资决策，包括财务估价、投资决策基础理论与方法、项目投资与管理、期权估价等；⑤筹资决策，包括筹资决策理论、资本成本与资本结构、长期筹资决策、股利决策等。

根据我们长期的教学实践，吸取国内外优秀教材之精华和企业财务实践的宝贵经验，本着敢于创新的精神，在编写本书时，我们力求体现以下特色。

1. 前瞻性

积极吸收西方国家市场经济下财务管理的理论和方法，具有一定的前瞻性。现代财务管理首创于西方，经过近百年的不断完善与发展，形成了能适应市场经济要求的，以财务管理目标为核心的现代财务管理理论体系和以筹资决策、投资决策、股利分配决策与资产管理为主要内容的财务管理体系。我们本着洋为中用的原则，把西方财务管理中适合我国市场经济发展要求的理论和方法吸收进来，以期对我国社会主义现代化建设能有所借鉴。

2. 适应性

本书的适应性主要体现在：①认真总结我国财务管理的精华，积极地吸收到教材中，以期更好地创立具有中国特色的财务管理体系。②主要阐述财务管理的基本原理和方法，既具有较强的法规适应性，又不拘泥于法规的解释和说明，注重学生能力的培养。

3. 新颖性

本书每章前都设置学习目标和案例导入，每章后都配有本章小结、关键词(中英文对照版)、思考题。此外，我们还提供了配套的微课视频，学生扫码即可获得。

本书由黄虹负责全书的写作计划安排、人员组织、协调和总纂工作。各章写作任务分工如下：第一、二、三、四、七、八章由黄虹执笔，第五、六、九、十、十一章由洪兰执笔。

我们在参阅了大量国内外相关教材的基础上，精心编写每一章节，力求学科体系的完整性和独特性，以增强本书的可读性。但由于作者自身的学识水平和实践经验有限，书中难免有疏漏与不妥之处，恳请有关专家、学者及广大读者不吝赐教，予以斧正，以便进一步修订与提高。

黄　虹

目录

第一章　财务管理总论 1

第一节　财务管理的概念 1
一、财务管理的基本概念 2
二、财务管理的职能 2

第二节　财务管理的目标 5
一、关于"利润最大化"目标 5
二、关于"股东财富最大化"目标 6
三、关于"企业价值最大化"目标 7

第三节　财务管理部门的作用 9

第四节　财务管理的演进与发展 10
一、西方财务管理的产生与发展 10
二、中国财务管理的发展历程 12

本章小结 13
关键词 13
思考题 13

第二章　财务管理环境 15

第一节　财务管理环境概述 15
一、财务管理环境的概念和研究意义 15
二、财务管理环境的分类 16

第二节　社会文化环境 17
一、教育 17
二、科学 18
三、观念 18

第三节　政治环境与法律环境 19

第四节　经济环境 20

第五节　金融环境 22
一、金融市场存在的目的 22
二、金融市场的种类及作用 22
三、资金的配置和利息率 26

第六节　企业组织形式及其内部环境 29

本章小结 31
关键词 32
思考题 32

第三章　财务报表分析 33

第一节　财务报表分析的目的和作用 34
一、财务报表分析的目的 34
二、财务报表分析的作用 36

第二节　财务报表分析的评价标准 37
一、企业内部标准 37
二、企业外部标准 38

第三节　财务报表分析的基本方法 39
一、基本方法介绍 40
二、常见财务比率介绍 41

第四节　现金流量分析 47
一、现金流量的结构分析 47
二、获取现金能力分析 47
三、流动性分析 48
四、收益质量分析 49

第五节　财务报表分析的运用 50
一、上市公司财务报表分析 50
二、杜邦财务分析方法 52
三、财务状况的综合评价 53
四、判断企业财务状况图 54

第六节　财务报表分析的局限性 56
一、财务报表可能出错 56
二、会计假设与会计原则的限制 57
三、会计处理方法的可选择性与有关人员的素质 57
四、财务报表重结果、轻过程，缺乏时效性 58

本章小结 59
关键词 59
思考题 59

第四章　财务预测与财务预算 61

第一节　财务预测 61
　　一、财务预测的意义和目的 61
　　二、资金需求量预测方法 62
　　三、销售百分比法 63
　　四、可持续增长率法 67

第二节　财务预算 68
　　一、财务预算的意义 68
　　二、预算管理的内容 70
　　三、预算监控系统 73
　　四、我国企业实施预算管理应注意的问题 74

本章小结 77
关键词 78
思考题 78

第五章　流动资产管理 79

第一节　营运资本管理 80
　　一、营运资本的概念 80
　　二、营运资本的特点 80
　　三、营运资本的管理原则 81

第二节　现金管理 82
　　一、现金管理概述 82
　　二、现金管理的策略 85
　　三、目标现金额的确定 87

第三节　应收账款管理 92
　　一、应收账款的管理目标 92
　　二、应收账款的成本 92
　　三、应收账款的日常管理 93
　　四、信用政策 95

第四节　存货管理 102
　　一、存货管理概述 102
　　二、存货成本 103
　　三、最优订货量的确定 103

本章小结 108
关键词 109
思考题 109

第六章　短期融资 110

第一节　商业信用 111
　　一、商业信用的形式 111
　　二、商业信用的成本 112
　　三、商业信用的决策 112
　　四、商业信用的控制 113
　　五、商业信用的优缺点 114

第二节　银行信用 115
　　一、短期借款的概念 115
　　二、短期借款的信用条件 115
　　三、短期借款的成本 116
　　四、短期借款融资的优缺点 117

第三节　商业票据融资 117
　　一、商业票据融资的概念及形式 118
　　二、商业票据融资的目的 119
　　三、商业票据融资的优缺点 120

第四节　应收账款融资 120
　　一、应收账款融资的形式 120
　　二、应收账款融资的成本 122
　　三、应收账款融资的优缺点 123

第五节　存货融资 124
　　一、存货融资的概念 124
　　二、存货融资的基本流程 124
　　三、存货融资的形式 124
　　四、存货融资的优缺点 125

本章小结 125
关键词 127
思考题 127

第七章　财务估价 128

第一节　货币时间价值观念 128
　　一、货币时间价值的含义 129
　　二、货币时间价值的计算 129

第二节　风险价值观念 134
　　一、风险的概念及种类 134
　　二、风险报酬率 135
　　三、单项资产投资风险报酬率的评估 136

四、投资组合风险报酬率的评估......138
　　五、资本资产定价模型......142
第三节　有价证券估价......144
　　一、债券概述......144
　　二、股票概述......148
本章小结......150
关键词......151
思考题......151

第八章　投资决策......152

第一节　投资评价的基本方法......153
　　一、企业投资的概念......153
　　二、企业投资评价的基本原理......155
　　三、投资项目评价的基本方法......156
第二节　项目投资现金流量的评估......164
　　一、现金流量的概念......164
　　二、现金流量的重要性......166
　　三、现金流量的测算......166
　　四、所得税和折旧对现金流量的影响......168
　　五、风险对项目净现值的影响......171
第三节　期权投资的基本方法......173
　　一、期权的相关知识......173
　　二、期权价值评估的方法......182
本章小结......188
关键词......189
思考题......189

第九章　长期筹资决策......190

第一节　长期筹资概述......190
　　一、筹资渠道......191
　　二、筹资方式......192
　　三、筹资渠道与筹资方式的关系......193
第二节　长期负债及租赁融资......193
　　一、长期借款融资......194
　　二、债券融资......196
　　三、租赁融资......200
第三节　普通股与优先股融资......203
　　一、普通股融资......203

　　二、优先股融资......207
第四节　可转换债券、认股权证和衍生证券......208
　　一、可转换债券......209
　　二、认股权证......212
　　三、衍生证券......214
本章小结......216
关键词......216
思考题......217

第十章　资本成本与资本结构......218

第一节　资本成本概述......218
　　一、资本成本的概念......219
　　二、资本成本的用途......219
　　三、影响资本成本高低的因素......220
第二节　个别资本成本......221
　　一、债务资本成本......221
　　二、权益资本成本......223
第三节　综合资本成本......226
　　一、综合资本成本......226
　　二、边际资本成本......227
第四节　资本结构决策......230
　　一、资本结构的概念......230
　　二、资本结构理论......231
　　三、资本结构优化决策......232
第五节　杠杆原理......237
　　一、成本习性、边际贡献与息税前利润......237
　　二、经营杠杆......239
　　三、财务杠杆......243
　　四、总杠杆......246
本章小结......247
关键词......247
思考题......248

第十一章　股利决策......249

第一节　股利理论......249
　　一、股利无关论......250
　　二、股利相关论......250

第二节　股利政策 251
　　　　一、股利政策的类型 252
　　　　二、影响确定股利政策的因素 254
　　　　三、股利政策类型的选择 256
　　第三节　股利支付的方式及其发放程序 ... 257
　　　　一、股利的性质 257
　　　　二、股利分配程序 257
　　　　三、股利支付的方式 258
　　　　四、股利发放程序 261

　　第四节　股票分割与股票回购 263
　　　　一、股票分割 263
　　　　二、股票回购 264
　　本章小结 266
　　关键词 267
　　思考题 267

参考文献 268

第一章 财务管理总论

【学习目标】

通过本章的学习,了解财务管理发展的历史;了解现代企业组织的基本类型;理解财务管理的概念、财务管理部门的作用;理解企业目标的形成原理,领会现代企业财务目标的科学内涵。

【案例导入】

2017年6月9日晚,中国恒大发布公告称,恒大地产及其附属公司将持有的15.53亿股万科A股份,以292亿元悉数转让予深圳地铁。加上之前从华润受让的股份,深圳地铁持有的万科A股份达到29.38%,超过宝能系25.4%的持股份额,成为万科第一大股东。至此,持续近两年的万科股权之争终于落幕,经历了重大风波的万科,也将从此步入发展正轨。股权之争虽已告一段落,但在利益的角逐中无不透露着不同利益集团的财务目标。通过股权之争映射出的企业财务管理目标,我们可以看到公司财富最大化目标在激烈的资本市场竞争中是一种理想状态。宝能入主万科合理、合规,从本质上看,这是资本市场资本力量角逐的结果。在资本市场竞争体系之下,我们必须意识到,单纯的企业利润最大化目标、股东财富最大化目标或公司财富最大化目标都难以独立存在。企业必须结合资本市场现状,在企业利润最大化目标、股东财富最大化目标、公司财富最大化目标三者之间找到平衡点,并朝着公司财富最大化目标的美好理想不断努力,从而指引企业在激烈的市场竞争中获得生存与发展。

本章在介绍财务管理的概念、职能作用和组织架构的基础上,分析说明财务管理目标的基本理论。

第一节 财务管理的概念

在现代企业发展的过程中,财务经理扮演着非常重要的角色,已经作为公司价值创造队伍中的全能成员出现。他们每天必须应付众多外界环境的变化,如公司之间竞争的加剧、技术的突变、通货膨胀和利息率的变化无常、全球经济的不确定性、汇率的波动、税法的变更及财务活动中各种各样的问题等。在激烈的现代商业社会中，公司的生存与发展，必然要求财务经理具有较强的应变能力，以便适应瞬息万变的外部环境。

财务经理在应变、资金筹集、投资决策和资产管理等方面的能力将影响公司的成败，最终还会影响整个社会经济的兴衰。倘若资金配置不当，到一定程度时，经济运转就会慢下来，当经济正常运转的条件无法得到满足时，资金配置不当就会危害社会。资源有效配置的经济最佳增长不仅对公司很重要，而且对确保个人获得最高满足也很重要。因此，通过高效率的资产购置、筹资和管理，财务经理对公司乃至整个社会的经济增长都会有所贡献。

一、财务管理的基本概念

管理是为实现目标所进行的最有效和最经济的活动，是对行动的计划、组织、领导与控制。财务管理与经济价值或财富的保值增值有关，是有关财富创造的决策。对工商企业来说，财务管理是在一定的整体目标下，对资产进行的投资、资金的筹集和资产的管理。

从财务管理的定义中我们可以看出，财务管理的决策功能可以分成三个主要领域：投资决策、筹资决策和资产管理决策。在公司的三项主要决策中，投资决策被认为是最重要的。因为投资决策最先要决定的问题是公司需要持有的资产总额，表现为资产负债表的左边项目的构成，即公司规模的大小及资产的组成。财务经理要决定在资产总额中现金保持多少、存货保持多少、投资什么和不投资什么。

公司的第二项主要决策是筹资决策，表现为资产负债表的右边项目的构成。只要我们留心就会发现，有些公司负债金额较大，而有些公司几乎没有负债。这是为什么？是否存在一种最佳资本结构？这种结构下的所需资金如何获得？

此外，公司的股利政策可以理解为筹资决策的一个组成部分。因为不同的股利分配政策，会产生不同的现金股利的支付额，由此决定了公司留存收益的大小，而留存收益是公司权益资本筹资的重要方式之一，是发放现金股利的机会成本。

资产管理决策是公司的第三项主要决策，因为只有对不同资产的运营承担不同的责任，对资产进行有效的管理，才能保证日常财务管理工作的正常进行。

二、财务管理的职能

财务管理的基本概念告诉我们应该管什么。而怎样去管理，就得借助于财务管理的职能了。任何事物都有一定的职能(功能)，其中，由事物本身的特征所决定的固有的职能，即基本职能。此外，随着事物的发展，人们为了高效地实现预期目的，就会要求某事物的基本职能得到最有效的发挥。这样，该事物的基本职能就会派生一些新的职能。就财务管理而言，我们认为，其基本职能是组织，这是由财务管理的对象和内容所决定的。随着社会经济关系的日趋复杂，组织企业的财务活动也就变得很复杂。仅仅依靠传统的组织职能已不能满足需要。因此，一系列新的财务管理职能就陆续从财务管理的组织职能中派生出来，主要有财务预测、财务决策、财务计划、财务组织、财务控制，以及财务分析、评价与考核。

(一)财务管理的预测职能

财务预测就是在认识财务活动的过去和现状的基础上，发现财务活动的客观规律，并据此推断财务活动的未来状况和发展趋势。财务活动是企业各项具体活动的综合反映，财务预测是一项综合性的预测工作，涉及面较广。因此，财务预测不能脱离企业的各项业务预测。然而，正如财务活动不是各项具体业务活动的简单组合而是它们的综合一样，财务预测也绝非各项业务预测结果的简单拼凑，而是根据业务活动对资金活动的作用与反作用关系，将业务预测结果进行合乎逻辑的整合。

(二)财务管理的决策职能

财务决策，简单地说，就是对未来活动安排的方案进行选择。决策成功与否，从根本上决定了事业的成败。财务管理效果的优劣，很大程度上取决于财务决策的成败。决策建立在预测的基础之上。根据财务预测的结果，采用一定的方法，可以在若干备选方案中选取一个最优活动方案，这就是财务决策。做好财务决策工作，发挥财务管理的决策职能，除了有赖于财务管理的预测职能，需要以财务预测资料为基本依据外，还应该妥善处理以下几个问题。一是财务决策的组织问题。现代企业财务决策往往涉及多个方面，且具有较大的不确定性。因此，财务决策除了根据各种确切的客观资料作出客观判断外，还需要决策者作出主观判断。主观判断则会受决策者个人的价值取向及知识、经验等个人素质差异的影响。因此，只有较低层次且比较简单的财务决策问题，才可以由个人决策。较高层次的财务决策问题，应尽可能由集体进行。二是财务决策的程序问题。财务决策不同于一般业务决策，具有很强的综合性。因此，财务决策不能仅由专职的财务管理人员一次完成，而应该更多地深入基层，了解企业生产经营的各种具体情况，并尽可能吸收业务部门的有关人员参与财务决策。同时，财务决策应与各项业务决策取得协调，故需要对决策结果进行调整。三是财务决策的方法。财务决策既需要定量权衡，也需要定性分析。财务决策具体方法的选择，应以财务决策内容为前提，同时还要考虑所掌握资料的性质及数量等具体情况。

(三)财务管理的计划职能

财务决策所解决的问题仅仅是财务活动方案的选择。财务决策正确与否，对于财务目标的实现固然十分关键，但是，它还不是保证财务目标实现的全部条件。为了保证实现既定的财务目标，企业的财务活动应该按照一定的财务计划组织实施。如果完成了财务计划，也就实现了财务目标。因此，当通过财务决策选定了财务活动方案之后，就应该编制财务计划。正确地编制财务计划，可以提高财务管理的预见性，也可以为企业及各部门、各层次提出具体的财务目标。从内容上来说，财务计划主要包括资金使用计划、资金筹集计划、费用成本计划、利润及利润分配计划等。

(四)财务管理的组织职能

财务管理的组织职能是财务管理的基本职能。从根本上来说，财务管理就是如何组织好企业财务活动的问题。即便事实上预测、决策、计划等已从组织职能中派生出来，成了独立的财务管理职能，但要组织好财务活动，还必须以建立适当的财务管理组织结构和组织体制为前提。关于这一问题，将在本章第三节中作具体研究。

(五)财务管理的控制职能

在财务计划组织实施的过程中,由于主客观两方面的原因,财务活动的实际进展与计划要求可能会产生差异。对于这种差异,如果不加以控制,财务计划的最终完成就不能保证。所谓财务管理的控制职能,广义地说,包括事前控制(预测)、事中控制和事后控制(分析)三个方面;狭义地说,就是指事中控制。这里,我们采用的是狭义概念。从这一意义上讲,财务控制就是在实施财务计划、组织财务活动的过程中,根据反馈信息(主要是会计信息和金融市场信息),及时判断财务活动的进展情况,并与财务计划要求相对照,发现差异,并根据具体原因及时采取措施,以保证财务活动按计划正常进行。显然,建立科学、灵敏的财务信息反馈系统和严格的财务控制制度,具有重要的意义。

(六)财务管理的分析、评价与考核职能

财务分析是事后的财务控制。财务分析的基本目的是说明财务活动实际结果与财务计划或历史实绩等比较后的差异及其产生的原因,从而为编制下期财务计划和以后的财务管理提供一定的参考依据。财务分析的基本手段是比较分析和比率分析。通过比较分析,能发现差异——有利的或不利的;通过比率分析,则能进一步发现差异产生的原因主要在于哪个方面或哪些方面。当然,要想知道各种具体因素对财务活动实际结果的影响程度,则需要运用因素分析等具体方法。

财务评价是以财务分析为基础的,是财务分析的继续。财务评价的基本目的,是说明企业财务绩效的优劣及其程度。因此,财务评价的基本依据,应该是财务计划或企业历史实绩、同行业平均先进水平等。具体选择哪一个指标,则应视评价的具体目的而定。

财务考核,虽然与财务分析、财务评价有密切联系,但毕竟不是一回事,财务考核的基本目的是贯彻责任与利益统一原则。因此,财务考核就是对有关部门或个人的财务责任完成情况进行考查和核定。财务考核的基本作用,主要在于强化各部门和个人的财务责任感,从而促进各部门和个人更好地完成所承担的财务责任。

尽管企业的具体情况各异,但主要的财务职能都是投资决策、筹资决策和资产管理决策。这些财务职能在所有组织中——从企业到政府单位,或从红十字会等这样的代理机构到艺术博物馆和剧院集团类这样的非营利性组织,都必须履行。

因此,财务经理的主要职责是计划、筹措和使用资金,这涉及若干重要的活动。

第一,在计划和预测方面,财务经理必须和负责企业整个计划活动的经理紧密联系。

第二,财务经理要考虑投资决策和筹资决策及它们之间的相互关系。一个成功的企业达到销售额的高增长率通常需要企业增加投资来支持。财务经理必须确定正确的销售额增长率,并且列出各种投资可能性。他们帮助决策者决定投资具体数量和筹措该笔投资的渠道及融资形式,必须在使用内部资金还是外部资金、使用借债还是所有者自有资金、使用长期融资还是短期融资之间作出抉择。

第三,财务经理和企业其他经理要相互沟通,以帮助企业尽可能高效率运行。所有企业决策都涉及财务,所有经理——财务副经理和其他部门经理,都要考虑这一点。例如,影响销售额增长的营销决策,必然会改变投资需求,必须考虑其对可获资金的影响,以及它们受可获资金的影响,同时考虑其对存货政策的影响和对工厂生产能力的利用等。

第四，涉及货币市场和资本市场的利用。正如我们将要在后面章节讨论的那样，财务经理要将其所在企业与筹集资金并买卖企业证券的金融市场相互联系起来。

总而言之，财务经理的核心职责同投资决策及如何筹资相关。在履行这些职能时，财务经理对影响企业价值的关键决策负有十分直接的责任。

第二节 财务管理的目标

财务管理的目标取决于企业的总目标，并且受财务管理自身特点的制约。如果说，企业总目标是分阶段实现的，即生存、发展和获利，那么，财务管理的目标也应该围绕企业的总目标而设立分目标。现代财务理论认为，企业的最高财务管理目标应该是"投资者经济利益最大化"。但是，关于如何具体量化考核指标来实现这一最高目标，还存在着争议。现代财务主流理论接受了"财富最大化"观点，并对传统的"利润最大化"观点提出了不少批评。

一、关于"利润最大化"目标

在西方经济理论中，利润最大化的观念早已根深蒂固，尽管当代经济学家对此提出了异议。在经济中，往往是以利润最大化概念来分析、评判企业的业绩，因此，利润最大化就被设定为企业的财务目标。这样设定企业财务目标，从一般经济理论意义上讲似乎是合理的。原因包括以下两方面。其一，人类进行任何活动的目的是创造剩余产品，而利润可以用来衡量剩余产品的多少。其二，在自由竞争的条件下，资本将流向能实现最大增值的企业，取得资本就等于取得了对各种经济资源的支配权，因此，以利润最大化为财务目标有助于实现社会经济资源的合理配置。现代财务理论认为，利润最大化作为企业财务目标，是在19世纪发展起来的。当初，企业结构的特征是自筹资金、私人财产和单个业主。单个业主的唯一目的就是增加个人财富，显然，这是可以简单地通过利润最大化目标得到满足的。但是，现代企业的环境是以有限责任和经营权与所有权分离为特征的，今天的企业是由业主(产权资本持有者)和债权人投资的，由职业管理人员负责控制和指挥。此外，还有许多与企业有利害关系的主体，如顾客、雇员、政府及社会。在企业结构发生了如此变化之后，19世纪的业主经理已被职业经理所取代，职业经理必须协调所有与企业有利害关系的主体之间的相互矛盾。在这种新的企业环境里，利润最大化已是不现实、不适当的了。因为利润最大化受到下列几个方面的限制，不能同时满足与企业有利害关系的各主体的要求。

(1)"利润最大化"目标的含义是模糊的，期间利润的定义也是模棱两可的。它是指短期利润还是长期利润，是指税前利润还是税后利润，是指总利润还是每股盈余，所有这些都是不清楚的。

(2)"利润最大化"目标没能区分不同时期的报酬，没有考虑资金的时间价值。投资项目效益现值的大小，不仅取决于其效益将来值总额的大小，还要受取得效益时间的制约。因为如果早取得效益，就能早进行再投资，进而早获得新的效益，"利润最大化"目标则忽视了这一点。

(3)"利润最大化"目标没能考虑风险。利润流具有确定和不确定性两种程度。两个企业的预期收益或许相同，但是，假如一个企业较另一个企业波动大得多，那么，前者的风险将更大些。如果业主偏于稳健,那么他宁愿得到较少但较确定的利润,而不愿得到较大但不确定性亦大的利润。这样,"利润最大化"目标就不能满足业主最大经济利益的要求。

(4) 假如利润最大化指的是税后利润最大化,即损益表上所列示的净利润的最大化,那么以利润最大化为财务目标,仍不能使业主的经济利益实现最大化。因为对企业来说,为了增加税后利润,完全可以使用出售追加股本并将所得款项投资于低报酬率但大于 0 的项目(如政府债券)的办法。而这样做的结果是,虽然税后利润增加了,但每股收益却下降了。因为低报酬率项目给企业新增的收益与新增股本之比,往往低于企业原先的每股收益水平。

(5) 即便采用每股盈余最大化作为企业的财务目标,也同样不能保证业主的经济利益最大化。每股盈余最大化作为财务目标,除了忽视预期收益的时间性和不确定性之外,还有一些其他缺陷。首先,以每股盈余最大化作为财务目标,意指股票市价是每股盈余的函数,而这在许多情况下都是不正确的。股票市价除了受企业经营盈亏影响外,还受其他许多外部(包括经济的、政治的、人为的)因素的影响,所以,每股盈余最大化未必能导致股票市价达到最高可能水平。其次,以每股盈余最大化作为财务目标,还意指只要资金能投资于内含报酬率大于 0 的项目,企业就应该不支付股利,而是将所有盈余都保留下来用于再投资,以增加收益从而增加每股盈余。显然,这种股利政策对股东(业主)不可能总是有利的。

二、关于"股东财富最大化"目标

企业财务目标不仅要与业主利益一致,同时也要与那些同公司有利害关系的集团利益一致,只有这样,它才能成为指导财务决策的实务标准。"股东财富最大化"目标就能同时满足以下这些利益要求。

1. 股东财富最大化对信贷资本提供者的意义

股东财富最大化与信贷资本提供者的利益是完全一致的。信贷资本提供者拥有按其所提供资本的固定比率取得收益的权利,这样,如果公司奉行股东财富最大化政策,信贷资本提供者的利益也就得到了保证。

2. 股东财富最大化对雇员的意义

雇员的目标通常是使其利益——货币的或非货币的——最大化。不论雇员获得的是货币的还是非货币的利益,其所引起的公司成本总是以货币形式表现的。所以,只有当公司目标与雇员利益基本一致时,公司方可在不影响业主利益的前提下,使雇员利益得到最大满足。"股东财富最大化"目标强调的正是保证"公司财富总额"尽可能地最大化,从而使业主与雇员的利益得到统一。当然,"股东财富最大化"目标并不意味着自动地将财富中一定的合理份额分配给雇员。雇员所得的份额是由工会通过讨价还价取得的,但是,它确实是使业主与雇员利益达到统一的最佳结合点。

3. 股东财富最大化对社会的意义

社会利益最大化的实现条件是社会资源的最合理分配。资源的最合理分配将导致最理想的资本增值,其结果便是生活在社会上的人们所得到的经济利益的最大化。社会资源的最合理分配就是将资源分配到边际生产率最高的经济领域,其衡量标准就是净现值,即财富。就社会资本的分配而言,根据财富最大化标准,如果资本市场的参加者的行为合乎理性,那么资本将分配到那些能为社会创造最大财富的投资机会上去,这就能促使企业追求符合社会利益最大化要求的财务目标。

4. 股东财富最大化对管理当局的意义

公司的决策执行权归属于管理当局。由于公司是一个由各种利益集团组成的复杂的组织,管理当局充当着协调这些利益集团之间矛盾的困难角色。管理当局很可能不是从业主的最佳利益出发行事,而是追求其自身的个人目标。但是,管理当局片面地追求其个人目标的可能性是很小的,因为业主、雇员、债权人、顾客及政府的监督,将限制管理当局按其自身利益行事的自由。只有取得成功,管理当局才能长期生存,而成功与否的评判标准就是与公司有关的各利益集团的目标的实现程度。因此,如果这些集团中任一集团的目标未能实现,管理当局的生存就要受到威胁。可见,与业主、雇员、债权人和社会等利益集团的利益相一致的"股东财富最大化"目标,与管理当局的生存也是一致的。

"股东财富最大化"目标较"利润最大化"目标的进步之处如下。

(1) 利润最大化目标考虑的是利润的绝对额,未把取得利润与投入资金量相联系,而"股东财富最大化"目标考虑的是利润的相对额,即单位投资所实现的平均增值额。

(2) "利润最大化"目标考虑投资收益时,注重的是期间利润,而"股东财富最大化"目标则要区分不同时期的报酬,即要考虑资金的时间价值因素和风险因素。

(3) 在"股东财富最大化"目标的指导下,公司关心的不仅仅是投资问题,也关心筹资和股利政策。考虑筹资问题的目的是,既充分利用负债效应,又保持合理的资本结构,减少财务风险,以使企业稳定发展。考虑股利政策的目的是,兼顾业主近期利益与远期利益的期望,以增强企业股票在市场上的吸引力。

"股东财富最大化"目标也存在一些缺点,具体如下。

(1) 它只适用于上市公司,非上市公司则很难适用。

(2) 它只强调股东的利益,而对企业其他关系人的利益则不够重视。

(3) 股票价格受多种因素影响,并非都是公司所能控制的,把不可控因素引入理财目标是不合理的。

三、关于"企业价值最大化"目标

现代企业是多边契约关系的总和,股东当然要承担风险,但债权人和职工承担的风险也很大,政府也承担了相当大的风险,所以财务管理目标应与企业多个利益集团相关,是多个利益集团共同作用和相互妥协的结果,只强调某一集团的利益是不妥的。因此,以多个集团利益取得企业长期稳定发展和企业总价值不断增长的企业价值最大化为财务目标比以股东财富最大化为财务目标更为科学。

企业价值最大化是指通过企业财务上的合理经营,采用最优的财务政策,充分考虑资金的时间价值和风险与报酬的关系,在保证企业长期稳定发展的基础上使企业总价值达到最大化。这一定义看似简单,实际上包含丰富的内容,其基本思想是将企业长期稳定发展摆在首位,强调在企业价值增长中满足各方利益。其具体内容包括以下几个方面:①强调风险与报酬的均衡,将风险限制在企业可以承担的范围之内;②创造与股东之间的利益协调关系,努力培养安定性股东;③关心本企业职工利益,创造优美、和谐的工作环境;④不断加强与债权人的联系,重大财务决策请债权人参加讨论,培养可靠的资金供应者;⑤关心客户的利益,在新产品的研制和开发上有较高投入,不断推出新产品来满足顾客的要求,以便保持销售收入的长期、稳定增长;⑥讲求信誉,注意企业形象的宣传;⑦关心政府政策的变化,努力争取参与政府制定政策的有关活动,以便出台的法规对自己有利,但政策一旦颁布实施,不管是否对自己有利,都要严格执行。

以企业价值最大化作为财务管理目标,具有以下优点:①"企业价值最大化"目标考虑了取得报酬的时间,并用时间价值的原理进行计量;②"企业价值最大化"目标科学地考虑了风险与报酬的关系;③企业价值最大化能克服企业在追求利润上的短期行为,因为不仅目前的利润会影响企业的价值,预期未来的利润对企业价值的影响所起的作用也更大。进行企业财务管理,就是要正确权衡报酬增加与风险增加的得与失,努力实现二者之间的最佳平衡,使企业价值达到最大化。因此,企业价值最大化的观点,体现了对经济效益的深层次认识,它是现代财务管理的最优目标。

如同从利润最大化向股东财富最大化转变一样,从股东财富最大化向企业价值最大化转变是财务管理目标理论的又一次飞跃,为了能够说明这种飞跃的意义,这里要进一步做如下阐述。

(1) 企业价值最大化扩大了考虑问题的范围。现代企业理论认为,企业是多边契约关系的总和:股东、债权人、经理阶层、一般职工等,对企业的发展而言,缺一不可。各方都有自身利益,共同参与构成企业的利益制衡机制,如果试图通过损伤一方利益而使另一方获利,结果往往会导致矛盾冲突,出现如职工罢工、债权人拒绝提供贷款、股东抛售股票、税务机关处以罚款等情况,这些都不利于企业的发展。从这个意义上说,股东财富最大化容易仅考虑股东利益,忽略其他关系人利益,而企业价值最大化可以弥补上述不足。

(2) 企业价值最大化注重在企业发展中考虑各方利益关系。从上述论述可以看出,合理的财务管理目标必须考虑与企业有契约关系的各个方面,但如何考虑仍是一个十分重要的问题。企业价值最大化是在发展中考虑问题,在企业价值的增长中来满足各方利益关系。如果我们把企业的财富比作一块蛋糕,那么这块蛋糕就可以分为几个部分,分别属于企业契约关系的各方——股东、债权人、职工等。从逻辑关系上看,当企业财富总额一定时,各方的利益是此消彼长的关系,当企业的财富增加后,各方利益都会有所增加,各种契约关系人的利益都会得到满足,这又有利于企业财富的增加,实现财务管理的良性循环。

(3) 企业价值最大化理论与理财主体假设是一致的。理财主体假设规定了财务管理的空间范围,即财务管理工作不是漫无边际的,而应限制于在经济上和经营上具有独立性的组织之内。具体到企业财务管理来看,理财主体就是具有独立经营权和财权的企业,财务管理目标应该体现为理财主体财富的增长,企业价值最大化能够满足这一要求。而股东财富最大化这一财务管理目标却混淆了企业这一理财主体和股东这一理财主体的关系,如果一个理财主体的财务管理是为了实现另一个理财主体财富的最大化,那么从理论上是无法解释的。

第三节 财务管理部门的作用

财务管理是会计吗？为了回答这个问题，我们首先了解一下西方成熟的公司组织结构，如图 1-1 所示。

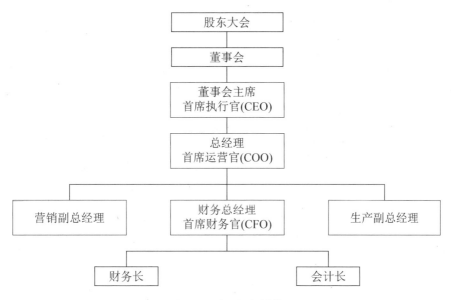

图 1-1 公司组织结构

与我们传统概念不同，在大公司中，会计部门和财务部门是分开的，会计部门主管的首要责任是会计核算、成本核算、财务预算及预测，这些都会关系到公司内部消耗的大小。外部财务报告则是提供给政府部门、工商部门、税务部门、证券机构及股东的。财务部门主管的职责是作出有关财务管理的决策：投资(资本预算、养老保险计划)、融资(与商业银行和投资银行的关系、与投资者的关系及股利支付)和资产管理(现金安排、信用安排)。这里我们描述的是一个大公司的组织架构。其实，在一家功能完善的公司里，信息在不同的分支部门之间可以很容易地流动，而在一家小公司里，两个部门可以重叠成一个职位，所以，两个职责划分并不那么严格。

具体的财务职能通常是在两个最高的财务官员——财务主管和会计主管之间划分的。财务主管负责资金的获得和保管。会计主管的职责范围包括记账、报告和控制。除了这些中心职责外，这两个职位通常还包括一些有关的沟通和管理活动。例如，财务主管一般对现金的获得负责，因此负责与商业银行和投资银行联系。财务主管可能就企业日常现金状况和营运资本状况作出报告，同时也负责制定现金预算。尽管财务主管具有主要的报告职责，但他一般报告现金流和现金储备状况。财务主管通常还负责信用管理、保险和退休金管理。

会计主管的主要职责包括对财务信息的记录和报告。这通常涉及预算和财务报表的准备，这两项工作执行着控制的职责。会计主管的职责还包括：工资支付、税收和内部审计。

在小型公司组织中，所有者(业主)也许执行(或监督)财务主管和会计主管的职能，或者一个财务官员在财务主管、会计主管或财务副经理的头衔下执行两方面的职能。

某些大公司设有企业第四负责人——公司董秘，其活动有时被认为是财务性质的。公司董秘负责有关企业财务手段之间的联系，包括法律事务和与最高委员会会议相关的事宜。公司董秘的职责包括记录与所有证券有关的内容和与企业借贷相关的财务活动。

一个能干的、积极主动的财务负责人会介入所有高层管理政策和决策中去，这些活动常常为其从财务主管晋升到公司最高管理职位——总裁或者经理主管提供了锻炼场所。

除了财务负责人介入以外，大型公司还采取财务委员会的形式。理想情况下，委员会召集了不同背景和能力的人来制定政策和作出决策。这种决策需要较广的知识面和综合的判断力。例如，获得外部资金往往意味着一项重要的决策。0.25%或0.5%的利率可能表示一笔绝对数量很大的货币。当国际商用机器公司、通用汽车公司和凯洛格公司这样的公司借入6亿美元时，0.5%之差，一年就是300万美元。因此，具有一定财务基础的高级管理者的判断力，在同银行就贷款期限和条件方面作出决策是很有价值的。而且，财务委员会在同董事会共同合作时对管理资本和经营预算尤其负有主要的责任。

在大型公司内，财务委员会还有从属组织。除了设财务委员会外，还可能有资本拨付委员会，主要负责资本预算和开支；预算委员会，处理下一年度的经营预算；退休金委员会，涉及的资金数量很大。

薪酬和利润分享委员会既负责高层负责人的分类和报酬，又负责薪酬管理。通常，与公司一般计划制订和控制过程有关。为了使计划制订和控制过程有效地运转，该委员会总是尽力提供一些必要的奖惩办法。

一般而言，财务职能与企业组织结构中的最高层紧密相关，因为财务决策对企业的生存和成功具有举足轻重的意义。在企业历史上所有重要的事件都蕴含着重要的财务含义。例如，增加一条新产品线或削减旧生产线上的工作人员；扩建或新建一个工厂或改变布局；出售新增加的证券；加速租赁安排；支付股息和购回股份；等等，这些决策对于企业长期获利能力具有持久的影响，需要最高管理层考虑。因此，财务通常是和企业高层决策分不开的。

第四节 财务管理的演进与发展

现代企业财务管理是一项涉及面广、综合性强的管理工作。不同时期、不同企业的财务管理，又必然会在内容、方法、原则等方面存在差异。只有了解历史，才能理解现实；只有掌握过去，才能掌握现在和将来。

一、西方财务管理的产生与发展

(一)西方财务管理的产生

15、16世纪，地中海沿岸一带的城市商业得到了迅速发展，并在某些城市中出现了邀请公众入股的城市商业组织，股东有商人、王公、廷臣乃至一般市民。这种股份经济组织往往由官方设立并监督其业务，股份不能转让，但投资者可以收回投资。虽然这些股份制企业都是原始意义上的，但它们向公众筹集资金并按股分红，证明财务管理已经萌芽。不过，当时的财务管理还没有从商业经营中分离出来而成为一项独立的职能。

后来，随着资本的原始积累，金融业的兴起，生产和交换规模的不断扩大，工业技术的发明和应用，股份公司在许多国家中发展起来。尤其是19世纪50年代以后，随着欧美国家产业革命的完成，制造业迅速崛起，企业规模不断扩大，企业生产经营发展所需要的资金越来越多。股份公司得到了迅速发展，专业化的财务管理便应运而生了。1897年，美国著名财务管理专家格林出版了世界上第一部财务管理理论论著《财务管理》，这标志着财务管理的正式产生。

(二)西方财务管理的发展

西方财务管理的发展，在不同时期表现出不同特征。基本上，其发展过程可以划分为以下三个主要阶段。

1. 筹资财务管理阶段(19世纪末—20世纪30年代)

19世纪末至20世纪30年代，财务管理的主要任务是如何为公司的组建和发展筹集所需的资金。当时，资金市场不甚成熟，会计信息也不太规范可靠，且股票买卖中"内幕交易"现象严重。所有这些现象都使得投资者的投资行为十分谨慎。

由于受到1929年经济危机的影响，20世纪30年代资本主义经济普遍不景气，许多公司倒闭，投资者损失严重。为了保护投资人利益，各国政府纷纷通过立法手段加强对证券市场的监管。例如，美国先后于1933年和1934年通过了《联邦证券法》和《证券交易法》，规定公司发行证券之前必须向证券交易委员会登记注册，向投资人提供公司财务状况及其他有关情况的说明书，并按规定的模式向证券交易委员会定期报告财务状况。因此，在20世纪30年代，公司财务管理的一个重要课题就是如何"合法"地筹集公司发展所需资金，所以，这一阶段也称为"守法财务管理阶段"或"传统财务管理阶段"。

2. 内部财务管理阶段(20世纪30年代—50年代)

第二次世界大战以后，随着西方资本主义国家经济的复苏，科学技术的迅速发展，市场竞争的日益激烈，人们逐渐意识到，在残酷的竞争环境中，要维持企业的生存与发展，财务管理仅关注资金的筹集是不够的，更重要的应该是管好、用好企业所掌握的资金，加强企业内部的财务管理与控制。在财务管理实践中，人们将计算技术用于财务分析与计划，用于现金、应收账款、库存及固定资产的管理与控制。与此同时，各种计量模型也应运而生，并得到日益广泛的应用。

在这一时期，财务管理研究的重点是公司资金如何有效地运用，著名的代表著作有美国财务管理专家洛夫的《企业财务管理》、英国财务管理专家罗斯的《企业内部财务论》及日本财务管理专家古川荣的《财务管理》等。

3. 综合财务管理阶段(20世纪50年代至今)

随着企业经营及其环境的发展与变化，财务管理呈现多元化发展趋势，不仅注重筹资财务管理和内部财务管理，而且注重投资财务管理、协调收益分配关系等。第二次世界大战后，世界经济发生重大变化，市场竞争更加激烈，企业资金运用也日趋复杂，许多经济问题，如通货膨胀、能源危机、环境污染和其他社会问题，严重困扰着企业的经营与发展，因此，这一时期财务管理工作的重点是强化应变能力，谋求财富最大化。

在这一时期财务管理研究的重点是投资、报酬和企业价值的评估问题等。最早研究公司投资财务管理问题的是美国财务管理专家迪安，他在其著作《资本预算》中，逐步建立起考虑货币时间价值的动态决策指标，即贴现现金流量指标体系，主要包括净现值和内部报酬率等。最早研究资产选择理论的是美国财务管理专家马科维茨，后来由夏普、林特尔等人加以改进和发展，提出"资本资产定价模型"，正确地阐明了风险与报酬的关系。随后，布莱克和斯科尔斯提出了可用于评估企业价值的"期权定价模型"。

二、中国财务管理的发展历程

中华人民共和国财务管理的发展，可以以1978年中国共产党第十一届三中全会为界，划分为两个大的历史阶段。在前一阶段，企业财务管理工作是在高度集中的计划与财政体制条件下建立和发展的，表现为政府在企业财务管理体系的建立和发展中具有直接管理的性质和起着强大推动作用的特点。而在后一阶段，随着改革的市场取向的深入和国家对企业由直接管理转向间接管理，企业财务管理的内容和方法发生了重大转变。

中华人民共和国成立至改革开放的近30年中，中国企业财务管理的内容和方法虽随经济和财政管理体制的频繁调整而不断变化，但由于那时的企业在筹资和投资决策方面没有自主权，企业财务管理的重心始终在于内部财务管理与控制，尤其突出地表现为对流动资金(资产)管理、费用与成本控制及强化经济核算制等的关注，这种状况一直延续到改革开放的初期。

改革开放过程中，随着企业自主权的逐步扩大和投融资体制的转变，投资决策渐渐地进入了企业财务管理领域。与此同时，企业投资所需的资金也不再简单地由国家财政无偿拨款，而是越来越多地按市场经济规则，由企业自己通过资金市场筹措。以往国家对国有企业投入的基本建设资金，自1985年起由"拨款"改为"贷款"。这种做法虽从事后来看也甚有不尽科学合理之处，但从历史的角度看，确有其积极意义。其明显的作用之一便是让企业感觉到，国家与企业之间的资金关系发生了变化，企业使用国家资金必须付出代价和承担责任。因此，自20世纪80年代中期起，企业财务管理的重心就逐步转移到长期筹资管理和长期投资管理上来。

20世纪80年代末90年代初，证券市场在我国得以恢复，并在90年代得到加速发展。随着证券市场尤其是股票市场的发展，企业融资渠道的融资方式发生了根本性的变化，证券市场成为越来越多的企业筹措资金的重要途径。在证券市场初步发展的过程中，国家不失时机地建立健全了维护证券市场秩序从而保护广大投资人利益的法律法规，如我国《公司法》《证券法》等，证券监督管理委员会(简称证监会)还根据各阶段的具体情况制定了规范上市公司行为的一些具体规则。由于法律法规的约束，以及投资人对企业财务的高度关注，长期筹资、长期投资及股利分派这三大财务决策问题，很自然地成了上市公司财务管理的重心和焦点。可以说，正是证券市场和上市公司的发展，彻底结束了我国企业财务管理只有"内部"财务问题的历史，财务管理的内容和方法体系也因此而丰富和完整。当然，由于市场竞争的不断加剧和"过剩经济"现象的出现，许多企业都面临着巨大的市场压力，产品销售、资金筹措和投资选择都相当困难。在这样的情况下，许多企业又重新意识到，财务管理不能顾此失彼，在关注"外部"财务问题的同时，仍需加强"内部"财务管理，所以"内部"财务与"外部"财务的统一应该是财务管理未来发展的趋势。

【小讨论】

中西方财务管理发展的历史给了我们哪些启示？

本 章 小 结

财务管理的概念：对工商企业来说，财务管理是在一定的整体目标下，关于资产的投资、资金的筹集和资产的管理。

财务管理的职能：财务管理的基本职能是组织职能，但是，随着社会经济关系的日益复杂，一系列新的财务管理职能陆续从财务管理的组织职能中派生出来，主要职能有：财务预测、财务决策、财务计划、财务组织、财务控制，以及财务分析、评价与考核。

财务管理发展的历史：西方财务管理的萌芽最早可追溯到15、16世纪，其发展过程可以划分为三个主要阶段：筹资财务管理阶段、内部财务管理阶段、综合财务管理阶段。

财务管理部门的作用：财务主管负责资金的获得和保管，财务主管的职责是作出有关财务管理的决策——投资(资本预算、养老保险计划)、融资(与商业银行和投资银行的关系、与投资者的关系及股利支付)和资产管理(现金安排、信用安排)。

现代企业财务目标的科学表达：企业价值最大化是指通过企业财务上的合理经营，采用最优的财务政策，充分考虑资金的时间价值和风险与报酬的关系，在保证企业长期稳定发展的基础上使企业总价值达到最大化。

关 键 词

财务管理(financial management)　企业目标(goal of occupation)　财务目标(financial goal)　利润最大化(profit maximization)　企业价值最大化(value maximization of occupation)　每股收益(earnings per share，EPS)　财务机构(financial institution)　财务职能(financial function)　预测(forecast)　决策(decision-making)　计划(plan)　组织(organise)　控制(control)　分析(analysis)　评价(evaluate)　考核(check)

思 考 题

1. 为什么说财务管理是企业管理的核心？
2. 简述财务管理的产生和发展的主要阶段。
3. 列举财务管理目标的典型观点，并说明理由。
4. 比较财务管理与会计的异同。
5. 比较中美财务管理机构。

微课资源

扫一扫,获取相关微课视频。

财务管理目标.mp4

第二章 财务管理环境

【学习目标】

通过本章的学习,初步认识环境对财务管理的影响,尤其是社会文化、政治、法律、经济环境及金融环境对财务管理的影响;领会企业财务管理为什么应该适应环境特征而采取相应对策。

【案例导入】

2020年年初,在突如其来的新冠肺炎疫情之下,企业无一例外地卷入动荡和不确定的环境之中。从本质上而言,寻求重大危机冲击之下的企业自救战略和探寻企业正常环境中的壮大之道,二者其实是相通的。因为疫情前后,变化的只是环境,商业的本质并没有发生改变。无论是产品研发、商业模式,还是市场策划、用户体验,归根结底都是怎样去满足消费者的需求。因此,疫情暴发后,深度探究企业经营环境中消费者需求内容与特征、购买习惯与偏好、心理模式等的变化,从而挖掘出企业在一系列商业模式、业务结构、组织运营与危机管理等方面的应对,是剖析疫情冲击下企业如何自救的重要出发点。正如环境学派(environmental school)的观点所认为的,成功的企业往往都是那些能够持续地洞察环境变化,并确保自己的战略与外部环境能够动态匹配的企业。

企业生存与发展就像一个生命体,如果它不能适应周围的环境,就将面临死亡。人类社会的实践活动总是在一定的环境条件下进行的,不同时期、不同国家乃至不同领域的财务管理有着不同的特征,归根结底是因为影响财务管理的环境因素不尽相同。因此,善于分析和研究环境,是做好企业财务管理工作的前提和基础。本章拟就财务管理环境及其分类进行一般性的阐释,以使读者了解财务管理环境之轮廓。

第一节 财务管理环境概述

一、财务管理环境的概念和研究意义

环境是指被研究系统之外的且对被研究系统有影响作用的一切要素的总和。企业的创

立、生存和发展始终处于一定的环境之中。财务管理环境，是指影响企业财务管理工作的一系列因素的总和。

财务管理环境对财务管理效果的好坏有着重大的影响，是财务管理的一个重要方面。目前，我国正处于社会主义市场经济的大环境中，任何一家营利性质的企业都必须正视这一重大的竞争环境特点。现代财务管理，不仅把控制企业资金占用与消耗以及提高资金使用效果作为着眼点，而且还把研究财务管理环境摆在首要的位置上。因此，财务管理首先应从研究财务管理环境入手。研究财务管理环境的意义如下。

(1) 公司财务管理环境的系统研究，是现代企业进行财务管理决策的基础，也是保证财务管理正确决策的前提。财务管理的发展受多种因素的影响，是各种环境因素综合作用的结果。同时，我们还应该注意到，在这些环境因素里，某些因素起着主导作用。只有首先认识了这些环境因素及其在各历史阶段的变化特征，方能真正认识财务管理本身的发展变化规律。

(2) 公司财务管理环境的系统研究，可以帮助企业及时了解财务管理环境的变化，促进企业因势利导，抓住机遇，保证财务管理决策的及时有效。财务管理只有首先适应了环境，才会有生命力。当环境发生变化时，财务管理就必须作出相应的调整，尤其是在作出重大的长远的财务决策时，更需要对未来环境的可能变化趋势作出尽可能客观的分析和估测，避免由于客观环境的不利影响而使企业蒙受损失。

(3) 公司财务管理环境的系统研究，能够预测财务管理环境的发展变化趋势，为财务管理决策具有长远性和超前性提供依据，推动财务管理理论的更快发展。财务管理理论研究的目的，不应仅限于正确地反映财务管理实践，更重要的是以正确的理论指导实践。没有财务管理实践，就不会有财务管理理论。财务管理实践如果缺少正确理论的指导，那就是十分盲目的。财务管理的发展变化，绝不是简单的几个因素或某一特定因素作用的结果，而是诸多因素综合作用的结果。所以，进行财务管理理论研究，必须密切注意影响财务管理的各种环境及其变化，只有站得高，看得远，确切预测到财务管理环境的未来变化趋势，才能在以科学预测为依据的基础上作出符合企业长远利益的财务决策。

二、财务管理环境的分类

财务管理环境可以按照多种标准进行划分。

(1) 根据环境因素的层次性，财务管理环境可以划分为宏观环境、中观环境及微观环境。财务管理的宏观环境是指那些对一定范围——正常是指一个国家或一个地区的所有企业的财务管理都有着重要影响的环境因素，如国家政治、经济体制、经济发展水平、经济周期、金融市场状况等。财务管理的中观环境是指那些对一个国家或地区部分企业的财务管理有着重要影响的环境因素，如行业环境、地方环境等。财务管理的微观环境是指那些仅对一个特定企业的财务管理有着重要影响的环境因素，如所有制特征、企业组织形式、企业内部组织结构、生产状况、人员状况、技术状况、营销状况等。

(2) 根据环境因素的企业可控性，财务管理环境又可划分为企业可控的财务管理环境因素和企业不可控的财务管理环境因素。企业可控的财务管理环境因素，是指那些对企业财务管理有着重要影响但其本身可以为企业管理当局所控制和调整的环境因素，如企业内部的各种因素，包括人员状况、生产状况、技术状况等，通常就是企业可以控制的因素。企业不可控的财务管理环境因素,是指那些对企业财务管理有着重要影响且不能为企业管理当局所控制和调整的环境因素,企业外部的各种因素一般均属于此类。

(3) 根据环境因素的易变性(或稳定性),财务管理环境又可划分为相对稳态环境和相对动态环境。前者是指那些对企业财务管理有着重要影响但其本身通常情况下处于相对稳定状态的各种环境因素,如地理环境、人文环境和政治环境等。后者是指那些对企业财务管理有着重要影响且其本身处于经常变动之中的环境因素,如利率、汇率、通货膨胀率、购销市场价格等。

从不同角度对财务管理环境进行分类,有助于我们更好地根据各种环境因素的自身特点把握其当前的特征和未来的可能变化,以及它们对企业财务管理带来的影响。宏观环境是一定范围内所有企业共同面临而不可回避的,但中观环境和微观环境则不然。据此,企业需要学会不断地适应宏观环境及其变化,在适应或选择中顺应中观环境,适应、选择乃至改变微观环境。财务管理环境中的企业可控与否,决定了企业财务管理过程对环境的不同态度:适应或调整。而稳态环境与动态环境的区分,则使我们意识到,稳态环境通常可以设定为不变的,因而财务管理过程一般无须过多地考虑其变化;而动态环境则处于经常的变化之中,因而往往就是财务管理过程所需要考虑的重点。当然,稳态环境的不变只是相对的,一旦变化则会对企业财务管理带来十分严重的影响,所以,如果有迹象表明其存在不稳定的一面,则需要给予特别的关注。总之,企业财务管理环境的各个方面特征不一,它们对企业财务管理的影响也不尽相同。只有充分地把握了这些特征,企业财务管理过程才能利用好环境,才能与环境相协调。

第二节 社会文化环境

人类之所以不同于一般动物,首先就在于人类通过生产劳动,以自身创造出的生产工具为手段改造自然,过着一般动物所没有的物质生活;其次,还在于人们在物质生活的基础上,创造了精神财富,过着人类所具有的精神生活。人类生活的精神方面,就构成了社会文化。社会文化的内容十分广泛,包括教育、科学、文学、艺术、舆论、新闻出版、广播电视、卫生体育、世界观、理想、信念、道德、习俗、传统思维方式,以及同社会制度相适应的权利义务观念、组织纪律观念、价值观念等。社会文化的产生和发展是以人类的物质生活为基础的,但它也不是消极被动的。自从人类诞生以来,人类所特有的精神文化一直是影响社会发展的重要因素。人类精神文化对物质文明的反作用,不仅表现在间接的方面——通过维护和发展生产关系,促进物质生产的发展;而且还表现在直接的方面——成为影响和激发人们生产积极性的精神力量。作为人类的一项社会实践活动,企业财务管理必然受社会文化的影响。社会文化的各个方面对企业财务管理的影响程度不尽相同。相对而言,教育、科学、观念等因素对现代财务管理的影响更为直接。

一、教育

教育,从一定意义上说主要是人类文化的传授。在人类文化积累相当丰富、教育内容和方式复杂多样的今天,教育已明显地区分为基础教育和专业教育。同其他任何工作一样,企业财务管理工作的从事者既要接受基础教育,又需要接受专业教育。企业财务管理工作的质量,既取决于从事此项工作的人的基本素质,也取决于其专业水平和能力。教育对财务管理的影响表现在以下三大方面。

(1) 社会总体的教育水平,决定社会成员总体的受教育程度,对企业财务管理具有显著影响。这是因为,企业财务管理是一项涉及面广、综合性强的管理工作。这不仅要求财务人员具有宽广的知识面和综合的思维及判断能力,也要求与财务管理相关岗位的人员具备良好的素养,以使其与财务人员的工作配合默契。一个国家总体财务管理水平的高低,与其公民总体受教育程度具有很强的正相关关系。

(2) 教育制度的基本导向对企业财务管理也有重大影响。所谓教育制度的基本导向,是指一个国家的教育结构及其倾向。教育制度的基本导向,决定了一个国家对财务管理教育的重视程度,以及财务管理教育的总体水平,这会直接影响财务管理专业人才的业务素质。

(3) 教育适应性对企业财务管理也有显著影响。所谓教育适应性,是指当经济和社会系统产生更为复杂的财务管理业务,从而需要采用更为复杂的财务管理思想和方法时,财务管理人员能否适应这种需要。当今社会经济发展很快,金融业务更是日新月异,因而财务管理思想和方法的更新周期较以往大为缩短。所以,教育是否能适应这种变化,从而使财务管理人员所掌握并能实际运用的财务管理思想和方法是否能适应新的要求,对企业财务管理工作具有显著影响。

现代财务管理是一项十分复杂的工作。从事财务管理工作的有关人员,不仅需要掌握牢固的财务管理专业知识和技能,而且也需要熟悉企业管理的其他各个方面;不仅需要懂得财务管理的常规做法,而且也必须善于创造财务管理的非常规做法;不仅需要十分清楚地把握企业内部的各种条件特征,而且更需要精于分析企业外部环境及其可能的变化趋势。所以,从事财务管理工作的人员,其受教育的过程不仅应该是知识的传授过程,而且必须同时是能力的培养过程,两者不可偏废。

二、科学

科学包括自然科学和社会科学,对财务管理也有重大的影响。科学的发展对财务管理的影响,主要表现在以下两个方面。

(1) 科学发展为财务管理提供了理论指导和管理手段。现代企业财务管理要以财务理论为指导,而财务理论的发展,又必须以其他科学的发展为条件。经济学、管理学乃至数学、物理及计算机等自然科学的发展,都在一定程度上促进了现代财务理论的发展。

(2) 科学发展丰富了财务管理的内容。这是因为,科学的发展为人类改造自然不断地开辟新的领域。而几乎在人类活动的所有领域,都必须讲求经济效果的提高。

三、观念

观念是指人们对事物的传统看法。传统观念在人们的头脑中是根深蒂固的,因而对人们的思想行为具有深远的影响。欲改变一种传统观念,树立新的观念,往往需要作出极大的努力,而且绝非朝夕之事。社会对财务管理工作的态度,将影响财务管理工作的社会地位以及从事财务管理工作的人的类型。财务管理人员是否具有全局整体观念、长远观念,将影响财务管理活动的基本导向。企业领导人、其他有关职能部门负责人,乃至企业全体员工是否具备现代财务观念,将影响财务决策实施的效果。传统观念对财务管理工作的影响还表现在:它往往会束缚财务管理人员的头脑,即许多在新形势下已成为不合理的做法,往往仍被认为是理所当然的。所以,欲使新的理论、新的方法应用于实际工作中,必先通过宣传等手段使人们的观念得以更新。

第三节 政治环境与法律环境

政治和法律都属于上层建筑范畴,它们的内容是由经济基础决定的。正如恩格斯所说:"每一时代的社会经济结构都形成现实基础,每一个历史时期由法律设施和政治设施以及宗教的、哲学的和其他的观点所构成的全部上层建筑,归根到底都是应由这个基础来说明的。"然而,上层建筑并不只是消极地由经济基础决定的,它反过来又对经济基础产生影响,尤其是其中占主导地位的政治和法律。

政治能给经济以能动的反作用。各阶级、各集团的物质利益,不但通过政治集中地表现出来,而且通过政治达到自己的目的。政治的内容包括三个方面,即作为实体的国家政权机关、作为观念的政治思想、作为活动的政治实践。其中,国家政权机关是政治的基本内容。

企业财务管理不仅要服从于人们讲求经济效果这个一般要求,而且还要服从于统治阶级特定的政治要求。无论在什么样的政治制度下,统治阶级都要通过企业财务管理处理社会各阶级(或阶层)及其内部的利益分配关系。这就不能不使企业财务管理带有浓厚的政治色彩。资本主义的国家政治,就是极力维护资本主义经济关系的政治,因而必须要通过一定的途径影响企业财务管理,使得经济利益的分配有利于资产阶级。社会主义企业财务管理同样受国家政治的制约。但是,从根本上讲,由于社会主义国家政治是有利于广大劳动人民的政治,因而企业财务管理需处理的只是长远利益与近期利益、整体利益与局部利益的关系。

政治的其他两个方面的内容,即政治思想和政治活动,也是不可忽视的。但是,政治思想和政治活动,尚不可能对企业财务管理产生直接的影响。它们只有通过潜移默化地影响人们的行为或最终引起国家政权的变革,才能对企业财务管理产生实质性的影响。

法律是上层建筑中的又一重要内容。法律区别于上层建筑中其他内容的特点在于,它是由国家直接制定或认可的,且是由国家强制力保证其实施的。法律也反作用于经济基础。

企业财务管理作为一种社会行为,也要受法律规范的约束。不同社会制度下的法律,反映着不同阶级的意志,具有各自的特征。所以,不同社会制度下的法律,会给企业财务管理带来不同的影响。同样,在同一社会制度下,法律规范及其具体内容的变化,也会给企业财务管理带来影响。随着社会的发展,法律规范越来越健全,其在上层建筑中的地位也越来越重要。在我国,随着经济改革的深化,国家管理经济已经并将继续越来越多地采用法律手段,因而企业财务管理受法律规范的约束也表现得日益显著。目前,直接制约我国企业财务管理的法律规范主要包括:企业法、《公司法》、税法、《证券法》《企业财务通则》、企业财务制度等。显然,企业财务管理只能在这些法律规范的许可范围内进行。

法律规范的发展和变化，也同样会制约和影响企业财务管理。

第四节 经 济 环 境

影响企业财务管理的环境因素固然来自诸多方面，然而，对企业财务管理起决定性作用的，还是经济环境。没有经济及经济的发展，也就不会有企业财务及财务的发展。经济体制、经济发展水平、经济周期、经济增长及税收政策等是企业财务管理的经济环境的基本因素，此外，还有通货膨胀、产业及行业特征等诸多具体经济因素。

经济体制是指制定并执行经济决策的各种机制的总和。经济体制主要包括以下三方面的内容：①决策的层次结构安排，即集权与分权的程度。②处理、提供经济信息和调节经济体制内不同单位的机制，即市场与计划如何协同作用。③确立经济目标及诱导和实现目标的激励机制。首先，集权与分权会影响企业理财的作用范围。在完全集权化的经济体制下，决策权集中于单一的中央指挥机构，并由该机构向组织内的低层单位发布指示。而在完全分权化的经济体制下，决策则分散在独立于高层权力机构的低层次单位。尽管现实生活中很少真实地存在完全的集权制和完全的分权制，但集权的经济体制事实上"剥夺"了企业一定的财务决策权，而偏于分权的经济体制则使财务决策权更多地"回归"企业。其次，计划与市场协调作用的方式及其变化，也影响着企业财务管理。企业财务管理的过程也就是优化资源配置的过程。在计划导向的经济体制下，资源配置是根据计划指令进行的。而在市场导向的经济体制下，资源配置是根据市场信息进行的。所以，只有在以市场为导向的经济体制下，企业财务管理才会有更多机会和更大的必要发挥其主观能动作用。最后，激励机制的特征也会给企业财务管理带来一定的影响。激励的方式、手段和力度，会直接影响企业财务管理过程中的利益分配，进而影响企业员工包括财务管理人员的积极性。

经济发展水平是一个相对概念。在世界范围内说明各个国家目前的经济发展水平是件困难的事情。所以，我们在这里也只能按照常用的概念，把不同的国家分别归于发达国家、发展中国家和不发达国家这三大组群。发达国家大多已经经历了较长时期的资本主义经济发展历程，资本的集中和垄断已达到了相当的程度。发达国家企业经济生活中许多新的内容、更为复杂的经济关系以及更为完善的生产方式，决定了企业财务管理内容的丰富多彩和财务管理方法及手段的科学严密。发展中国家的现代商品经济起步较迟，或因历史进程中的巨大挫折及外来侵略等缘故，目前的经济发展水平还不太高。发展中国家的共同特征是：经济基础较薄弱，发展速度较快，经济政策变更频繁。这就决定了发展中国家的企业财务管理表现出内容和方法手段的快速更新、企业财务管理受政策影响显著而不甚稳定等共同特征。不发达国家的经济发展水平低，企业经济活动内容简单，企业规模小，因而决定了处于这些国家的企业的财务管理，无论在内容、方法还是手段上，都严重落后于发达国家和发展中国家。

经济周期的客观存在已为越来越多的经济学家所证实。新中国经济的发展过程也同样表现出明显的周期波动。经济波动周期通常要经历复苏、高涨(繁荣)、危机(衰退)、萧条四个阶段。经济周期的不同阶段，给企业带来不同的机遇或挑战，这就要求企业把握其一般规律。西方财务学界提出的企业在经济周期各阶段的一般财务对策如表2-1所示。

表 2-1　企业在经济周期各阶段的一般财务对策

复　　苏	繁　　荣	衰　　退	萧　　条
1. 增加厂房设备	1. 扩充厂房、设备	1. 停止扩张	1. 建立投资标准
2. 实行长期租赁	2. 继续建立存货	2. 出售多余设备	2. 保持市场份额
3. 建立存货	3. 提高价格	3. 转让一些分部	3. 缩减管理费用
4. 引入新产品	4. 开展营销计划	4. 停产不利产品	4. 放弃次要利益
5. 增加劳动力	5. 增加劳动力	5. 停止长期采购	5. 削减存货
		6. 削减存货	6. 裁减雇员
		7. 停止雇员	

这一理论一般而言是值得借鉴的。但是，我们必须注意到，经济发展的周期波动不仅有短程周期、中程周期和长程周期之差别，而且还有总量周期波动与产业及行业周期波动之差别。所以，表 2-1 中各周期阶段应采取的财务战略的实施时间选择、力度以及持续时间安排，都应以具体经济周期特征分析为前提。

经济增长表现为一个国家经济能力的扩大，即一个国家实际国民生产总值增长的状况。在经济飞速发展的宏观态势下，企业要想维持现有的市场地位，就必须关注经济总体增长指标并努力保持个体较高的增长速度。同时，经济增长也是企业扩张的一个通常的有利条件。许多发达国家企业的成长历史都已证明，企业如果能抓住经济高增长带来的机遇，实施投资扩张战略，就能顺应潮流而快速成长。相应地，如果经济增长的总体速度已经放慢，企业成长的机会也就因此而减少，投资扩张就应更为慎重。

税收既有调节社会总供给与总需求、经济结构，以及维护国家主权和利益等宏观经济作用，又有保护企业发展、促进公平竞争、改善经营管理和提高经济效益等微观作用。因而，税收构成了企业财务管理的重要外部环境。

我国已实行的是以流转税为主，所得税为辅，其他各税为补充的税制模式。目前正在建立和完善的是流转税与所得税并重，其他各税为补充的税制模式。待这一模式完善且有关条件成熟时，将会进一步实行以所得税为主，流转税为辅，其他各税为补充的税制模式。

在制约和影响企业财务管理的具体经济环境因素中，通货膨胀与产业及行业环境当属最为重要的两个因素。通货膨胀是现代经济生活中普遍存在的现象。20 世纪 70 年代末期和 80 年代早期，西方各主要资本主义国家几乎都经历了两位数的通货膨胀。当前，发展中国家的通货膨胀较之发达国家更为严重。持续的通货膨胀不仅给社会经济生活带来影响，而且也给企业财务管理活动带来许多影响，突出表现为资金供求的严重失衡：一方面，原材料价格上涨、囤积物资、债权资产膨胀、产品滞销等导致普遍的流动资金需求膨胀，以及投资饥渴导致长期资金需求膨胀；另一方面，通胀时期政府紧缩银根、银行信贷风险增大、投机领域吸纳大量资金，导致资金供给的相对不足。

企业财务管理的产业及行业环境分析，主要应从以下几个方面进行：①行业寿命周期分析。通过这一分析，可对行业现状和未来前景有个基本了解。②行业的规模结构分析。这包括行业的总体规模(生产能力)与社会对本行业产品总需求之间的平衡关系分析，以及行业集中度分析。③政府产业政策分析。这是分析政府对某一特定产业部门及特定行业所持的态度，以及由此决定的具体产业政策。④行业内的竞争结构分析。按照美国著名战略学家迈克尔·波特的观点，一个行业的激烈竞争，根源在于其内在经济结构。一个行业中存在五种基本的竞争力量,即新进入者的威胁、行业中现有企业间的竞争、替代品及服务的威胁、供应者讨价还价的能力、用户讨价还价的能力。这五种基本竞争力量的现状、消长趋势和综合强度,决定了行业竞争的激烈程度和行业的获利能力。行业内的竞争结构特点和企业在其中的地位,在很大程度上决定了企业财务战略模式的选择。

第五节 金融环境

金融市场(financial market)是指将金融工具的买卖双方带到一起的机构和程序。金融系统是由许多服务于工商企业、个人和政府的机构和市场组成的。当公司把闲置资金投资于流动性证券时,它就与金融市场有了直接的联系。更为重要的是,大多数公司就是通过金融市场筹集购置资产所需的资金的。在最后的分析中,我们还会把公司证券的市场价格看作公司成败的标志。虽然工商企业在产品市场上相互竞争,但是它们在金融市场上必须保持联系。由于金融环境对财务经理和接受金融服务的个人都很重要,所以我们将在本节考查金融系统和变化无常的金融环境。

一、金融市场存在的目的

因为个人、公司和政府在一定期间内的储蓄不同于在实物资产上的投资,所以就产生了金融资产。实物资产是指住房、建筑物、设备、存货和耐用品等资产。如果一定期间内经济中的各个经济单位的储蓄等于其各自实物资产的投资,那么经济单位就不用从外部筹集资金了,也就没有金融资产和货币市场或资本市场了,因为每个经济单位的资金都能够自给自足了。只有当经济单位对实物资产的投资超过自己的储蓄,并通过贷款或发行股票筹集短缺资金时,金融资产才会产生。当然,必须有另一个经济单位愿意提供贷款才行。借贷双方的相互作用决定了利息率。在整个经济中,储蓄盈余的经济单位(那些储蓄超过实物资产投资的单位)向储蓄赤字的经济单位(那些储蓄小于实物资产投资的单位)提供资金。资金的交换是用投资工具或证券作为证明的,证券则代表着持有者的金融资产和发行者的金融债务。

在经济中,金融市场存在的目的就是将储蓄有效率地配置给最终的使用者。如果有储蓄的经济单位恰好是寻求资金的经济单位,那么即使没有金融市场,经济发展也无关紧要。但是在现代经济中,大多数公司投资于实物资产的资金均超过了自己的储蓄,而对于大多数个人来说,却是总储蓄超过了总投资。市场效率要求以最低的成本、最简便的方式把实物资产的最终投资者和最终的储蓄者撮合起来。

二、金融市场的种类及作用

金融市场没有那么多的实际场所,因为它们是把储蓄配置给实物资产最终投资者的机构总和。图 2-1 显示了金融市场和金融机构在把资金从储蓄单位(储蓄盈余单位)配置给投资单位(储蓄赤字单位)的过程中所起的作用,从图中可以看出金融机构在引导经济中的资金流向上的重要地位。促进资金流动的关键机构有二级市场、金融中介机构和金融经纪人。

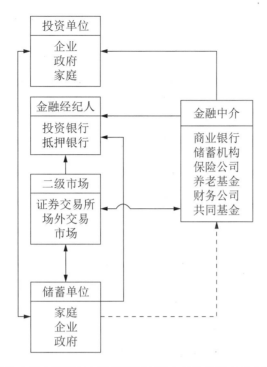

图 2-1 经济中资金的流动以及将储蓄者引向最终投资者的金融市场机制

(一)货币市场和资本市场

货币市场(money market)，买卖短期(原始期限少于一年)的政府和公司债务证券，也包括发行期限超过一年而现在距到期只有一年或短于一年的政府证券。

资本市场(capital market)，买卖较长期(原始期限超过一年)的金融工具(如债券和股票)的市场。

(二)一级市场和二级市场

一级市场，又称发行市场，是指新证券首次发行的市场。

二级市场，指现存(或已有)证券进行交易的市场，而不是新证券的市场。

在货币市场和资本市场上都存在一级市场和二级市场。一级市场是一个发行新证券的市场。在一级市场上，资金通过新证券的出售来筹集，并从最终储蓄者手中流入实物资产的最终投资者手中。在二级市场上，买卖的是已发行的证券。这些已发行的证券的交易并不会给金融资本投资提供新的资金(注意，在图 2-1 中，二级市场和投资单位之间没有直接的连线)。一个轿车市场也可以这样分类。新车的销售为汽车制造商提供资金，而旧车市场上旧车的交易则不会给汽车制造商提供资金。证券的二级市场就类似于旧车市场。

(三)金融中介机构

资金在储蓄者和实物资产的投资者之间可以直接地流动；若经济中有金融中介，则这种资金流动也可以是间接的。金融中介由商业银行、储蓄机构、保险公司、养老基金、财务公司和共同基金等金融机构组成。这些金融中介使最终的借款方和贷款方之间的交易由直接变为间接。金融中介购买了直接(或初级)证券,然后又向公众发行自己的间接(或二级)证券。例如,某储蓄机构与贷款协会购买的证券是抵押贷款;它发行的间接凭证是储蓄账户或存单。而一家人寿保险公司可能购买公司债券,同时又发行人寿保险单。

金融中介化(financial intermediation)是指一个储户不直接购买股票和债券,而把资金存入金融中介,由金融中介借给最终投资者的过程。我们常认为金融中介降低了金融服务的成本,方便了金融服务的对象,因而提高了金融市场的效率。

在不同的金融中介中,一些机构更多的是投资于工商企业的证券。下面,我们重点研究那些买卖公司证券的机构。

(1) 商业银行和储蓄机构。商业银行是工商企业筹集大额资金的重要来源。银行从个人、公司和政府吸收活期存款(支票)和定期存款(储蓄),然后发放贷款及进行投资。发放给工商企业的贷款有季度贷款、其他短期贷款、五年以下的中期贷款和抵押贷款。除了具有发放贷款的功能,商业银行还通过信托部影响工商企业,商业银行的信托部投资于公司债券和股票,向公司发放抵押贷款,并管理养老保险。

其他的存款机构包括储蓄和贷款协会、共同储蓄银行和信贷联合会。这些机构主要吸收个人的存款,并向他们发放住房贷款和消费贷款。

(2) 保险公司。它主要有两种:财产及意外保险公司和人寿保险公司。保险公司的业务是定期向投保人收取保费,而当投保人发生保险事故时,保险公司要向其支付保险金。保险公司用保险费建立储备金。这些储备金和保险公司部分的自有资金被投资于金融资产。其中,财产及意外保险公司(property and casualty companies)是对火灾、盗窃、汽车意外事故和其他意外事故进行保险。因为这些保险公司要按完整的公司所得税税率纳税,所以它们主要投资于市政债券,因为市政债券的利息是免税的。它们也投资于公司的股票和债券,但尽量保持较小的比例。人寿保险公司(life insurance companies)是对人身伤害进行保险。因为一个大群体的死亡率是可以很好地预测的,所以人寿保险公司可以投资于长期证券。人寿保险公司由于建立储备金,因而它的部分收入也可以免税,因此,人寿保险公司投资于高收益率而要纳税的投资,而不投资于免税的市政债券。因此,人寿保险公司主要投资于公司债券。抵押贷款也是人寿保险公司的重要投资项目,其中一些抵押贷款是贷给工商企业的。

(3) 养老基金。养老基金(pension funds)和其他退休基金(retirement funds)是为了向退休的个人提供收入而建立的。雇员在工作期间要向这些基金缴费,同时他们的雇主也要缴费。这些基金将收缴的资金用于投资,并把基金积累的资金分期支付给退休工人,或者安排成年金的形式付给退休工人。在基金积累阶段,投入基金的资金是不纳税的。当基金把救济金分给退休工人时,接受救济金的工人是要纳税的。商业银行的信托部和保险公司都设立养老基金,政府和其他一些非保险组织机构也设立养老基金。养老基金的债务是长期的,它可以投资于长期证券。因此,它们的投资重点是股票和债券。实际上,养老基金是公司股票最大的机构投资者。

(4) 共同基金(mutual funds)。它主要投资于公司的股票和债券。这些基金吸收个人的资金,然后把它们投资于特种金融资产。共同基金与一个管理公司联系在一起,管理公司为基金提供专业的投资管理,共同基金则支付费用(常常是每年支付总资产的 0.5%)给管理公司。个人拥有共同基金的一定比例的股份,比例的大小取决于他的原始投资。个人可以在任何时候要求共同基金收回他的股份。很多共同基金只投资于普通股股票，而其他的共同基金则专门投资于公司债券、货币市场工具(包括公司发行的商业票据)或市政证券。不同的股票基金有不同的投资哲学，从追求收益性和安全性的投资到追求高风险、高增长的投资都有。但在每种情形下，个人都获得了一个由专业人员管理的分散化的资产组合。但不幸的是，并没有证据表明这种管理会带来好的业绩。

(5) 财务公司(finance companies)。其向工商企业提供分期贷款、个人贷款和担保贷款。财务公司通过发行股票和贷款筹集资金，它们的贷款部分是长期的，但大多数是来自商业银行。筹集资金后，财务公司再对外发放贷款。

(6) 其他金融中介机构。例如，金融经纪人，一些金融机构起着经纪人的作用，这是很有必要的。金融经纪人把需要资金的一方和有储蓄的一方撮合起来，虽然金融经纪人本身并不直接起到借贷的作用，但是他们扮演了"红娘"或中间人的角色。

又如，投资银行(investment bank)，是承销(按固定的价格在固定的日期购买)新证券，并用于零售的金融机构。投资银行是公司在出售股票和债券时的中间人。当一个公司决定筹集资金时，投资银行会购买该公司新发行的全部证券(包销)，提高价格后，再把这些证券卖给投资者(零售人)。因为投资银行的业务就是把资金供需双方撮合起来，所以它们在销售新发行的证券时，比发行公司有更高的效率。投资银行就是通过提供这样的服务而获得佣金的，佣金是投资银行把证券卖给公众所得到的金额与支付给证券发行公司的金额之间的差额。

再如，抵押银行(mortgage bank)，是购买抵押物，并主要为了出售的金融机构。抵押银行是从事取得和处理抵押物业务的机构。有的抵押物直接来自个人或企业，更典型的是来自建筑商和房地产商。抵押银行取得抵押物后就为它们找到机构或其他投资者。虽然抵押银行一般不长期持有抵押物，但它们会把抵押物提供给最终的投资者。这包括接受支付，以及在抵押物发生意外时负连带责任，抵押银行从这项服务中获得佣金。

(四)二级市场

各种证券交易所和市场承担着金融系统的润滑功能。已存在的金融资产的买卖都在二级市场上进行。二级市场上的交易不会增加发行在外的金融资产的总额。但是各种二级市场的存在增加了金融资产的流动性，从而促进了证券初级市场或直接市场的发展。正因如此，有组织的交易所，如纽约股票交易所、美国股票交易所和纽约债券交易所，为买单和卖单的高效匹配提供了这种方法。买单和卖单供求双方的力量决定了证券的价格。

此外，场外市场(over-the-counter, OTC)又称一级半市场，也是二级市场的一部分，它是未在交易所上市的股票和债券及一些上市证券进行交易的场所。场外市场是由准备买卖证券和报价的经纪人和券商组成的。多数公司债券及越来越多的股票都在场外市场交易，而不在正式组织的交易所内交易。场外市场通过电子交易网把市场参与者联系在一起，它正变得越来越有组织和有秩序。全国证券交易商协会自动报价系统(National Association of Securities Dealers Automated Quotations，NASDAQ，也叫纳斯达克指数)维持了这个网络并及时地报价。过去，很多公司把自己的股票能在大的交易所上市看作可以炫耀和必要的事情，但是电气时代改变了这一切。现在很多公司虽有资格在交易所上市，却还是愿意把它们的股份在场外市场交易，因为它们感到在场外市场买单和卖单执行起来与在交易所里同样好，有时甚至更好。

虽然实际中还有很多其他的金融机构,但在这里我们只讨论这些与工商企业相关联的金融机构,我们的目的只是对它们进行简单的介绍。

三、资金的配置和利息率

经济中资金配置的首要基础是价格,而价格是以期望报酬率来表示的。需要资金的经济单位的出价必须高于其他单位,才能获得资金。虽然资金的配置过程受资金供给量、政府的限制和机构的约束等因素的影响,但期望报酬率是主要的影响因素,通过期望报酬率,金融工具在金融市场上达到供求平衡。如果风险保持不变,那么愿意支付最高的期望报酬率的经济单位将获得资金使用权。如果每个人都是理性的,那么出价最高的经济单位将拥有最有前途的投资机会。结果,储蓄就被配置到最有效率的用途上了。

经济中储蓄的配置过程不仅依赖于期望报酬率,也同样依赖于风险,认识到这一点是很重要的。不同的金融工具有不同级别的风险。这些金融工具为了在竞争中获得资金,必须提供不同的期望报酬率或收益率。图2-2显示了证券的风险和期望报酬率在市场的作用下达到均衡的思想,即证券的风险越高,证券提供给投资者的期望报酬率也高。如果所有的证券有恰好相同的风险特征,那么在市场均衡时,这些证券将提供相同的期望报酬率。由于不同的金融工具有不同的违约风险、流动性、期限、纳税义务和期权特征,所以其有不同级别的风险,向投资者提供不同的期望报酬率。

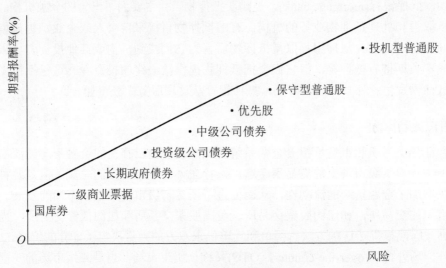

图2-2 风险-期望报酬率组合

(一)违约

违约(default)是指违反有关的合同条款,如贷款到期时不能支付利息或本金。违约风险(default risk)是指债务到期时,借款方不能按要求支付本金或利息的风险。如果投资者投资于有违约风险的证券,那么投资者就会要求一个风险溢价(或超额期望报酬率)。借款方违约的可能性越大,违约风险越高,市场要求的风险溢价也越高,因为国库券常常被认为是无违约风险的,所以其他证券的风险和报酬以国库券为参照来判断。证券发行者的违约风险越高，证券的期望报酬率或收益率也越大，其他风险也是如此。

对于典型的投资者，并不直接判断违约风险，而是根据证券的信用评估来确定它的违约风险的大小。证券的信用评估由主要的评级机构评定，如穆迪投资者服务公司(Moody's Investors Service)和标准普尔公司(Standard&Poor's)。这些投资代理机构评定并公布证券的非登记信用等级(letter grades)，供投资者使用。在评定过程中，这些机构试图根据证券预计的违约可能性判定它们的级别。上述两个机构使用的评定方法如表 2-2 所示。最高级别的证券，被评为 3A 级，这些证券几乎没有违约风险。

表 2-2　投资代理机构的信用评估

穆迪投资者服务公司		标准普尔公司	
Aaa	最佳信用	AAA	最高级
Aa	高信用	AA	高级
A	中上级	A	中上级
Baa	中级	BBB	中级
Ba	带有投机成分	BB	有投机性质
B	一般缺少可投资性	B	投机性很强
Caa	状况恶化，可能违约	CCC-CC	完全投机
Ca	高度投机，常常违约	C	没有利息的收益债券
C	最低等级	D	违约

注：前四种等级的证券是"投资信用等级"的证券；虚线下的各个等级的证券是低于"投资等级的证券"。

表 2-2 中，前四种信用等级(穆迪是 Aaa 至 Baa；标准普尔是 AAA 至 BBB)被认为是"投资信用等级"(investment grade qualify)。金融管理机构规定金融机构（如商业银行和保险公司）只可以投资于这种证券。第五种以下的信用等级被认为是"投机信用等级"(speculative credit rating)。由于机构对这些证券有限的需求和它们的高违约风险，它们必须向投资者提供比投资级证券高得多的期望报酬率。

(二)流动性

流动性(market ability)是指在价格没有明显损失的条件下，在短期内大量出售证券的能力。证券的流动性与证券变现能力有关。流动性的度量标准有：资产出售时可实现的价格和变现所需的时间长度。这两个度量标准是相互联系的，即若价格足够低，则证券在短时期内出售就是可能的。金融工具流动性的判断基础是：在价格没有明显损失的条件下，在短期内大量出售证券的能力。证券的流动性越高，在标价附近大量交易成交的能力越大。一般地，证券的流动性越低，为吸引投资者所需求的收益率越高。期限相同的不同种类的证券有不同的收益率，其原因不仅是它们的违约风险不同，而且是它们的流动性不同。

(三)期限

期限(maturity)是指证券的本金偿付前的时间长度。

(四)利率的期限结构

利率的期限结构(term structure of interest rates)是指期限不同的证券的收益率和期限之间的关系。

(五)收益曲线

收益曲线(yield curve)是反映某种证券收益率和期限之间的关系的曲线。

几种证券有相同的违约风险、类似的流动性和相同的税收待遇(tax implication),但它们却可能按不同的收益率进行交易。这又是为什么呢?答案是"时间"。证券的期限常常对证券的期望报酬率或收益率有强而有力的影响。从目前至到期日的时间长度不同的几种证券的收益率和期限之间的关系被称为利率的期限结构。代表某一时刻这种关系的曲线被称作收益曲线。图 2-3 表示了无违约的国库券在两个独立日期的收益率-期限关系,横轴代表期限,纵轴代表收益率。图中显示的就是实际观察到的两条单独线或收益曲线。

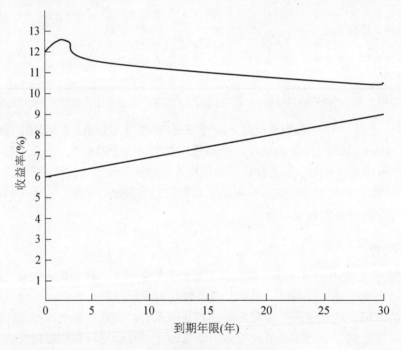

图 2-3　无违约的国库券收益曲线

(六)税收

影响证券市场收益的一个因素是税收(taxability),影响证券收益的最重要的税收是所得税。在美国,对于应纳税的投资者而言,除一种之外的全部证券的利息收入都要纳税,州和地方政府发行的证券的利息收入是免税的。因此,州和地方政府发行的证券在市场上出售时,其收益率低于同期限的国库券和公司证券。在各州成立的应纳所得税的公司,其投资于国库券的利息收入免纳州所得税。因此,国库券比其他由公司或银行发行的债务工具更优越,因为由公司或银行发行的债务工具支付的利息要纳州所得税。在目前的美国税法下,来自证券出售的资本利得按公司的普通税率纳税,其最高税率是 35%。

(七)期权特征

另一个值得考虑的因素是证券包含的期权特征(option features)，如可转换权或认股权，投资者可以运用该权利获得公司普通股股票。其他的期权还包括证券赎回权和偿债基金储备，其中证券赎回权使得公司能提前偿还其债务，偿债基金储备允许公司用现金或二级市场购买的债券来定期偿付公司的债券。如果投资者接受这些期权，发行公司就可以用较低的利息成本借贷资金；相反，如果发行公司拥有这些期权，如赎回权，则投资者就要求有较高的收益率作为补偿。

(八)通货膨胀

通货膨胀(inflation)是商品和服务的平均价格水平的上涨。除了上述影响证券收益率的因素外，预期通货膨胀对利息率也有重要的影响。多数人同意证券的名义(或可观测的)利率包括通货膨胀溢价。预期的通货膨胀越高，证券的名义收益率也越高；反之，则越低。很多年前，欧文·费雪(Irving Fisher)把债券的名义利率表示为债券的实际利率(即价格水平不变条件下的利息率)与债券期限内预期的物价变动率之和。若经济中低风险的年实际利率是4%，以后10年的预计年通货膨胀率是6%，则这种高级别债券今后10年的收益率是10%(注意：用于和实际利率相加的通货膨胀率是预期的，而不是实际的)。这只表明贷款方要求得到一个名义利率，在补偿通货膨胀所引起的货币购买力的下降后仍能获得等于实际利率的报酬率。

(九)公司证券收益率的变动

违约风险流动性、期限、税收待遇和期权特征会引起某一时刻公司证券收益率的变动(behavior of yields on corporate securities)。此外，证券的收益率(及工商企业资金成本)将随时间的变化而变化。金融市场供求力的变化及通货膨胀变化的预期将有助于解释收益率的变化。

第六节 企业组织形式及其内部环境

企业组织形式与管理体制属于历史的范畴，随着国家政治及经济制度、宏观经济体制和经济发展水平等因素的变化而不断演进。同时，从历史发展的横断面上看，任何国家的企业并非完全一致地采取同样的组织形式和管理体制。现代西方资本主义国家私营企业的基本组织形式，依然保持着独资、合伙和股份公司三种类型以及它们的变形。

我们需要对最基本的三种类型分别定义，并考虑它们各自的优缺点。我们会发现，随着公司规模的扩大，公司的优点会越来越显著。因此，许多大型企业都采取了公司这一组织形式。

个体业主制(sole proprietorship)，也称为独资企业，是指一个人拥有的企业。假设你要创办一家生产灭蚊器的企业，你只要对大家宣布："今天，我要创办一家生产灭蚊器的企业。"办理好营业执照后，你就可以开始雇用需要的人，贷款，到了年末，无论赚或赔，都是你的。

以下是考虑独资企业的重要因素。

(1) 它是费用最低的企业组织形式,不需要正式的章程,而且在大多数行业中,需要遵守的政府规定极少。

(2) 它不需要支付公司所得税。企业的利润按个人所得税规定缴纳。

(3) 对企业债务负无限责任。个人资产和企业资产之间没有差别。

(4) 企业存续期受制于业主本人的生命期。

(5) 独资企业的投资数为业主个人的钱,所以业主筹集的权益资本仅限于业主本人的财富。

合伙制(partnership)是指两人或两人以上在一起创办的企业。合伙制又分为一般合伙制和有限合伙制。

在一般合伙制中,所有的合伙人同意提供一定的工作和资金,并且分享相应的利润和亏损。每一个合伙人承担合伙制企业中的相应债务。合伙制协议可以是口头协议,也可以是正式文字协议。

有限合伙制允许某些合伙人的责任仅限于每人投入企业的出资额。有限合伙制通常要求:①至少有一人认识一般合伙人;②有限合伙人不参与企业管理。

考虑合伙制企业的重要因素有以下几点。

(1) 合伙制企业的费用一般较低。

(2) 一般合伙人对企业债务负无限责任。有限合伙人仅负担与其出资额相应的责任。如果一个一般合伙人不能履行他或她的承诺,那么不足部分由其他一般合伙人承担。

(3) 当一个一般合伙人死亡或撤出时,一般合伙制即宣告结束。但有限合伙人可以出售他们在企业中的利益。

(4) 合伙制企业要筹集大量的资金十分困难。

(5) 不需要支付公司所得税,合伙制企业按照合伙人征收个人所得税。

(6) 管理控制权归属于一般合伙人。

独资企业和合伙制企业最主要的优点是创办费用低,但其缺点是显著的:①无限责任。②有限的企业寿命。③产权转让困难,并导致难以筹集资金。

公司制(corporation)是依法组建的法人。这一组织实体将经营权与所有权分离。

在最简单的公司制中,公司由三类不同的利益者组成:股东或所有者、董事会成员、公司高层管理者。传统上,股东控制公司的方向、政策和经营活动。股东选举董事会成员。反过来,董事会成员选举高层管理者。高层管理者以股东的利益为重,管理企业的经营活动。在股权集中的企业,股东或所有者、董事会成员、公司高层管理人员三者可能相互交叉。在大型企业中,他们也可能是各不相同的集团。

公司制企业两权分离的好处很多,主要表现为有限责任、易于产权转让和永续经营,从而提高了公司的筹资能力。但是,公司制存在一个重要缺点,即股东的双重纳税。

目前,我国企业的组织形式更是复杂多样,主要包括国有企业、集体企业、私营企业、外商投资企业、股份制企业等。按管理体制而言,则又分为承包制企业、租赁制企业等。具有不同组织形式和管理体制的企业面临着不同的法律环境和政策环境,在资金来源渠道、税收、投资、利润分配等方面享受着不尽相同的待遇。这些都是企业财务管理过程中必须认真考虑的因素。

企业内部环境主要是指生产特征、技术条件及人力资源状况等。企业内部这些条件的改善，需要得到财务支持，但它们也反过来制约企业财务管理。生产的劳动密集型抑或资金密集型，很大程度上决定了企业所需投入资本的数量，以及企业的财务绩效特征；技术条件则会影响企业新产品的开发、产品质量及产品成本，进而对财务绩效产生严重影响；企业的人力资源状况，决定了企业财务管理人员及其他相关人员的实际工作能力。所有这些，都会制约和影响企业的财务管理。

本 章 小 结

对财务管理环境的系统研究，有助于我们正确、全面地认识财务发展的历史规律以及未来发展的基本趋势，使财务管理工作更好地适应环境，并可以推动财务管理理论的更快发展。

根据环境的层次性，财务管理环境可分为宏观环境、中观环境及微观环境；根据环境的企业可控性，可分为企业可控的财务管理环境因素和企业不可控的财务管理环境因素；根据环境的稳定性，则又可分为相对稳态环境和相对动态环境。

具体来说，人们一般从以下几个方面考察企业财务管理环境：社会文化环境、政治环境与法律环境、经济环境、金融环境、企业组织形式及其内部环境。其中，经济环境发挥决定性作用，经济环境的基本因素包括经济体制、经济发展水平、经济周期、经济增长及税收政策等。

企业组织有三种基本的形式，即独资企业、合伙企业、公司制企业。

由于公司制企业比其他组织形式有更大的优越性，因此它已成为一种最重要的组织形式。这些优越性包括有限责任、所有权易于转让、永续存在和大额资金筹集的能力。

由于经济单位对实物资产(如建筑物和设备)投资与它的储蓄常常不相等，因此经济中存在金融资产(证券)。在整个经济中，储蓄盈余单位(储蓄超过实物资产投资的单位)向储蓄赤字单位(实物资产投资超过储蓄的单位)提供资金。资金的交换是由投资工具或证券来证明的，这些投资工具代表持有者的金融资产和发行者的金融债务。

经济中金融市场的作用是把储蓄高效地配置给最终使用者。

金融中介有助于提高金融市场的效率。金融中介介入最终的借贷双方之间，使它们之间的直接交易变成间接交易。金融中介购买直接(或一级)证券，然后向公众发行自己的间接(或二级)证券。

金融经纪人，如投资银行和抵押银行，把需要资金和有储蓄的双方撮合在一起。这些经纪人并不起直接的借贷作用，而是作为"红娘"或中间人。

金融市场可以分成两类：货币市场和资本市场。货币市场是买卖短期政府和公司债务证券的市场。资本市场是买卖相对较长期的债务和自有资金证券。

在货币市场和资本市场中都存在一级市场和二级市场。一级市场是买卖"新发行的证券"的市场，而二级市场是买卖"已发行的证券"的市场。

长期证券的二级市场由有组织的交易所和场外市场组成，它们提高了金融市场的流动性，因而促进了长期证券一级市场的发展。

经济中储蓄的配置首要的基础是期望报酬率和风险。

违约风险、流动性、期限、税收待遇和期权特征影响证券在某一时刻的收益率。金融市场上供求双方力量的变化以及通货膨胀变化的预期有助于解释收益率随时间而发生的变化。

关 键 词

金融市场(financial market)　货币市场(money market)　资本市场(capital market)　违约风险(default risk)　金融中介化(financial intermediation)　通货膨胀(inflation)

思 考 题

1. 我国正在完善市场经济体制，与过去的计划经济体制相比，财务管理会呈现哪些不同的特征？
2. 如果你是一位财务经理，你如何看待经济周期的波动？
3. 结合发展中国家财务管理的特点，分析一下我国财务管理的特征，并考虑为什么会出现这些特征。
4. 简述产业及行业环境分析的主要内容。
5. 假定一个有限责任合伙人与一个股东拥有各自企业相同比例的所有权，他们之间有何区别？
6. 独资企业、合伙企业、有限责任公司的企业组织形式各有什么优点？

 微课资源

扫一扫，获取相关微课视频。

企业组织形式.mp4

第三章 财务报表分析

【学习目标】

通过本章的学习,了解财务报表分析有哪些需求者,以及他们分别需要哪些信息;了解财务报表分析的主要内容、主要原则、使用资料的范围;掌握财务报表分析的一般步骤;掌握财务报表分析及其在企业决策中的重要性;掌握财务报表附注和决策的相关性;重点掌握财务报表分析的方法。

【案例导入】

2020年5月22日晚,阿里巴巴公布了2020会计年度(2019年4月1日—2020年3月31日,为了便于与采用日历年度的其他公司相比,以下将阿里巴巴2020会计年度视同2019年会计年度,以此类推)的经营业绩,可谓一骑绝尘,傲视群雄! 商品销售总额(GMV)高达7.053万亿元,折合10 224亿美元,历史性地突破万亿美元大关,比线下零售巨头沃尔玛2020会计年度(结束于2020年1月)5 199亿美元的营业收入多出近一倍,过去八年GMV的年均复合增长率(ACGR)高达30.8%,阿里巴巴的营业收入从2011会计年度的77亿元增至2020会计年度的10 224亿美元,年均复合增长率高达59.34%。伴随着营业收入猛增的是税后利润的狂飙突进,公认会计准则的税后利润(GAAP Net Income)和非公认会计准则的税后利润(Non-GAAP Net Income)从2011会计年度的16亿元和28亿元分别攀升至2020会计年度的1 404亿元和1 325亿元,年均复合增长率分别为64.41%和53.50%。

与许多其他新经济公司一样,阿里巴巴的利润表也同时按两种口径披露,即以公认会计准则的税后利润为基础,剔除与经营无关和没有现金流量等损益项目,得出非公认会计准则的税后利润,便于投资者更加准确地理解阿里巴巴真实的经营业绩。例如,2020会计年度的第四季度,阿里巴巴公认会计准则的税后利润只有3.48亿元,同比下降99%,但若剔除因新型冠状病毒性肺炎疫情影响而发生的投资于其他相关上市公司股票价格下降的估值损失,则非公认会计准则的税后利润为222.87亿元,同比增长了11%。阿里巴巴的税后利润在我国2019年十大最赚钱公司中位居第六,在非金融机构的上市公司中位居榜首。

笔者查阅了Wind数据库,将阿里巴巴的营业收入与重庆百货等41家百货商店类上市公司、百联股份等13家大卖场和超市类上市公司以及苏宁易购等4家计算机与电子产品零售类上市行业比较，发现这些行业的上市公司受到阿里巴巴严重摧残，被口里夺食的愤怒程度可想而知。过去十年，阿里巴巴营业收入的年均复合增长率高达59.34%，彻底碾压了传统零售业的上市公司，比营业收入被不断蚕食更惨的是税后利润的巨大反差，最近一个会计年度，上述58家传统零售类上市公司的税后利润仅占阿里巴巴的16.88%,在零售业里，阿里巴巴正在展示着强大的虹吸效应。这种虹吸效应并非特例，在以数字平台(Digital Platform)为代表的新经济时代司空见惯。得益于新经济时代赋予的天时地利，阿里巴巴等数字平台野蛮生长，已经发展成为令人生畏的超级物种。以阿里巴巴为例，其在对传统零售企业和现代中小零售企业产生挤出效应的同时，也为中小企业和个人创造了商业机会和就业机会。中国人民大学劳动人事学院(2019)发布的《阿里巴巴零售平台就业机会测算与平台就业体系研究报告》显示，阿里巴巴零售平台2018年为我国创造了4 082个就业机会，其中包括1 558个交易型就业机会，2 524个带动型就业机会。

严格地说，以上的总括性财务分析并不十分严谨。更严谨的财务分析需要结合行业因素进行更加深入细致的横向比较。

(资料来源：黄世忠. 电商巨擘的傲人业绩与分析困惑，厦门国家会计学院院刊)

第一节　财务报表分析的目的和作用

财务报表是财务会计报表的简称，是企业依据会计准则和会计制度编制的，向国家有关部门以及与企业有关的单位和个人提供的反映企业财务状况、经营成果和现金流量等会计信息的总结性文件。由于财务报表的合法性、客观性、公开性等特点，对财务报表进行分析研究，不仅有利于财务分析的规范化、制度化，而且便于企业及有关各方面对企业经营与财务状况进行系统性分析。正因为如此，财务报表分析是财务分析的最基本形式，甚至有人将财务分析就理解为财务报表分析，这是一种需要加以纠正的、狭隘的、片面的理解。

一、财务报表分析的目的

财务报表分析的目的受分析主体与分析的服务对象的制约。不同的财务报表分析主体进行分析的目的是不同的，不同的分析服务对象所关心的问题也是各有差别的。只有将各分析主体的分析目的与各服务对象关心的问题相结合，才能得出财务报表分析的总体目标。而从分析的主体看，包括投资者进行的财务报表分析、经营者进行的财务报表分析、债权人进行的财务报表分析，以及其他相关经济组织或个人所进行的财务报表分析；从财务报表分析的服务对象看，包括投资者、经营者、债权人以及其他相关利益主体。因此，研究财务报表分析的目的可以从以下四个方面展开。

(一)从企业投资者角度看财务报表分析的目的

这里所指的投资者既包括企业现有的出资者，也包括资本市场上潜在的投资者，他们进行财务报表分析的最根本目的是衡量企业的盈利能力状况，因为盈利能力是保证其投入资本的保值与增值的关键所在。但是投资者不会仅关心当前的盈利能力，尤其对那些意欲长期投资、拥有股份较多的投资者而言，为了确保其资本保值增值的长远利益，他们还要研究企业的权益结构、支付能力及营运状况等。只有投资者认为企业有着良好的发展前景，企业的所有者才会保持或增加投资，潜在投资者也才会踊跃地把大量资金放心地投入该企业；否则，企业所有者将会尽可能地抛售股权、收回投资，潜在投资者也不会选择该企业作为投资对象。另外，对企业所有者而言，财务报表分析也可以评价企业经营者的经营业绩，发现经营过程中存在的问题，从而通过行使股东权力，及时纠正偏差，为企业未来发展指明方向。

(二)从企业经营者角度看财务报表分析的目的

企业的经营者主要是指受所有者委托对企业法人财产进行经营管理的企业管理当局及其下属各分厂、部门、车间等的中层管理人员。他们所承担的经营管理责任需要他们全面分析企业财务报表，故他们进行财务报表分析的目的也是综合的、多方面的。首先，从对企业所有者负责的角度，他们也关心盈利能力，但这只是他们的总体目标；在分析过程中，他们关心的不仅仅是盈利结果的多少，也关心盈利的来源及过程，即要进行资产结构分析、营运状况与效率分析、经营风险与财务风险分析、支付能力与偿债能力分析及企业发展前景预测等。这种分析的目的是及时发现生产经营中存在的问题与不足，并采取有效措施解决这些问题，以充分利用有限的资源，不断提高管理水平，使企业不仅能用现有资源盈利更多，而且还使企业的这种盈利能力保持持续稳定的增长。

(三)从企业债权人角度看财务报表分析的目的

企业债权人包括贷款给企业的银行、其他金融机构或企业，以及购买企业债券的单位与个人等。债权人进行财务报表分析的目的与投资者、经营者都有所不同，其分析的重点是企业长期、短期偿债能力，并从正反两个方面对企业进行考察。银行等债权人一方面从各自经营或收益的目的出发，愿意将资金贷给某企业；另一方面又要非常谨慎地观察和分析该企业有无违约或破产清算的可能性，考虑企业拖欠或破产的不良后果。一般地说，银行等金融机构与其他债权人不仅要求本金及时收回，而且还要得到相应的报酬或收益，而这个收益的大小又与其承担的风险程度相适应，通常偿还期越长风险越大，所要求的收益也就越高。因此，从债权人角度进行财务报表分析的主要目的是：①看其对企业的借款或其他债权是否能及时、足额地收回，即研究企业偿债能力的大小；②看其收益状况与风险程度是否能相适应，为此，还应将偿债能力分析与盈利能力分析相结合，由此制定出是否借款及借款额度、付款条件、利率水平、保障条款等的决策。

(四)从其他相关利益主体角度看财务报表分析的目的

财务报表分析的其他主体或服务对象主要是指企业内部职工、与企业经营有关的企业、中介机构的注册会计师及其他审计人员和国家行政管理与监督部门。企业职工(包括职工个人和他们的工会组织)需要通过分析财务报表来了解企业是否稳定发展及其获利能力，并以此评价企业提供劳动报酬、各项福利和就业机会的能力。与企业经营有关的企业主要是原材料的供应者和企业产品的购买者，它们出于保护自身利益的需要，也非常关心往来企业的财务状况，所以要进行有关的财务报表分析。这些企业单位进行分析的主要目的在于搞清企业的信用状况,包括商业上的信用和财务上的信用(前者是指按时、按质完成各种交易行为;后者则是指及时清算各种款项)。对于企业信用状况分析,一方面可通过对企业支付能力和偿债能力的评价进行;另一方面可根据对企业利润表中反映的企业交易完成情况进行分析判断来说明。

企业的财务报表须经注册会计师或其他审计人员依法审核后方能正式对外提供,而注册会计师必须在出具的审计报告中明确指出:被审核企业的会计处理是否符合国家法律法规以及有关的会计准则、会计制度的要求;所提供的财务报表是否足以真实公允地表达某一特定时间的财务状况及经营成果。财务报表分析是注册会计师或其他审计人员确定审计重点,完成上述任务必不可少的途径;而咨询业的发展更使财务分析师成为专门职业,他们为各类报表使用人提供财务报表分析的专业服务。国家行政管理与监督部门主要是指工商、物价、财政、税务及审计等机构。它们进行财务报表分析的主要目的是:①监督检查企业单位对国家有关各项经济法规、政策、制度的执行情况,确保国家财政税收;②保证企业财务会计信息和财务分析报告的真实性、准确性,以便为宏观调控提供可靠信息,为微观经济创造公平竞争的市场环境。

二、财务报表分析的作用

财务报表分析的最基本功能是,将大量的报表数据转换成对特定决策有用的信息,以减少决策的不确定性。对于其具体作用,我们可以从不同角度进行阐述,如从财务报表分析的对象来看,它不仅服务于企业内部生产经营管理,而且对企业外部投资决策、贷款决策、赊销决策等起着极为重要的作用;而从它对财务分析职能的发挥来看,其对于企业正确预测、决策、计划、控制、考核、评价而言亦是功不可没的。

(一)财务报表分析可以正确评价企业的过去

正确评价过去,是说明现在和揭示未来的基础。财务报表分析通过对实际会计报表等资料的分析,能够较为准确地说明企业过去的业绩状况,指出企业的成绩和问题所在及其产生的主客观原因等。这不仅对于企业的经营管理者十分有益,而且可对企业投资者和债权人等的行为产生正确的影响。

(二)财务报表分析可以较为全面地分析企业现状

财务会计报表及管理会计报表等资料是企业各项生产经营活动的综合反映。但会计报表的格式及其提供的数据往往是根据会计的特点和管理的一般需要设计的,它不可能全面提供不同目的的报表使用者所需要的各方面的数据资料。财务报表分析根据不同分析主体的分析目的,采用不同的分析手段和方法,可得出反映企业各个方面现状的具体指标,如反映企业资产结构的指标、企业权益结构的指标、企业支付能力和偿债能力的指标、企业营运状况的指标、企业盈利能力指标等,从而可以对企业现状作出较为全面的反映与评价。

(三)财务报表分析可以估价企业潜力

企业的潜力通常是指在现有技术水平条件下,企业在一定资源投入情况下的最大产出,即产出潜力;或在一定产出情况下资源的最小投入,即成本潜力。通过财务报表分析可正确及时地挖掘出企业各方面的潜力,如通过趋势分析方法可说明企业总体的发展潜力,通过因素分析和对比分析方法可找出企业经营管理某环节的潜力。正确揭示企业的潜力不仅是企业经营者所需要的,而且也是企业的投资者和债权人所密切关注的。

(四)财务报表分析可以在一定程度上揭示企业风险

风险的存在产生于经济中的不确定因素,企业风险包括投资风险、经营风险和财务风险等。财务报表分析,特别是用趋势分析法、结构分析法等进行的分析,可以在一定程度上揭示出企业经营所面临的风险,因为有相当多的风险会从财务报表反映的财务状况中表现出来,而财务状况的好坏也代表着企业防范、抵御风险能力的大小。

第二节 财务报表分析的评价标准

一、企业内部标准

来自企业内部的评价标准主要包括历史标准和预算标准,它们都产生于企业内部,或直接根据历史情况确定标准,或综合历史和现状,以对未来的预期作为标准。

(一)历史标准

历史标准是指以企业过去某一时间的实际状况或业绩作为标准,它可以选择企业的历史最好水平,也可以选择企业正常经营条件下的一般或平均水平。在实际工作中,我们在进行财务报表分析时,经常将本年度的财务状况与上年度进行对比,此时企业上年度的业绩水平便充当了一种历史标准。采用历史标准,对于评价企业自身经营状况和财务状况是否改善是非常有益的,可以从中看出企业本身发展变化的趋势。

事物的发展总是具有一定的延续性,而应用历史标准的优点就在于:一是比较实际可靠,因其都是企业曾经达到过的水平;二是具有较高的可比性。但历史标准也有其不足的地方:一是比较保守,毕竟情况是在不断发展的,现实要求与历史要求不可能相同,尤其在这个发展变化日新月异的时代;二是适用范围较窄,只能说明企业自身发展变化的情况,不能全面评价企业在同行业中的地位与水平,在市场竞争日益激烈的环境中,该标准可能会使企业满足于眼前而夜郎自大,陷于落后而不自知;三是历史数据只代表过去,并不代表合理性,因为经营的环境是变化的,今年的利润比上年有提高,不一定说明已达到应该达到的水平,甚至不一定能说明管理有了改进。

(二)预算标准

预算标准是指企业根据自身经营条件或经营状况制定的目标标准,相对于历史标准,一般条件下,它是在前者的基础上结合了企业现状以及外部有关条件等因素后方才确立的。

据调查，预算标准通常在一些新行业、新建企业以及垄断性企业应用较多，因为它们往往缺少可用的内部历史资料或外部可比资料。但实际上，对于其他行业和企业，把预算标准运用于分析评价亦是非常有益的。

由于预算标准制定的特点，使它能够比较全面实际地反映企业状况，具有较强的目标引导作用，其优越性尤其表现在利用它来考核评价企业各级、各部门经营者的经营业绩上及其对企业总体目标实现的影响上。但是作为一种企业内部自己制定的评价标准，其局限性也是显而易见的。这主要在于预算标准的制定受到较多人为因素的影响，比较缺乏客观性，实际和预算的差异有时就是预算不合理造成的，而不是经营中的问题，而且它只是企业对自己应达目标的一种判断，对于外部分析者作用不大。

二、企业外部标准

来自企业外部的评价标准主要包括行业标准和经验标准。企业应是一个开放的个体，只有在与外部的不断交流、不断竞争、不断比较中，才能知己知彼、不断改进，从而保持其生命活力。企业外部标准也因此成了企业财务报表分析评价标准中不可偏废的一部分。

(一)行业标准

按行业制定的行业标准在财务报表分析中广泛采用，它或是指反映行业财务状况和经营状况的基本水平或平均水平，也可指同行业某一先进企业的业绩水平(企业可以其为追求的目标，不断衡量差距，激励前进)。同业的平均数，只起一般性的指导作用，不一定有代表性，通常可选一组有代表性的企业，以其平均数为同业标准，或者直接就以竞争对手的报表数据为分析基础更有意义。在财务报表分析中运用行业标准，可以说明企业在行业中所处的相对地位与水平，从而正确判断企业的变动趋势。假设行业的投资收益率标准为10%，那么企业的投资收益率如果只有8%，就是投资者所不能容忍的；而假设在经济萧条时期，企业的利润率从12%下降到9%，但同行业其他企业的利润率则从12%下降到6%，则可认为企业的盈利状况仍是进步的。

但是，在使用行业标准进行评价时，特别要注意由企业的具体情况所导致的行业标准的适用性。应当指出，运用行业标准可能会受到以下两个条件的制约。第一，由于经营方式或采用的会计政策、方法等不同，使得同行业的两个公司并不一定具有可比性，因此在进行有关报表分析时要具体情况具体分析，考虑造成差异的有关因素。例如，同是石油行业的两家企业，一家直接从市场购买原油生产石油产品，另一家则是从开采、生产、提炼到销售石油产品一体化完成，显然这两家石油企业是不能直接相比的。再如，有两家同行业的制造企业，其库存材料物资的计价方法分别采用先进先出法和后进先出法，其算得的存货价值、成本水平乃至对利润的影响都是不同的，尤其是在材料价格逐步上涨的情况下，该差异将更为明显。第二，由于一些大公司往往是跨行业经营的，公司不同的经营业务通常有着不同的盈利水平和风险程度，此时再用行业统一标准进行评价显然是不合适的。解决问题的方法应是将公司多种经营业务的有关情况进行分项报告，就不同行业采用相应的行业标准，以对其经营状况进行分析评价。

(二)经验标准

所谓经验标准，是指通过大量实践经验的检验，从中总结得出的具有普遍意义的标准，即所谓的经验之谈，它一般在财务比率分析中应用较多。例如，流动比率(流动资产/流动负债)的经验标准不低于 2∶1；速动比率(速动资产/流动负债)的经验标准不低于 1∶1；存货对净营运资本的比率不应超过 80%；而当流动负债对有形净资产的比率超过 80%时，企业就会出现经营困难；等等。

经验标准是人们公认的标准，它来自实践，并仍在实践中不断接受着检验，因而具有相当的客观性和普遍性。但是必须明确指出的是，经验标准毕竟只是对一般情况而言的粗略判断，既不能从理论上加以证明，也绝不是适用一切领域、一切情况的绝对标准。例如，假设一个公司的流动比率大于 2∶1，但其信用政策较差，存在大量应收账款与许多积压物资和产品；而另一个公司的流动比率虽然低于 2∶1，但在应收账款、存货及现金管理方面却非常成功，显然，这时就不能仅仅依据经验标准而认为前者流动性或偿债能力要好于后者。因此，当我们在财务报表分析中应用经验标准时，也要仔细联系相关情况，不能生搬硬套。

第三节　财务报表分析的基本方法

我们已经看到，除了公司的财务主管，还有许多其他人也在关注着公司的财务报表，他们也会对财务报表进行分析。显然，公司的股东、债权人、政府监管和税收部门，甚至公司的供应商、客户、员工等都有权对公司的财务报表"说三道四"。每个人的身份不同，他们分析报表的目的也就不同。股东关心公司的投资收益率和风险状况，希望公司有更强的竞争能力和更大的潜力，他们对公司的关心最全面。债权人关心公司的短期偿债能力和长期偿债能力。其他人也是"各自图谋"。分析目的不同，所关注的重点自然有所差别。对于公司的经理人员而言，就要考虑得更为周到，对公司偿债能力、盈利能力、资产管理水平、成本费用状况、市场表现情况等各方面的财务状况都要有准确的把握。可以说要做到：评价过去、衡量现在、规划未来。

尽管许多人都可以对公司的财务状况"说三道四"，但并不是每个人都可以得到同样的会计信息。对于公开上市的公司，各种人都能看到的报表是公司的三大报表。除了这三大报表之外，公司还有一些不对外公布的信息，这些信息对公司的财务主管作出决策都会有所帮助。

这些信息可能在哪里呢？

首先是一些没有对外公布的报表。例如，企业预算、计划、业绩考核等方面的报表，如成本费用表、销售明细表、资金调度表等。

其次是各种辅助报表。三大报表背后都有一些自己的"小兄弟"，也就是辅助报表。这些辅助报表对主要报表进行补充说明，能提供更为详细的资料。

最后，除了这些，报表的附注、注册会计师的审计报告等也包含了不少有价值的信息。如果想了解更多信息，可以求助于这些相关材料。但是，如果不想把自己的思绪淹没在太多细节中，正如我们在前面提到的，仅仅关注三大报表也可以使你作出有洞察力的判断。

信息从哪里来固然重要，但更重要的是如何进行分析，那么对财务报表进行分析都有哪些方法呢？

一般来说，财务报表分析通常包括定性分析和定量分析两种类型。定性分析是指分析人员根据自己的知识、经验以及企业内部情况、对外部环境的了解程度所作出的非量化的分析和评价；而定量分析则是指分析人员根据分析的目标和要求，以定性分析为基础和前提，以定量分析为工具和手段，透过数字看本质，正确评价企业的财务状况和经营得失。本节主要介绍一些定量分析方法。

要想透彻地分析财务报表，首先要找到合适的工具，学会适当的方法。其实，对报表进行分析的招数很多，常用的主要有比较分析法、比率分析法、因素分析法、垂直(同比)分析法等。

一、基本方法介绍

(一)比较分析法

你在行业中排行老几？今天比昨天进步了吗？没有比较，就没有鉴别。

当你得到反映公司经营状况的各项指标时，你很难直接从数字中得到灵感，这时你是否会找来一定的标准，将公司的指标与这些标准进行比较？如果你确实这样做了，说明你就已经在使用比较分析法了。那么，你可能选择的标准是什么呢？一般的选择是行业平均水平或先进水平、公司历史水平、计划或预算水平。通过比较，你可以对自己公司的状况有一个更清楚的认识。

在进一步考虑比较分析法之前，先来考虑一个小问题：大猪肥肥和小鸡胖胖一起参加减肥夏令营，经过一个夏天的锻炼，它们取得了显著成绩。大猪肥肥减肥 10 千克，小鸡胖胖减肥 0.5 千克。你如何评价它们的减肥效果呢？

你有两种选择：你可以将它们各自减肥的绝对数量进行比较，显然大猪肥肥的减肥效果更好，因为 10 千克远远大于 0.5 千克。这时你使用的是绝对指标的比较。

但是，大猪肥肥减肥前重 100 千克，而小鸡胖胖减肥前只重 1 千克。可见，大猪肥肥减掉的体重只占原来体重的 10%，而小鸡胖胖却惊人地减掉了原来体重的 50%！现在恐怕你要说，小鸡胖胖的减肥效果远远好于大猪肥肥。在这种情况下，你采用的是相对指标的比较。

在使用比较法的时候，一般也有两种方法，就是绝对指标比较法和相对指标比较法。显然，这两种方法要结合使用，否则就可能得出近乎荒谬的结论。另外，在使用比较法时，一定要注意所比较的指标是否"可比"，例如，若用大猪肥肥减肥的重量和小鸡胖胖跑步的速度相比，那将会得出多么可笑的结论呀！

(二)比率分析法

你甚至可以不使用比较分析法也可以进行公司财务状况的分析。如果有人不懂财务比率却仍然可以出色地完成报表分析，那么此人一定是天才！显然，我们当中很少有人是天才，所以我们离不开财务比率。但是，财务比率名目繁多，我们应从何下手呢？

比率大致可以分为三类。

(1) 相关比率。这种比率是将两个相互联系的财务指标相除后得出的。常见的相关比率有：人均销售额、流动资产周转率、资产利润率等。

(2) 构成比率。这种比率反映的是财务指标各构成部分数值占总体数值的比重。因此，这一类比率都是以百分比的形式体现的，如市场占有率、流动资产占总资产的比率、财务费用占总费用的比率等。

(3) 动态比率。这种方法对连续数年的财务报表中的某个重要项目进行比较，计算该项目的增减方向和幅度，以说明财务状况的变动趋势，因此这一类指标专门用来进行趋势分析。

(三) 因素分析法

不仅要知其然，还要知其所以然。

采用比较分析法和比率分析法可以知道许多财务指标发生了多大的变化，但这些变化又是由什么造成的呢？要想知道这一点，最好求助于因素分析法。因素分析法分析的是影响财务指标的各种因素，并计算其对指标的影响程度。对于许多综合性指标，都受到多方面因素的影响。例如，企业利润就受到主营业务收入、费用、税金等因素的影响。企业利润的变化可能是任何一种或者多种因素变化的结果。如果要考察某一个因素对指标的影响，就应当假定其他因素不变，这样分析才能进行。

那么，因素分析法又可以分为哪几种呢？具体如下。

(1) 差额分析法。例如，固定资产净值增加的原因分析，可以分解为原值变化和折旧变化两部分。

(2) 指标分解法。例如，资产利润率可以分解为资产周转率和销售利润率的乘积。

(3) 连环替代法。依次用分析值，测定各因素对财务指标的影响，如影响成本降低的因素分析。

(4) 定基替代法。分别用分析值替代标准值，测定各因素对财务指标的影响，如标准成本的差异分析。

(四) 垂直(同比)分析法

人们常常会看到这样的财务报表，将报表中关键项目的金额作为100%，其他项目表示为这一共同基数的百分比。这种财务报表称为百分比财务报表或共同比财务报表。这种通过计算报表中各项目占总体的比重，得到报表中各项目与总体的关系的方法就是垂直(同比)分析法。使用垂直(同比)分析法，可以发现各项目在财务上的重要性，而且可以将分析期的各项目所占比重与以前各期的比重进行纵向比较，或者进行同行业的横向比较。使用垂直(同比)分析法，增加了各种不同企业之间的可比性。

需要注意的是，各种方法并不冲突，而且各种方法之间还相互依赖，相辅相成，很多时候，很难说具体属于哪一种方法。比如，比较分析法中，可能比较的对象就是某些比率，如果进行这些比率的比较所依据的是连续一段时期的报表，这进行的可能又是趋势分析法等。

各种分析方法可以说是"为了相同的目标走到一起，一起努力工作，不分你和我"。

二、常见财务比率介绍

财务比率是根据财务报表数据计算反映各个项目之间相互关系的比值。财务报表中有大量的数据，不同的使用者可根据不同需要，设计和计算出许多有意义的财务比率。这些比率涉及企业经营的各个方面，可以反映企业的偿债能力、资产管理与使用效率、盈利能力及市场价值等。以下就分四大类对一些常用的比率进行介绍。

你的公司能还清债务吗？被债主堵上门的感觉恐怕不好受吧！

如果杨白劳买彩票中了头奖，他首先会做什么呢？他可能会算算，现在自己的偿债能力怎样！

为了避免在偿还债务时出现困难，应当常常关注公司的偿债能力。其实比你还关心你的偿债能力的是你现在的和未来的债主。大家都愿意贷款给中了彩票的杨白劳，因为他的偿债能力大大提高了。

那么企业的偿债能力如何衡量呢？可以对短期偿债能力和长期偿债能力分别进行考虑。

(一)短期偿债能力比率

恐怕很少有人喜欢总在悬崖边上散步吧。

忽视短期偿债能力会付出惨重代价，这绝不是危言耸听！

假设几个月没给工人发工资了，而上次买东西所欠的账款仍然没还清，即使公司有再好的前程，恐怕也很难坚持太久。应付工资、应付账款等流动性债务一旦无法偿还，将使得公司处于崩溃的边缘。那么怎样衡量公司的短期偿债能力呢？最简单的办法就是看看流动比率和速动比率。流动比率的计算公式为

$$流动比率=流动资产÷流动负债 \tag{3.1}$$

流动比率，表示企业每元流动负债有几元的流动资产可以抵偿。

显然，流动比率越高，偿债能力越强。经过长期的经验总结，人们一般认为生产性企业的流动比率最好不要低于2。但这仅仅是一个参考，并不是放之四海而皆准的真理。公司所处行业、规模等不同，流动比率可能会有一定的差别。而且这一指标并不是越大越好，流动比率过高说明公司的营运资本管理不够理想，出现了资源的闲置。

有的时候公司的流动比率远远大于2，却仍然可能陷入流动性危机，原因何在呢？答案可能在仓库里！存货属于流动资产，但有时存货可能会长时间积压，很难形成新的现金流入。扣除了存货的流动资产，也就是企业的速动资产。速动资产与流动负债的比值，称为速动比率，有些人也将它称为酸性测试指标。其计算公式为

$$速动比率=(流动资产-存货)÷流动负债 \tag{3.2}$$

显然，与流动比率相比，速动比率更为敏感。前人的经验告诉我们，速动比率应当不低于1。同流动比率一样，这也不是绝对的，行业、销售方式都会给速动比率造成影响。比如，采用现金销售的企业，其速动比率低于1也不必大惊小怪。

一般来说，速动比率大于1就可以让人对短期偿债能力比较放心了。但有一点要注意，速动资产中包括的应收账款本来是流动性较强的，但"三角债"在我国非常普遍，所以如果公司有大量的应收账款，那么即使速动比率大于1，也可能陷入流动性危机。

如果一点点不能偿债的可能都会令你寝食难安，而你的公司也确实存在不少应收账款，那么建议你使用现金比率。其计算公式为

$$现金比率=可立即动用的资金÷流动负债 \tag{3.3}$$

可立即动用的资金主要是指库存现金和银行活期存款。如果你的有价证券的变现能力非常强，也可以归入这一类。现金比率是最保险的指标。如果你非常保守，你可以选择百分

之百的现金比率,不过这可不是太有必要,因为大多数情况下,20%的现金比率对于大部分公司来说就已经是可以接受的了。总之,有现金比率作参考,或许你的担心可以少一点了。

你是否已经感觉到这几个指标都比较死板,它们都没有考虑到公司的资产变现能力、融资能力或者其他可能影响流动负债偿还的问题。假如你有非常强的融资能力,在需要的时候可以轻松地筹到大量资金,或者公司正在考虑将一批固定资产出售,即使上面几个流动性比率看上去不理想,流动负债的偿还恐怕也不会令你十分头疼。另外,如果公司有一些未作记录的或有负债,或者为别的公司做过担保,那么看到较好的流动性指标时也不要沾沾自喜,最好保持警惕。

(二)长期偿债能力比率

今天的债务还清了,明天的呢?

很少有人不希望自己的公司有长远的发展,所以要未雨绸缪,为了保证公司长期稳定发展,你必须关注公司的长期偿债能力。公司的长期偿债能力取决于公司的盈利能力和资本结构。公司的盈利能力分析下面将作阐述,而对于资本结构,后面的第十章中有专门的介绍,这里我们先来看看如何使用财务比率简单地判断公司的长期偿债能力。

在以前的学习中,我们已经认识了资产负债表,并且知道了公司的全部资产都来源于权益和负债,那么有多少资产是通过负债形成的呢?我们可以来看看资产负债率,也有人称它为"举债经营比率"。其计算公式为

$$资产负债率=负债÷资产×100\% \tag{3.4}$$

如果你的全部资产都是借来的,那有点像"空手套白狼",你是不冒任何风险的,但是你的债权人可就麻烦了,所以通常情况下,债权人是不会将自己置于如此不利的地位的。他们只愿意借钱给长期偿债能力强、资产负债率不至于太高的公司。

因为资产等于负债加所有者权益,所以将这三个变量进行组合就会产生不同的比率关系。如产权比率反映负债总额与股东权益的比例关系、所有者权益比率表示所有者权益占总资产的比重,而所有者权益比率的倒数又称为"权益乘数"。总之,无论怎样组合与变化,都与我们的直觉相一致。在总资产中,负债越少,权益越多,则长期偿债能力越强。

无形资产可以用来偿债吗?如果你可以将公司的商誉卖掉来偿债,你能做到吗?显然,公司的无形资产没法用来还债。更为保守的债权人喜欢关注有形净资产债务率,其计算公式为

$$有形净资产债务率=负债总额÷(股东权益-无形资产净值)×100\% \tag{3.5}$$

现在你也许已经调整好公司的资产负债结构了,这就能够保证到时一定可以偿还债务的本金和利息了吗?仔细想一下便知道,如果公司不能盈利,用来偿还的钱又从哪里来呢?因此,在考虑公司长期偿债能力的时候,有一个比率常常被关注,这就是利息保障倍数。其计算公式为

$$利息保障倍数=息税前利润÷利息费用 \tag{3.6}$$

利息保障倍数可千万不要小于1!企业的利息保障倍数高,就好比流水有了稳定的源头,所以即使公司的资产负债率较高,债权人也更倾向于再贷款给你。因此,能够保持盈利才是公司得以偿债的根本!一般认为达到3倍就比较正常。

关于公司盈利能力更全面的了解,别急,我们马上就会看到。

我们已经得到了许多比率关系,以及通常情况下衡量这些比率的标准。但由于企业规模、所处行业等的差别,这些标准也可能有很大的差别。单纯地依赖前人总结的最一般的标准恐怕容易产生误导。怎么办?别忘了,各种财务分析方法可不冲突,你可以将公司的指标水平与行业平均水平或者先进水平进行比较,也可以与公司以前的情况相比较,以判断公司的发展趋势。

(三)盈利能力比率

在足球比赛中,无论你踢得多么精彩,如果不能进球,比赛的结果可想而知,你不可能取得胜利!公司的经营也一样,无论你的企业文化多超前、战略多合理、领导多有能力、员工多优秀、销售多努力,最后一算没有盈利,你的公司经营也就很难说是成功的。那么又如何理解公司的盈利能力呢?我们可以再一次求助于财务比率。可以反映公司盈利能力的财务指标很多,如销售盈利能力、资产盈利能力、成本费用利润率。

1. 销售盈利能力

销售毛利率是指销售毛利额占销售收入的比率。其计算公式为

$$销售毛利率 = 销售毛利额 \div 销售收入 \times 100\% \tag{3.7}$$

很多人喜欢使用销售毛利率考察企业的盈利能力,但各个行业的情况有很大的差别,有的行业营业周期短、固定费用低,销售毛利率可能比较低,如零售行业;而有的行业营业周期长、固定费用高,销售毛利率往往比较高。为了消除这种行业间的差别,许多人更喜欢用营业利润率来代替销售毛利率。其计算公式为

$$营业利润率 = \frac{销售毛利额 - 销售费用}{销售收入} \times 100\% \tag{3.8}$$

应当说营业利润率比销售毛利率更可靠,但它不能说明所有问题,对销售净利率的考察也是非常必要的。销售净利率是指企业净利润与销售收入的比率。其计算公式为

$$销售净利率 = 净利润 \div 销售收入 \times 100\% \tag{3.9}$$

可见销售毛利率和营业利润率能更好地反映公司主营的盈利能力,对于关心公司长远发展的人来说,它们是非常重要的指标。而销售净利率更能反映公司短期内的盈利能力,使用这一指标时,最好同时考虑利润的构成,会使分析具有更强的洞察力。

2. 资产盈利能力

如果你想知道资产的盈利能力,可以考察资产净利率指标,资产净利率也称资金报酬率,用来衡量每一单位的资产可以创造多少利润。其计算公式为

$$资产净利率 = 净利润 \div 平均资产总额 \times 100\% \tag{3.10}$$

想想看,与前面的销售利润率相比,资产净利率有什么优势呢?

在回答这个问题之前,让我们先来考虑一下"薄利多销"的效果吧,薄利多销是许多商家常常使用的促销方法,尽管通过降价,每次销售的利润率会下降,但资本的周转加速,同一时间内可以获得的总利润可能更多,使得在一定时期内的利润率提高。

现在答案已经很清楚了,资产净利率不仅反映了销售利润率,而且也反映了资本的周转速度。资产净利率是一个非常重要的指标,多数经理和债权人都很关注它。

对于债权人而言，只要资产净利率大于零，债权人的权益就有保障，但对于股东而言，资产净利率越高越好。其实股东更关心的是另一个指标：净资产收益率，或者称所有者权益报酬率。其计算公式为

$$净资产收益率=净利润÷平均净资产×100\% \quad (3.11)$$

显然，净资产收益率是从总体所有者的角度来考察公司的盈利能力。股东们都希望净资产收益率越来越高。

3. 成本费用利润率

公司有大量的盈利固然令人高兴，但是公司的利润是否可以更多呢？事实上，很多情况下，企业本来可以做得更好，只要注意控制公司的各项成本。如果公司的经营管理效率不高，即使获得了较高的收益也会被高成本耗费掉。有一个指标可以衡量企业利润与成本的关系，这就是成本费用利润率。其计算公式为

$$成本费用利润率=净利润÷成本费用总额×100\% \quad (3.12)$$

这一指标是从总耗费的角度来衡量公司的获利能力的。有句歌词是"付出总有回报"，那么付出的回报有多少，就要参考成本费用利润率了。

(四)资产管理效率方面比率

你的公司在高效运转吗？你的公司仓库中常常积压大量存货吗？你的公司应收款的收回需要多长时间呢？

在前面的分析中，我们多次看到资金周转情况影响公司的偿债能力和盈利能力。资产的周转速度是由公司的资产管理水平，或者说运营效率决定的，那么公司的资产管理水平又如何衡量呢？我们仍然可以借助比率的帮助。常用的比率有存货周转率、应收账款周转率、总资产周转率、流动资产周转率等。

1. 存货周转率

流水不腐，让你仓库中的商品转起来吧！

在前面对资产流动性进行分析的时候，我们就已经看到，存货往往在流动资产中占有较大比重，存货的周转速度将直接影响到公司资产的流动性。衡量公司存货的周转速度可以使用存货周转率指标。其计算公式为

$$存货周转率=销售成本÷平均存货 \quad (3.13)$$

如果用 360 天除以存货周转率，就可以得到存货周转天数。两者是可以相互替代的。自然，存货周转率越高，公司存货周转速度越快，而"存货周转天数"正相反。如果你的公司存货有很高的存货周转率，那么恭喜你，这说明你管理得比较好，公司的营运效率比较高，短期偿债能力较强。不过不同行业的适当存货周转率可能并不相同。飞机制造业的存货周转率若能达到一年两三次，应当说是不错的了，但牛奶加工业的存货周转率如果也是一年两三次，那恐怕牛奶就不能喝了。另外，影响公司短期偿债能力的除了存货周转率外，应收账款的周转速度也至关重要。

2. 应收账款周转率

一年前，某公司大量产品一次性卖给一个大客户，公司的经理们兴高采烈。一年后，

这家公司的经理们却愁眉苦脸，因为客户的欠款到现在还没还。这不是一个虚构的故事，这种事情时有发生，应收账款的归还常常要拖欠很长时间，使得销售公司"眼看着到手的鸭子，就是放不到嘴里"。有的甚至干脆不还，使销售公司赔了夫人又折兵，到头来竹篮打水一场空。因此，千万不要忽视应收账款的周转，衡量应收账款周转速度的是应收账款周转率。其计算公式为

$$应收账款周转率=销售净收入÷平均应收账款 \tag{3.14}$$

这个指标反映的是每年应收账款转化为现金的次数，它说明了应收账款的流动速度。其中，销售收入来自损益表，而"平均应收账款"是指资产负债表中期初、期末的应收账款总额的平均数。如果用 360 天除以应收账款周转率，就可以得到应收账款周转天数，是同一种指标的两种表示。

为什么这一指标中的分子使用销售收入，而不是赊销收入？

事实上，如果使用赊销收入自然更好，但现实中赊销收入的数据比较难以取得，所以直接用销售收入替代。如果把销售收入中的现金销售部分视为收账期为零的赊销，就会使这一计算成为有意义的。

显然，应收账款周转率越高，说明公司的应收账款收回得越快，资金周转状况越好。这一指标常常需要与同行业平均水平或公司历史水平相比较，才更为有效。另外，如果企业的季节性经营导致年初、年末销售量很难反映一年的平均水平，或者销售大量使用现金结算和分期付款，这一指标的结论就值得怀疑。

3. 总资产周转率

还记得薄利多销的效果吧。

前面考察资产的盈利能力时，我们曾看到企业的盈利能力不仅受到销售利润率的影响，而且也受到资产周转速度的影响。那么如何衡量公司的资产周转速度呢？总资产周转率可以帮你的忙。其计算公式为

$$总资产周转率=销售净收入÷平均资产总额 \tag{3.15}$$

和前面的相同，这里的平均额是指资产负债表中期初余额与期末余额的平均值。总资产周转率越高，说明企业销售能力越强。如果出现总资产周转率下降的情况，可不能掉以轻心。当然如果短期内公司有重大项目，或者特殊情况造成销售的短期波动，引起总资产周转率下降，也是正常现象。

4. 流动资产周转率

另一个相关的指标是流动资产周转率。其计算公式为

$$流动资产周转率=销售净收入÷平均流动资产 \tag{3.16}$$

流动资产周转率高，会使得企业节约流动资产，等于相对地扩大资产投入，可以增加企业的盈利能力。如果用 360 天除以流动资产周转率，就得到流动资产周转天数。流动资产周转天数越少越好。

这里我们介绍了一些有代表性的重要指标，其实每一种指标都可能会有不同的变换形式，你可以根据自己的喜好进行选择。或许你已经注意到了，这些指标中有的可以参照前人总结的经验标准，有的本身并无标准可以参考，需要参照行业或自身的情况进行比较，

这些指标只是提供了一个比较的基础。事实上可供使用的指标是非常多的，我们只是介绍了最重要的。而且各种指标之间都存在着千丝万缕的关系，恐怕没有人能说清楚各种指标之间到底存在多少种关系，但有人确实做了，而且做得很好，他帮人们梳理了许多重要指标的关系，使得使用各财务指标对公司财务状况进行综合评价更为方便，做这件事的就是杜邦公司的财务人员。本章后面将对杜邦分析法进行介绍。

第四节　现金流量分析

现金就像是公司的血液，那公司的血液循环如何呢？与前面的基于资产负债表和损益表的分析相比，现金流量分析可以说是个新生事物。我国企业从1998年才开始使用现金流量表，现在人们对于如何分析现金流量仍没有统一的标准和规范的方法。这里我们来看看如何进行现金流量的结构分析和获取现金能力分析。

一、现金流量的结构分析

你的现金从哪里来，到哪里去？你的现金收入能弥补支出吗？

现金流量是指现金和现金等价物的流入与流出。其中现金是指企业的库存现金和随时可用的存款；现金等价物是指企业持有的期限短、流动性强的有价证券等。影响现金流入和流出的原因有三类，即经营活动、投资活动和筹资活动。这三类活动都既产生现金的流入，又产生现金的流出。那么，哪一项活动对于现金的流入和流出更为重要呢？我们可以用比例关系进行考察。其计算公式为

$$某活动现金流入比重=该活动现金流入量÷现金流入总量×100\% \qquad (3.17)$$
$$某活动现金流出比重=该活动现金流出量÷现金流出总量×100\% \qquad (3.18)$$

通过这两个比例，基本就可以了解现金从哪里来，到哪里去了。不同类型的企业各项活动的现金流入流出所占比重有所不同，但一般情况下，经营性活动所产生的现金流入流出应当占较大比重。另外两种活动所产生的现金流入流出在某些时候会占到较大比重，但在日常的经营中不应占太大比重，否则这说明公司的"造血"功能不行，常常要依靠"输血"来维持生命。

根据这两个比例，还可以计算流入流出比。一般来说，流入流出比越大，说明企业可动用的现金越充足。如果这些指标用于历史比较和同业比较，可以获得更强的洞察力。

如果你想对现金流状况进行更详细的了解，还可以通过对构成经营活动、投资活动和筹资活动内部现金流量的途径分别计算结构比例，进行更详细的分析。

二、获取现金能力分析

获取现金能力是指经营现金净流入和投入资源的比值。投入资源可以是销售收入、总资产、净资产或普通股股数等，这些标准可以反映公司现金流量运营效率的高低。获取现金能力最常用的指标有销售现金比率、每股营业现金净流量、全部资产现金回收率。

1. 销售现金比率

销售现金比率反映企业每一元销售收入中所能获得的经营活动现金净流量。其计算公式为

$$\text{销售现金比率} = \text{经营现金净流入} \div \text{销售额} \times 100\% \qquad (3.19)$$

销售现金比率与销售利润率相比如何？

销售收入减去成本得到利润，但是在减去的成本中，有相当一部分都是过去投入的固定折旧，这不反映为当期现金流出，所以正常情况下，销售现金比率应当大于销售利润率。如果出现例外，则可能有两个原因。一是销售收入中出现了较多的应收账款，并且可能出现大量坏账；二是收回的现金被其他经营项目大量消耗，如购买大量商品和劳务。

2. 每股营业现金净流量

如果你的公司股东要求分红，在确定分红政策之前，你最好先看看每股营业现金净流量，它是经营现金净流入与普通股股数的比率。其计算公式为

$$\text{每股营业现金净流量} = \text{经营现金净流入} \div \text{普通股股数} \qquad (3.20)$$

该指标反映公司最大的分派股利能力，若超过此限度，恐怕只能借钱分红了。

3. 全部资产现金回收率

前面我们分析公司盈利能力时曾用到资产盈利能力指标，它反映了每一元资产可以赚多少钱，但是赚到的钱不一定可以放到口袋里，如果你还想进一步了解这一点，可以参考全部资产现金回收率。其计算公式为

$$\text{全部资产现金回收率} = \text{经营现金净流入} \div \text{全部资产} \times 100\% \qquad (3.21)$$

公司的资产净利率高也许并不能使你十分开心，但如果公司有较高的全部资产现金回收率，你就可以安枕而卧了。

三、流动性分析

所谓流动性，是指将资产迅速转变为现金的能力。根据资产负债表确定的流动比率虽然也能反映流动性，但有很大的局限性。这主要是因为：作为流动资产的存货变现能力受到怀疑，而待摊费用根本无法变现，真正能用于偿还债务的是现金流量。现金流量和债务的比较可以更好地反映企业的偿债能力。

1. 现金到期债务比率

现金到期债务比率的计算公式为

$$\text{现金到期债务比率} = \text{经营现金净流入} \div \text{本期到期的债务} \qquad (3.22)$$

本期到期的债务，是指本期到期的长期债务和本期应付账款、应付票据。通常这两种债务是不能拖欠的，必须如数偿还。

2. 现金流动负债比率

现金流动负债比率的计算公式为

$$\text{现金流动负债比率} = \text{经营现金净流入} \div \text{流动负债} \qquad (3.23)$$

3. 现金债务总额比率

现金债务总额比率的计算公式为

$$现金债务总额比率 = 经营现金净流入 \div 债务总额 \quad (3.24)$$

以上比率越高,企业承担债务的能力越强。关键在于要和同行业平均水平或先进水平相比。

四、收益质量分析

收益质量分析主要是分析会计收益和现金净流量的比例关系。评价收益质量的指标是营运指数。其计算公式为

$$营运指数 = 经营现金净流量 \div 经营所得现金 \quad (3.25)$$
$$经营所得现金 = 经营净收益 + 非付现费用 \quad (3.26)$$

有关收益质量的信息,列示在现金流量的"补充资料"的第二部分,如表3-1所示。

表3-1 A公司现金流量补充资料　　　　　　单位:万元

将净利润调整为经营现金流量	金　　额	说　　明
净利润	2 379	
加:计提坏账准备或转销的坏账	9	没有支付现金的费用,共2 609万元。提取这类费用,减少收益却不减少现金流入。应将其加入经营现金
提取折旧	1 000	
无形资产摊销	600	
待摊费用摊销	1 000	
处置固定资产收益	−500	非经营净收益403万元,不代表正常的收益能力。计算经营现金时应将其扣除
固定资产报废损失	197	
财务费用	215	
投资收益	−315	
存货减少	53	经营资产仅增加437万元,收益不变而现金减少,收益质量下降,应查明原因
经营性应收项目减少(减增加)	−490	
经营性应付项目增加(减减少)	−337	负债减少337万元,收益不变而现金减少,收益质量下降,应查明原因
经营活动现金流量净额	3 811	

经营活动净收益 = 净收益 − 非经营收益
　　　　　　 = 2 379 − 403
　　　　　　 = 1 976(万元)

经营应得现金 = 经营活动净收益 + 非付现费用
　　　　　　= 1 976 + 2 609
　　　　　　= 4 585(万元)

营运指数 = 经营现金净流量 ÷ 经营应得现金
　　　　 = 3 811 ÷ 4 585
　　　　 = 0.83

小于 1 的营运指数,说明收益质量不够好,质量不好的原因是有 17% 的经营收益已实现而未能收到现金。应收款增加和应付款减少使收现数减少。应收账款如不能收回,已实现的收益就会落空,即使能延迟收现,其收益质量也低于已收现的收益。

第五节　财务报表分析的运用

一、上市公司财务报表分析

上市公司是没有私密可言的。如果你的公司是上市公司,就会被要求不断地披露各种与公司经营有关的信息。在把这些信息交给别人看的同时,你也应当再研究一下,或许换一下角色,站在一个投资者的角度来看这些信息,会对你的财务决策有所帮助。上市公司需要披露的公告主要包括四类:招股说明书、上市公告书、定期报告、临时报告。这些报告中包括财务信息和非财务信息,但大部分信息都与财务状况有关。

(一)招股说明书

招股说明书是公司股票向社会公开发行时向公众发布的书面文件,也是向证监会申请公开发行的必备材料。招股说明书中包含的财务信息有投资的风险和对策、筹集资金的运用、股利政策。

(二)上市公告书

上市公告书是股票获准上市交易后应当公布的公告书。除了要包括招股说明书中的主要内容外,还要包括:获准上市交易的日期和批准文号;股票发行情况;公司创立大会或者股东大会同意公司股票在交易所交易的决议;董事长、监事和高级经理简历及其持有公司股票的情况;公司近三年经营情况和财务状况;以及下一年的盈利预测文件,等等。

(三)定期报告

定期报告包括中期报告和年度报告。中期报告反映公司当年前六个月的经营和财务状况,主要是财务报表和有关注释。年度报告除了披露当年财务与经营状况外,还要与以前年度进行比较。另外,还要包括董事长或总经理业务报告,以及其他重大事项。

(四)临时报告

临时报告用于向公众披露临时重大事件,如公司投资规模及注册资本变更,公司合并或分立,债务重组,较大多数的资产抵押、出售等,这些信息都会影响公司的财务分析。

在这些报告中,最受关注的是哪些信息呢?《公开发行股票公司信息披露的内容与格式准则第二号》规定:上市公司在提供对外财务分析报告时,将每股收益、每股分红、净资产收益率等指标一起,作为年度报告正文的开头来披露。

(五)主要分析指标

各证券信息机构也定期公布按照每股收益、每股分红、每股净资产这三项指标高低顺序排序的上市公司排行榜。可见对于投资者而言,最关注的是由这三项指标反映出来的公司盈利能力和投资报酬。

1. 每股收益

每股收益是投资者最为普遍使用的指标，这一指标反映公司普通股每股在一年中所赚得的利润。其基本计算公式为

$$每股收益=净利润÷年末普通股总数 \tag{3.27}$$

如果公司还有优先股，或者普通股数额发生增减变化，则分子和分母都要相应调整。分子中的净利润要减去优先股的股利；而分母则应使用按月计算的"加权平均发行在外普通股股数"。

每股收益越高，企业盈利能力越强。虽然每股收益指标被广泛应用，但它并不能反映收益产生背后的原因，不能反映公司经营的风险，所以不应过于依赖这一指标。

2. 市盈率

将"每股收益"进行适当变换，就可以得到另一个受到更广泛关注的指标，它就是市盈率。市盈率又称价格收益比，顾名思义，它是股票价格与每股收益相除而来的。其计算公式为

$$市盈率=普通股每股市价÷普通股每股收益 \tag{3.28}$$

市盈率反映的是投资者对每一元净利润所愿意支付的价格，可以反映购买股票的风险。市盈率越高说明市场对公司未来越看好，投资的风险也就越大。不同行业的风险收益情况有较大差别，市盈率常常用于同行业之间的比较。

那么市盈率低就说明公司有投资价值吗？

有一类投资者专门喜欢选择市盈率低的股票，他们认为这样的股票有投资价值。他们可能基于这样的考虑：市盈率反映的是，在不考虑时间价值的情况下，以公司目前的收益水平，挣回投入资金的年数。当然市盈率越低，收回投资越快。但事实上很少有公司的收益水平会一直不变，市盈率是根据过去的信息计算出来的，而真正创造财富的不是过去，而是未来。如果一个公司处于衰退中的行业，虽然目前仍有较多的利润，但前途并不光明，它的市盈率自然不会太高。相反，有些公司虽然现在利润不多，但正处于蒸蒸日上的过程中，有较高的市盈率，只能说明这家公司的发展前景得到了市场的认可，并不能因为它的高市盈率而否认它的投资价值。

另外，我们在市场上常常见到有的公司的市盈率高得惊人，这说明该公司的每股收益非常小，这时的市盈率没有多大意义，可以不予考虑。

3. 每股股利及股利支付率

每股股利是指普通股股利总额与流通在外的普通股股数的比例，反映每一普通股实际得到的股息。其计算公式为

$$每股股利=除去优先股股利的股利总额÷普通股股数 \tag{3.29}$$

公司的利润并不都用于分派现金，对于关心股利支付的投资人而言，会更多地考虑每股股利指标。那么，公司的利润中有多少被作为红利支付了呢？股利支付率可以告诉你。其计算公式为

$$股利支付率=每股股利÷普通股每股收益×100\% \tag{3.30}$$

一般来说，股利支付率高的公司重视投资者的短期收益，股利支付率低的公司更注重

长远发展。在确定公司的股利支付时,要考虑公司的融资能力、行业特点等,既考虑到公司的形象,又不影响公司的正常经营,可要费一番思量。对于股利支付,本书后面要进行专门的分析,事实上,在成熟的证券市场上,上市公司的股利支付一般处于较高水平,并且尽量保持稳定,所以西方的许多投资者进行投资的目的就是获取股利。而目前在我国,分派现金的上市公司凤毛麟角,所以这一指标目前受到的关注较少,但随着上市公司越来越多地开始分派现金,每股股利和股利支付率指标将受到越来越多的重视。

4. 每股净资产

每股净资产是年末股东权益除以发行在外的普通股股数的比值,反映每股普通股所代表的股东权益额。其计算公式为

$$每股净资产=年末股东权益÷普通股股数 \qquad (3.31)$$

这里的净资产是按照历史成本法计算的,不能反映当前的市场价值。比如,一年前用一定的价格购买了一块土地,现在土地价格大大上涨了,但账面上记录的净资产仍然没有增加,所以用每股净资产来衡量公司的投资价值并不太常用。那每股净资产指标的价值何在呢?可以说,净资产就是公司的"老本",是最后的防线,如果公司的股票价格低于每股净资产,而账面价值又接近变现价值,那么清算是股东最好的选择。

如果将每股净资产和每股市价相结合就得到市净率,该指标可以说明市场对公司资产质量的评价。其计算公式为

$$市净率=每股市价÷每股净资产×100\% \qquad (3.32)$$

市净率常常被用于投资分析。每股净资产是股票的账面价值,每股市价是这些资产的当前价值。如果市价高于账面价值,说明市场认为企业的资产质量较好。因此,好公司的市价都远远高于每股净资产,一般来说市净率达到 3 就可以树立较好的公司形象。与市盈率一样,市净率也是反映市场对该公司的评价,但是并不能完全说明公司的投资价值,毕竟市场也不一定总是对的!

二、杜邦财务分析方法

你一定知道什么是"顺藤摸瓜",如果你具有"追根求源,刨根问底"的精神,那么就一定能够理解杜邦的方法。

杜邦分析法中的"瓜"是指权益净利率,这是分析的最终目的,也是分析的出发点。为了详细了解是哪些因素影响了权益净利率的高低,可以将各种影响因素层层分解,最终找到权益净利率变化的根源。这种层层分解的方法是由美国的杜邦公司最先提出并成功使用的。

杜邦分析体系反映许多重要指标的相互关系,全面、系统、直观地反映企业的财务状况,是一种综合分析。让我们来简要看看杜邦分析体系的全貌吧。

杜邦财务分析体系的作用在于以下几点。

(1) 解释财务指标变动的原因,为财务分析和财务控制提供依据。

(2) 为提高公司权益净利率,实现股东财富增长目标指明了可采取的途径,包括:①扩大收入,控制成本费用,并确保销售收入的增长幅度高于成本和费用的增加幅度;②提高总资产周转率,即在现有资产的基础上增加销售收入,或在现有收入的基础上减少资产;③在不危及公司财务安全的前提下,增加债务规模,提高负债比率。

(3) 为财务预算的编制和预算指标的分解提供了基本思路和方法。

下面我们通过杜邦财务分析指标体系(见图3-1)，分析以下几个重要指标。

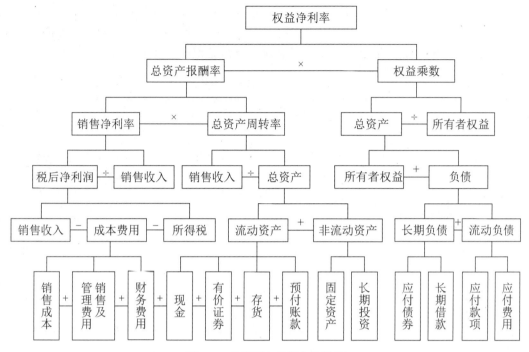

图 3-1　杜邦财务分析指标体系

杜邦分析将权益净利率作为分析的核心，这反映了公司股东价值最大化的企业目标。权益净利率取决于销售净利率、总资产周转率及权益乘数的大小。

销售净利率取决于税后净利润和销售收入的大小，税后净利润的大小又取决于销售收入和成本费用的大小。通过杜邦分析体系，我们可以看到成本费用的结构是否合理，并找到从成本入手改善公司销售盈利状况的切入点。

总资产周转率取决于销售收入和总资产的大小。而总资产又包括流动资产和非流动资产。它们的结构是否合理将影响资产的周转速度。因为流动资产体现公司的短期偿债能力和变现能力，而非流动资产决定着公司的未来发展，所以应当权衡流动资产和非流动资产的比重关系。

权益乘数反映公司所有者权益与总资产的关系，它与资产负债率有着稳定的关系。权益乘数反映了公司的财务杠杆的大小，也就是公司的资本结构。较高的权益乘数会给所有者带来更多的收益，但也增大了企业面临的风险。

通过杜邦财务分析体系自上而下地层层分解，可以看到公司财务状况的全貌。其既可以反映公司的偿债能力，也可以分析公司的盈利能力和营运效率，成为最为流行的综合财务分析方法之一。

三、财务状况的综合评价

沃尔评分法的先驱者之一是亚历山大·沃尔。他在20世纪初出版的《信用晴雨表研究》和《财务报表比率分析》中提出了信用能力指数的概念。他选择了七种财务比率，即流动比率、产权比率、固定资产比率、存货周转率、应收账款周转率、固定资产周转率和自有资金周转率,分别给定各指标的比重,然后确定标准比率(以行业平均数为基础),将实际比率与标准比率相比,得出相对比率,最后将此相对比率与各指标比重相乘,得出总评分。

我们用沃尔的方法,给 E 公司的财务状况评分,结果如表 3-2 所示。

表 3-2　沃尔的比重评分法

财务比率	比重 1	标准比率 2	实际比率 3	相对比率 4=3÷2	评分 1×4
流动比率	25	2	2.33	1.17	29.25
产权比率	25	1.5	0.88	0.59	14.75
固定资产比率	15	2.5	3.33	1.33	19.95
存货周转率	10	8	12	1.5	15.00
应收账款周转率	10	6	10	1.70	17.00
固定资产周转率	10	4	2.66	0.67	6.70
自有资金周转率	5	3	1.63	0.54	2.70
合计	100				105.35

原始意义上的沃尔评分法有两个缺陷:一是为何选择这七种财务比率和相应的比重缺乏说服力;二是如果某个指标严重异常,会对总评分产生不合逻辑的重大影响。

现代社会与沃尔的时代相比,已有很大变化。一般认为企业财务评价的内容主要是盈利能力,其次是偿债能力,此外还有成长能力。根据这样的框架,1999 年我国财政部、国家经济贸易委员会、人事部和国家发展计划委员会联合发布了《国有资本金效绩评价规则》,并在 2006 年进行了修改。制定该规则的目的是"完善国有资本金监管制度,科学解析和真实反映企业资产运营效果和财务效益状况"。国有资本金效绩评价,主要是以政府为主体的评价行为,由政府有关部门直接组织实施,也可以委托社会中介机构实施。评价的对象是国有独资企业、国有控股企业。当然,除政府外的其他评价主体,在对其投资对象进行评价时,也可参照本规则进行。其具体内容请参照有关规则,在此不再详述。

四、判断企业财务状况图

"雷达图",这个名字听起来挺有意思,而且这种方法的最大特点是直观。"雷达图"的正式名称为"判断企业财务状况图"。通常用来与公司当前各项财务比率进行比较的有行业平均水平、企业自身希望达到的目标指标或历史最好水平,与这些标准相比较,可以反映企业财务状况的优劣。

雷达图是将主要财务分析比率进行汇总,绘制成一张直观的像"雷达"一样的图,达到综合反映企业总体财务状况目的的一种方法。绘制雷达图的步骤如下。

(1) 计算各项财务比率,并根据行业平均水平或其他选定的参照比率,汇总各项主要财务比率的分析表。

(2) 任意画一个圆,半径为各指标的比较标准值,这可能是行业平均水平、企业自身希望达到水平或历史最好水平。

(3) 将所选择的标准值作为 100%，将各指标本期实际值换算为它的比例，再将这一比率画在图 3-2 中，并用虚线相连。

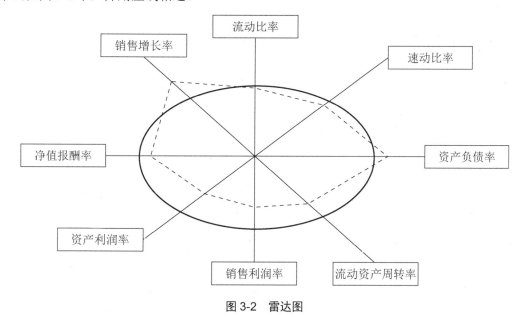

图 3-2　雷达图

阳光鹿运动服饰公司的各项财务指标与同行业的平均水平如表 3-3 所示。

表 3-3　阳光鹿运动服饰公司的各项财务指标与同行业的平均水平

项　目	行业平均水平		本公司水平	
	指　标	比　例	指　标	比　例
流动比率	2.1	100%	1.9	90%
速动比率	1.2	100%	1.1	90%
资产负债率	60%	100%	95%	120%
流动资产周转率	5	100%	4.5	90%
销售利润率	14%	100%	12%	85%
资产利润率	16%	100%	14%	87%
净值报酬率	22%	100%	20%	91%
销售增长率	10%	100%	12%	120%

企业各种财务指标的情况一目了然，显然，与行业平均水平相比，该公司经营状况不容乐观。

财务分析者应根据企业各项经济技术指标在雷达图上反映的图形，参照以下资料确定企业生产经营活动所属的类型，并对企业进行分析和评价。

(1) 当反映企业各项财务指标值都处于标准线(同行业平均值)外侧，并接近行业均值 1.5 倍至 2 倍时，企业应被视为稳定理想型。

(2) 当企业的营利性、长短期偿债指标值处于标准线外侧，而成长性指标值处于标准线内侧时，则企业应被视为保守型。

(3) 当企业长期偿债指标值处于标准线内侧，而其他指标值处于标准线外侧时，则企业应视为成长型。

(4) 当企业长期偿债指标值、成长性指标值处于标准线内侧，而其他指标值处于标准线外侧时，则企业应被视为特殊型。

(5) 当企业盈利指标和短期偿债指标值处于标准线内侧，而其他指标值处于标准线外侧时，则企业应被视为积极扩大型。

(6) 当企业长期偿债指标值处于标准线外侧，而其他指标值处于标准线内侧时，则企业应被视为积极安全型。

(7) 当企业成长性指标值处于标准线外侧，而其他指标值处于标准线内侧时，则企业应被视为活动型。

(8) 当企业所有的指标值均处于标准线内侧时，则企业应被视为均衡缩小型。

第六节　财务报表分析的局限性

在你踌躇满志地研究公司的财务报表时，也不应当忽视财务报表的局限性。这种局限性主要体现在以下四个方面。

一、财务报表可能出错

财务报表，这个如此重要的东西竟然可能出错！也许它出错正是因为它重要。

编制财务报表是一件比较烦琐的工作，涉及许多环节，有可能因为工作人员的疏忽出现偏差，也有可能出现为了掩盖问题、获取不正当收益等造成的对财务报表的故意错编或漏编。事实上，我国的许多上市公司出于多方面的考虑，都粉饰了公司的财务报表，降低了报表的可信性。这种对报表的粉饰，可能会给公司带来不当收益，也可能给公司造成麻烦。

因此，可不要过分粉饰你的报表哟！

如何发现报表中的错误与遗漏呢？

首先是注意财务报告是否规范。就像防范假冒伪劣商品首先考察商品的包装一样，报表都有一定的规范格式，不可能太讲究"个性"，如果无缘无故多了某些"个性"，就可以怀疑它有问题。

其次要关注异常数据。发现异常数据并不难，对于造成数据异常的原因要刨根问底。如果得不到合理的解释，有可能是真实性或一致性出了问题。

再次还可以检查各种会计信息之间的钩稽关系。一个简单的方法是：注意审计报告的意见和注册会计师的信誉。

最后，虽然有一些重要的原则和前提为会计报表的编制提供了基础，但也成了财务报表的先天不足，限制了它的作用。

(1) 财务报表中使用货币为衡量单位，这种方法有许多优点，但它使得财务报表无法反映大量不能用货币单位反映的经济活动，如公司管理人员的素质、公司的战略、公司的文化和商誉、公司的创新能力等。可以说，还有大量与公司生存发展息息相关的信息没有包括在财务报表当中，所以仅仅依赖财务分析做出公司决策是不够的。

(2) 在会计核算中，假定币值不变，但世事并不遂人愿，通货膨胀以及本外币汇率变动常常存在，财务报表中并没有反映这些变化，这些都成为财务报表的美中不足。

(3) 财务报表中采用历史成本计价，这样虽然易于记录与核对，但这种以不变应万变的方法显然不能完全反映资产的当前价值。我们已经了解到财务管理的一个重要理念，即机会成本。你在财务报表中可以找到对机会成本的衡量吗？不能，你找到的只有历史成本。当心，只关注历史成本会让你的财务数据成为历史！

(4) 对于同一会计事项的账务处理，会计准则允许使用几种不同的规则和程序，企业可以自行选择。例如，存货计价方法、折旧方法、所得税费用的确认方法、对外投资收益的确认方法等。那么不同的公司对同一会计事项就可能选择不同的处理方法，造成了比较上的困难，这就是可比性问题。虽然财务报表的附注对会计政策的选择有一定的表述，但在财务分析时，进行可比性调整并非易事。

也正是这种账务处理方法差异的存在使得会计信息不存在"标准答案"，财务报表提供的只是相对准确的财务资料，对它们的理解应当是一个基本的范围，而不应是一个精确的绝对数额。

虽然一下子说了这么多财务报表的局限性，但是可不要泄气呀！不能因为有瑕疵就否认美玉的美丽。因为财务报表仍然给我们提供了许多关于公司的最重要的信息，是我们进行财务管理的基础和出发点。

尽管财务报表不是万能的，但没有财务报表却是万万不能的！

二、会计假设与会计原则的限制

会计假设和会计原则虽然可以为会计作业提供规范和基础，但是随着经济的发展变化，它们也日益表现出对财务报表功能和表达的限制性。例如，在货币计量的假设下，财务报表所能表达的信息仅限于可用货币表达的项目，而许多影响企业经营活动的重要因素都无法用货币直接衡量和表述，如人力资源、产品质量、员工士气等。另外，币值的不稳定是各国经济生活中存在的事实，尤其通货膨胀的发生更是经常现象，这会使财务报表所表达的信息失去意义，即会低估企业资产、折旧支出和产品成本，夸大企业真实利润或造成账面损益虚盈实亏，且前后各期财务报表缺乏可比的基础。

同样，在以历史成本为原则编制的财务报表中，企业有大量资产都得不到充分的计量。例如，土地、自然资源和建筑物等稀缺资源，正随着社会经济的发展而不断增值，但却不能在财务报表上得到充分的计量和反映。又如，知识产权、自创商誉等无形资产，正逐渐成为企业中举足轻重的重要资产，但在资产负债表中却几乎得不到体现，更使财务报表脱离了企业真实的财务状况和价值表现，使其在某种程度上正失去与决策的相关性。

三、会计处理方法的可选择性与有关人员的素质

尽管在编制财务报表时都要依据一般公认的会计准则，但这些准则和制度也为会计人员提供了一些可供选择的会计方法，如收入的确认、存货的估价、折旧的核算等，都需要会计人员根据企业的会计政策作出职业判断。以存货计价为例，我国会计制度规定企业可

根据实际情况选择采用先进先出法、后进先出法、个别计价法、移动平均法、加权平均法等方法确定存货的实际成本。这些方法的差异会对企业利润造成重大影响，使企业间相同报表项目的内涵却不尽相同。尽管财务报表附注对会计方法的选择有一定披露，但报表使用人未必能完成可比性的调整工作，从而可能导致对财务比率分析结果的曲解。

会计方法的可选择性使得许多会计事项的处理要依靠会计人员的专业素质进行判断，其选择取舍得恰当与否，往往对财务报表的公允和可靠性产生直接影响。而这种可选择性同时亦使企业管理当局人为地暗中操纵报表数字，对财务报表进行粉饰成为可能，即牵涉到报表的真实性问题。所谓财务报表的粉饰，主要是指企业的管理当局有时为了自身的利益，会指使会计人员对财务报表作出一些修饰，即操纵某些会计事项的发生，以虚饰美化企业的财务状况和经营成果，而这往往会对所有者的长远利益造成危害。可见，在会计政策和会计方法的选择不能避免主观判断的情况下，会计人员和管理当局的素质都将直接限制财务报表功能的正常发挥。

四、财务报表重结果、轻过程，缺乏时效性

财务报表通常只能说明企业理财结果、经济效果，而不能对企业理财的过程及经济效益实现的过程作出详尽说明。以资产负债表为例，它所反映的只是某一时点上资产、负债和所有者权益状况，并不能明确反映企业管理当局在生产经营过程中如何筹措资金，对筹措来的资金如何具体加以运用，以及是否及时偿还了债务等。而利润表虽然是反映利润取得过程的动态报表，但实际上也并不能提供足够的、反映利润取得及其质量的信息。也正因为如此，现金流量在财务报表分析中的作用日益显著，但即使如此，对过程的反映也还是不充分的，存在着许多有待于改进的地方。

对财务报表进行分析的一个主要目的，是要根据分析结果作出正确的预测和决策，对未来经营理财活动进行指导与规划。而定期编制报出的财务报表所提供的资料都是事后的历史资料，对其进行分析得出的结果的时效性很差，不仅无法有效改善经营管理、指导决策，甚至有可能误导决策，给决策者造成损失。在以资金和信用构成的象征性经济的重要性已超过传统的实物性经济的今天，有效决策对信息的及时性提出更高的要求。这就需要我们充分利用信息技术的发展，超越时间和空间的限制，及时报告和使用财务会计报告信息。

为了保证财务报告分析资料的质量和效果，财务报表资料必须满足以下要求：真实准确、完整及时、系统有效和可比。财务报告的准确性和及时性是分析报表的关键，对于分析者而言，报表资料的真实准确是决策有用的基础；而在市场竞争日益激烈、信息瞬息万变的情况下，报表资料是否能及时提供变得越来越重要。完整性和系统性是指财务报表资料必须在数量上和种类上满足分析目的的需要，大多数分析都是综合的，不能仅靠单一报表，因此对报表资料的分类和保管要有科学性，应保持有关资料的全面性和连续性。财务报表分析离不开横向比较和纵向比较，由于不同企业或同一企业在不同时期规模大小、经营内容以及采用会计方法等的不同，其报表资料往往不能直接用来比较，而需要剔除不可比因素，使其具有有效可比的基础。

事实上，现存会计报表资料有着相当严重的局限性，也因此会对财务报表分析的结果及其作用的发挥造成很大的负面影响。我们只能在规定的意义上使用报表数据，而不能认

为财务报表揭示了企业的全部实际情况。了解这些局限性，可以使分析者在分析过程中更好地利用报表数据，充分考虑这些局限性的影响，提高财务报表分析的质量。同时也要求分析者要全面、完整、充分地掌握信息，不仅要充分理解财务报表上的数据信息，而且要重视报表附注对重大会计事项、会计政策、非常项目等的揭示，以及注册会计师对企业财务报表的评价报告。

本 章 小 结

本章介绍了如何使用财务报表进行财务分析。财务报表分析的主要方法有比较分析法、比率分析法、因素分析法、垂直(同比)分析法等，各种方法相互交叉，相互辅助。其中，财务比率最为常用。用一系列比率关系可以反映公司的偿债能力、盈利能力、资本营运能力，以及公司的现金流量状况。对这些比率进行评价的时候，有的有一些经验标准，如流动比率为2、速动比率为1、利息保障倍数最好不要低于1，但更常用的是将这些比率用于同行业或者与公司历史状况等进行比较。将这些指标进行综合分析的方法也不少，杜邦分析体系从权益净利率出发，层层分解，追本溯源，找到权益净利率的变动原因和改变之策。雷达图分析的优点是直观。

上市公司要经常公布它的财务报表，人们最关心的是公司的每股收益、每股分红、每股净资产。

财务报表分析不是万能的，有它的局限性，但确实为公司的决策提供了需要的信息。

关 键 词

比率分析法(analytical method of rate)　水平分析法(analytical method of level)　垂直(同比)分析法(analytical method of uprightness)　因素分析法(analytical method of factors)　杜邦分析体系(financial analyse system of Dubang)　雷达图分析法(analytical method of radar fig)

思 考 题

1. 财务报表分析有哪些需求者？它们分别需要哪些信息？
2. 简述财务报表分析的主要内容、主要原则、使用资料的范围。
3. 财务报表分析的一般步骤有哪些？
4. 财务报表分析的方法有哪些？
5. 企业长短期偿债能力分析的指标有哪些？应如何分析？
6. 企业盈利能力的指标主要有哪些？应如何分析？
7. 为什么说运营能力分析是连接盈利能力和偿债能力分析的桥梁？
8. 试述杜邦分析体系中各指标之间的关系及其作用。

微课资源

扫一扫,获取相关微课视频。

财务分析的概述.mp4

偿债能力分析.mp4

营运能力分析——周转率指标.mp4

盈利能力分析.mp4

财务综合分析——杜邦分析和沃尔指数.mp4

第四章 财务预测与财务预算

【学习目标】

通过本章的学习,了解财务预测与财务预算的概念、作用和编制原则;掌握融资需求预测的销售百分比法、可持续增长率的概念及计算;掌握各种财务预算的编制方法。

【案例导入】

众所周知,预测是计划过程中不可缺少的组成部分,但无数例子表明我们预测未来的能力是很糟糕的。1929 年,耶鲁大学经济学教授欧文·费舍尔表示,"股价会永远保持在高水平",但没过多久便发生了华尔街金融风暴。1977 年,数字设备公司创始人、于 1980 年发明了首台用于科研的高级微电脑的肯·奥尔森表示,"没人会愿意在家里用电脑"。当代最荒谬的科学预测应该算是在 1999 年和 2000 年交替之时的千年虫恐惧,当时很多人认为电脑会出现大崩溃。美国最顶尖的软件专家之一艾德·约顿表示,"就算只是小范围出现电脑崩溃,纽约也会变得像贝鲁特一样惨不忍睹。在我看来,千年虫非常可怕,当 2000 年 1 月 1 日新年钟声敲响之时,我们全家都不会在纽约待着"。实际上,那一刻来临时,却什么也没发生。

既然预测未来如此困难,而计划又是建立在预测未来的基础上的,为什么公司还要进行计划工作且乐此不疲呢?其原因并不是因为能够对未来进行精确预测,而是当公司未来的不确定性越大时,预测能给公司带来更大的收益。凡事预则立,不预则废,面对纷繁复杂的未来世界,通过超前思维并制订应急计划,提高应变能力,一旦发生未曾预料的情况,就能及时采取对策。

第一节 财 务 预 测

一、财务预测的意义和目的

财务预测是指估计企业未来的融资需求,是融资计划的前提。当销售增加时,要相应增加流动资产;当销售增加很多时,还要增加固定资产。对外融资往往需要较长的时间,因此要早作计划,以免发生现金周转问题。

财务预测有助于改善投资决策。根据销售前景估计出的融资需要不一定总能满足,因此就需要根据可能筹措到的资金来安排销售增长,以及有关的投资项目,使投资决策建立在可行的基础上。

预测的真正目的是有助于应变。预测不可能很准确,从表面上来看,不准确的预测只能导致不准确的计划,使预测和计划失去意义。其实并非如此,预测给人们展示了未来的各种可能的前景,促使人们制订相应的应急计划。预测和计划是超前思考的过程,可提高对未来各种不确定事件的反应能力,从而减少不利事件出现时带来的损失,增加利用有利机会带来的收益。

二、资金需求量预测方法

资金需求量预测是财务预测的重要组成部分,也是企业合理筹集资金所必需的一个基础环节。预测资金需要量的方法主要有:定性预测法、趋势预测法、比率预测法和资金习性预测法等,现分述如下。

(一)定性预测法

定性预测法主要是利用直观的材料,依靠个人经验的主观判断和分析能力,对未来的资金状况和需要数量作出预测。这种方法一般是在企业缺乏完备、准确的历史资料的情况下采用的。其预测过程是:首先由熟悉财务情况和生产经营情况的专家,根据过去所积累的经验进行分析判断,提出预测的初步意见;其次通过召开座谈会或发出各种表格等形式,对上述预测的初步意见进行修正补充。如此反复几次后,得出预测的最终结果。

(二)趋势预测法

趋势预测法是依靠被预测变量的历史信息来进行的预测。该方法的特点是:①趋势预测都假定目前的变化情况会持续到将来。例如,最近几年销售的平均增长速度为6%,那么下一年度的增长速度也为6%。②趋势预测假定被预测的变量只是随时间的变化而变化的,与其他财务变量的变化无关。

(三)比率预测法

趋势预测法只假定变化与时间有关,而对其他因素变化的影响不予考虑。但在某些情况下,需要进行与相关因素相联系的比率预测。能用于预测资金需要量的比率可能会很多,如存货周转率、应收账款周转率等,最常用的是销售百分比法。

(四)资金习性预测法

资金习性预测法是指根据资金习性预测未来资金需要量的一种方法。所谓成本习性,是指资金的变动同产销量变动之间的依存关系。按照资金同产销量之间的依存关系,可以把资金区分为不变资金、变动资金和半变动资金。在一定产销量范围内,不受产销量变动的影响而保持固定不变的那部分资金为不变资金,如为维持营业而占用的最低数额的现金、原材料的保险储备等。随产销量变动而成同比例变动的那部分资金为变动资金，它一般包括直接构成产品实体的原材料、外购件等占用的资金。半变动资金是指虽然受产销量变化的影响，但不成同比例变动的资金，如一些辅助材料上占用的资金。半变动资金可采用一定的方法划分为不变资金和变动资金两部分。

把企业的总资金划分为不变资金和变动资金，然后根据历史资料和回归分析的最小二乘法，可以求出各资产负债表项目与销售额的函数关系，据以预测融资需求。完成资产负债项目的预测后，其他计算步骤与销售百分比法相同。

(五)通过编制现金预算预测财务需求

现金预算是对未来现金流量进行详尽的描述，它不仅是计划的工具，也是预测的工具。

(六)使用计算机进行财务预测

对大型企业来说，上述销售百分比法和回归分析法都显得过于简单。实际上影响融资需求的变量很多，如产品组合、信用政策、价格政策等。把这些变量纳入预测模型后，必须使用计算机来进行财务预测。比较复杂的预测是使用交互式财务规划模型。它比电子表格软件功能更强，其主要好处是能通过"人机对话"进行"反向操作"。例如，不但可以根据既定的销售额预测融资需求，还可以根据既定的资金限制预测可达到的销售额。

最复杂的预测是使用综合数据库财务计划系统。该系统建有公司历史资料库和模型库，用以选择使用的模型并预测各项财务数据；它通常是一个联机实时系统，随时更新数据；可以使用概率技术，分析预测的可靠性；它是一个综合的规划系统，不仅用于资金的预测和规划，而且包括需求、价格、成本及各项资源的预测和规划；通常是规划和预测结合的系统，能快速生成预计的财务报表，从而支持财务决策。

下面我们重点介绍销售百分比法和可持续增长率法。

三、销售百分比法

销售百分比法首先假设收入、费用、资产、负债与销售收入存在稳定的百分比关系，根据预计销售额和相应会计要素的百分比预计资产、负债和所有者权益，然后利用会计等式确定融资需求。

其具体计算方法有两种：一是根据销售总额确定融资需求；二是根据销售增加量确定融资需求。

(一)根据销售总额确定融资需求

(1) 确定百分比(如流动资产、固定资产、应付款项、预提费用等项目)。
(2) 计算预计销售额下的资产和负债。
(3) 预计留存收益增加额。其计算公式为

$$\text{预计留存收益增加额} = \text{预计销售额} \times \text{销售净利率} \times (1 - \text{股利支付率}) \tag{4.1}$$

(4) 计算外部融资需求。其计算公式为

$$\text{外部融资需要的资金} = \text{预计总资产} - \text{预计总负债} - \text{预计股东权益} \tag{4.2}$$

或

外部融资需要的资金=总资产增加−负债的自然增长−留存收益增加提供的资金 (4.3)

下面举例说明计算步骤。

【例 4-1】 假设 W 公司明年预计销售 5 000 万元,预测的步骤如表 4-1 所示。

表 4-1 W 公司的融资需求　　　　　　　　　　　　　　　　单位:万元

项　目	上年期末实际	占销售额百分比 (销售额 3 000 万元)	本年计划 (销售额 5 000 万元)
资产			
流动资产	700	23.333 3%	1 166.67
长期资产	1 300	43.333 3%	2 166.67
资产合计	2 000		3 333.34
负债及所有者权益			
短期借款	60	N	60
应付票据	5	N	5
应付账款	176	5.866 6%	293.33
预提费用	9	0.3%	15
长期负债	810	N	810
负债合计	1 060		1 183.33
实收资本	100	N	100
资本公积	16	N	16
留存收益	824	N	981.5
股东权益	940		1 097.5
融资需求			1 052.51
总计	2 000		3 333.34

(1) 确定销售百分比。

销售额与资产负债表项目的百分比,可以根据上年有关数据确定。

流动资产÷销售额=700÷3 000×100%=23.333 3%

其他项目类比。

要注意区分直接随销售额变动的资产、负债项目与不随销售变动的资产、负债项目。不同企业销售额变动引起资产、负债变化的项目及比率是不同的,需要根据历史数据逐项研究确定,也可以根据以前若干年度的平均数确定。

(2) 计算预计销售额下的资产和负债。其计算公式为

资产(负债)=预计销售额×各项目的销售百分比 (4.4)

流动资产=5 000×23.333 3%=1 166.67(万元)

固定资产=5 000×43.333 3%=2 166.67(万元)

应付账款=5 000×5.866 6%=293.33(万元)
预提费用=5 000×0.3%=15(万元)
在此基础上预计总资产。
总资产=1 166.67+2 166.67=3 333.34(万元)
预计不增加借款下的总负债(无关项目按上年数计算)。
总负债=60+5+293.33+15+810=1 183.33(万元)
资金总需求=预计资产合计-基期资产合计
　　　　　=3 333.34-2 000=1 333.34(万元)

该公司需要筹资1 333.34万元，如何筹集该资金取决于它的筹资政策。
通常，筹资的优先顺序为：①动用现存的金融资产；②增加留存收益；③增加金融负债；④增加股本。

(3) 预计留存收益增加额。

留存收益是公司内部融资来源。只要公司没有将全部盈利都用于支付现金股利，留存收益就会自然增长。这部分资金的多少，取决于收益的多少和股利支付率的高低。

假设股利支付率为30%，销售净利率不变(4.5%=136÷3 000)，则利用公式(4.1)得：
预计留存收益增加额=预计销售额×销售净利率×(1-股利支付率)
　　　　　　　　　=5 000×4.5%×(1-30%)
　　　　　　　　　=157.5(万元)

注意，该预计留存收益增加额的计算方法隐含了一个假设，即计划销售利润率可以涵盖增加的利息。

(4) 预计外部融资需要的资金。
外部融资需要的资金=预计总资产-预计总负债-预计股东权益
　　　　　　　　　=3 333.34-1 183.33-1 097.5
　　　　　　　　　=1 052.51(万元)

W公司为完成销售额5 000万元，需要增加资产1 333.34(3 333.34-2 000)万元，负债的自然增长提供123.33(293.33+15-176-9)万元，留存收益提供157.5万元，本年应再融资1 052.51(1 333.34-123.33-157.5)万元。

(二)根据销售增加量确定融资需求

承例4-1。
外部融资需要的资金=总资产增加-负债的自然增长-留存收益增加提供的资金
　　　　　　　　　=(资产销售百分比×新增销售额)-(负债销售百分比×新增销售额)-
　　　　　　　　　　[计划销售净利率×销售额×(1-股利支付率)]
　　　　　　　　　=(66.666 6%×2 000)-(6.166 6%×2 000)-[4.5%×5 000×(1-30%)]
　　　　　　　　　=1 333.32-123.332-157.5
　　　　　　　　　=1 052.5(万元)

(三)外部融资额与销售增长关系

从资金来源上来看，企业增长的实现方式有三种。

(1) 不对外筹资，完全依靠内部资金增长：即内含增长率，限制企业发展。
(2) 主要依靠外部资金增长：是不能持久的。
(3) 平衡增长：保持目前资金结构，是可持续的增长速度。

销售增加和融资需求之间有函数关系。假设成比例，两者之间有稳定的百分比，即销售额每增长1元需要追加的外部融资额。

已知：

外部融资额=(资产销售百分比×新增销售额)-(负债销售百分比×新增销售额)-
[计划销售净利率×计划销售额×(1-股利支付率)]　　　　　　　　(4.5)

其中，

新增销售额=销售增长率×基期销售额　　　　　　　　(4.6)

计划销售额=基期销售额×(1+增长率)　　　　　　　　(4.7)

所以：

外部融资额=(资产销售百分比×销售增长率×基期销售额)-(负债销售百分比×销售增长率×
基期销售额)-[计划销售净利率×基期销售额×(1+增长率)×(1-股利支付率)](4.8)

同除以"基期销售额×增长率"，则：

外部融资销售增长比=资产销售百分比-负债销售百分比-计划销售净利率×
[(1+增长率)÷增长率×(1-股利支付率)]　　　　　　　　(4.9)

外部融资额=外部融资销售增长比×销售增长额　　　　　　　　(4.10)

外部融资销售增长比，不仅可以预计融资需求量，而且对于调整股利政策和预计通货膨胀对融资的影响等十分有用。

承例4-1，如W公司预计销售增长5%，则外部融资销售增长比为5.66%，说明企业有剩余资金为14.15(销售额5 000×5%×5.66%)万元，可用于增加股利或进行短期投资。如通货膨胀率为10%，则销售额的名义增长率为15.5%，外部融资销售增长比为37.02%，企业要按销售额的名义增长率的37.02%补充资金，才能满足需要。

即使实际增长率为0，也需要补充资金，以弥补通货膨胀造成的货币贬值损失(计算外部融资销售增长比率为25.84%，采用的增长率为10%)。在销售的实物量不变的情况下，因通货膨胀，每年需要补充资金(外部融资额)为129.2(5 000×10%×25.84%)万元。

1. 仅靠内部融资的增长率

假设外部融资额为0，

0=资产销售百分比-负债销售百分比-计划销售净利率×
[(1+增长率)÷增长率×(1-股利支付率)]

则，增长率=5.494%。

可见只靠内部融资，限制外部融资，就限制了销售的增长。可求出新增销售额，并代入式(4.5)，经验算得出，外部融资额=0。

2. 外部融资需求的敏感分析

将式(4.9)中的六个因素分别作为单个因素来看待，在其他因素已知，只有一个因素为未知数时，就可以很容易地求出这个因素，这就是外部融资需求的敏感分析。

外部融资需求取决于三个因素：销售的增长、股利支付率、销售净利率。股利支付率越高，外部融资需求越大；销售净利率越大，外部融资需求越少。

当进行敏感分析时，这几个因素只能一个一个地变，不能几个同时变，否则不能测算出敏感程度。

四、可持续增长率法

(一)可持续增长率的概念及假设条件

可持续增长率是指不增发新股并保持目前经营效率和财务政策条件下公司销售所能增长的最大比率。

假设条件如下。

(1) 目前的资本结构是一个目标结构，并且打算继续维持下去。
(2) 目前的股利政策是一个目标股利政策，并且打算继续维持下去。
(3) 不愿意或者不打算发售新股，增加债务是其唯一的外部筹资来源。
(4) 公司的销售净利率维持当前水平，并且可以涵盖负债的利息。
(5) 公司的资产周转率将维持当前的水平。

假设条件成立时，销售的实际增长率与可持续增长率相等。

(二) 可持续增长率的计算

1. 根据期初股东权益计算

其计算公式为

$$\text{可持续增长率} = \text{股东权益增长率} \tag{4.11}$$

$$= \text{股东权益本期增加} \div \text{期初股东权益} \tag{4.12}$$

$$= \frac{\text{本期净利润}}{\text{本期销售额}} \times \frac{\text{本期销售额}}{\text{期末总资产}} \times \frac{\text{期末总资产}}{\text{期初股东权益}} \times \text{本期收益留存率} \tag{4.13}$$

2. 根据期末股东权益计算

其计算公式为

$$\text{可持续增长率} = \text{销售增加额} \div \text{基期销售额} \tag{4.14}$$

$$= \frac{\dfrac{\text{本期净利润}}{\text{本期销售额}} \times \dfrac{\text{本期销售额}}{\text{期末总资产}} \times \dfrac{\text{期末总资产}}{\text{期末股东权益}} \times \text{本期收益留存率}}{1 - \dfrac{\text{本期净利润}}{\text{本期销售额}} \times \dfrac{\text{本期销售额}}{\text{期末总资产}} \times \dfrac{\text{期末总资产}}{\text{期末股东权益}} \times \text{本期收益留存率}} \tag{4.15}$$

影响可持续增长率的四个因素，就是式(4.15)中的四个财务比率。

(三)可持续增长率与实际增长率的比较

1. 区别

可持续增长率是由企业当前经营效率和财务政策决定的内在增长能力，而实际增长率是本年销售额比上年销售额的增长百分比。

可持续增长率的高低，取决于式(4.15)中的四个财务比率。销售净利率和资产周转率的乘积是资产净利率，它体现了企业运用资产获取收益的能力，取决于企业的综合实力。

2. 联系

(1) 如果某一年的经营效率和财务政策与上年相同，则实际增长率等于上年的可持续增长率。

(2) 如果某一年式(4.15)中的四个财务比率有一个或多个数值比上年增加，则实际增长率就会超过上年的可持续增长率。

(3) 如果某一年式(4.15)中的四个财务比率有一个或多个数值比上年下降，则实际增长率就会低于上年的可持续增长率。

第二节　财 务 预 算

一、财务预算的意义

(一)实行财务预算管理是现代企业管理的迫切需要

现代企业是组织社会化大生产的营利组织，是市场经济的主体。为了求得企业的生存、盈利和发展，必须打破传统职能管理的界限，将企业视为一个整体，在战略目标及战略计划的指导下，注重企业内部综合协调管理，强化企业管理的计划、组织、控制和协调职能，只有这样，才能让所有职能部门和所属单位的子目标与企业整体目标趋同，从而使得投资者的战略决策与经营者的管理行为相一致。这种管理格局无疑需要企业管理有一条主线，将企业各职能部门的管理工作和所属单位的生产经营活动贯穿起来，从而提高企业整体的管理效率和经济效益。发达国家成功企业的经验证明，这条主线就是预算管理。在国外，预算管理已经经过很长时间的应用和发展。在美国，90%以上的企业都被要求实施预算管理；欧洲一些国家甚至要求所有企业都做预算。因此，实行预算管理是企业管理的迫切需要，搞好企业预算管理并在管理中产生效益，是检验现代企业管理科学化的重要标志之一。

(二)实行财务预算管理是产权制度变革的必然选择

在传统的计划经济体制下，国家是国有企业唯一的投资者(或所有者)。投资者(或所有者)关心的中心是经营成果——首先是产品，进而是利润，管理者的管理中心当然与投资者相一致。随着我国经济体制改革的不断深入，企业的产权结构发生了变化，逐渐趋向于多元化，出现了分散的多元化的投资者群体。分散投资者不仅关注企业当前的经营成果，而且关注企业未来的发展前景；不仅关注企业当前实现的利润，而且关注企业未来的盈利能力和发展能力；不仅关注利润的总额，而且关注利润的质量。在这种情况下，为了适应投资者的需要，经营者对企业的控制和规划，当然也要从经营结果(利润预算)扩大到经营过程(业务预算和资金预算)，进而延伸到经营质量(资产负债预算和现金流量预算)。因此，推行预算管理是企业投资者和经营者在产权制度变革新形势下的必然选择。

(三)实行财务预算管理是现代企业财务管理适应财务活动性质变化的有效机制

随着市场经济的发展,我国的经济运行机制与企业体制都发生了深刻的变化。企业与国家、企业与企业、企业与金融机构、企业与职工之间的关系也发生了显著的变化,必须逐渐地按照市场经济规律与等价交换的原则运行。企业的财务活动已成为连接市场和企业的桥梁和纽带,不再是简单的资金收付活动,而是包括资金筹集、投资决策与日常管理等多项内容在内的十分复杂的活动。随着企业财务活动性质的转变,对企业财务活动的管理提出了更高的要求。现代企业的财务管理,不仅要对不同的投资方案进行比较和选择,还要为企业筹措资金,以及对资金的日常运用进行管理。企业能否有效地预算所需资金的金额,能否有效地筹集资金,并将其配置在适当的地方等,这些企业财务活动的有效与否不仅关系一个企业的生存与发展,而且将影响整个社会经济的发展。因此,企业迫切需要建立一个与市场经济体制、现代企业财务活动性质相适应的财务管理机制。根据成功企业的经验,预算管理是市场经济条件下,现代企业实施财务管理的有效机制。

(四)实行财务预算管理是企业资本经营机制运行的必然需要

引入"资本"概念、开展资本经营是我国建立社会主义市场经济体制和现代企业制度过程中有意义的进步之一。在市场经济条件下,企业存在的目的是追求利润,企业财务管理的目标是使企业和投资者得到最大限度的财富,即满足资本利润最大化的要求。要使资本能够真正实现利润最大化的功能,就必须建立和完善资本经营机制,必须促使企业按照资本经营机制的内在要求进行运作,广泛有效地进行资本经营。

资本经营机制就是对资金有效管理、控制和运行的机制。预算管理是在科学经营预测与决策的基础上,围绕企业战略目标,对一定时期内企业资金的筹集、使用、分配等财务活动所进行的计划与规划,使生产经营活动按照预定的计划与规划进行流转和运动,以实现企业理财目标的有效管理机制,与资本经营机制的内在要求是一致的。因此,实行预算管理是企业资本经营机制运行的必然需要。企业要进行资本经营,必然要引入财务预算管理机制。

(五)实行财务预算管理是促进企业提高经济效益的有效途径

首先,以市场为导向,以销售为龙头,以产定销的财务预算管理,是连接市场与企业的纽带和桥梁。企业在实现理财目标的过程中,要解决的关键问题是把市场需求与企业内部资源有机地结合起来。通过预算管理,可以合理配置企业内部资源,以保证最大限度地满足市场需求,长期在市场上获得最大收益。

其次,在市场销售数量一定、市场销售价格一定的情况下,降低成本费用是提高经济效益的关键。在预算管理过程中,在对外扩大销售的基础上,企业始终坚持以成本费用控制为重点,从而为直接提高企业经济效益奠定坚实的基础。

再次,预算管理实行程序化管理,通过自上而下、自下而上的"讨价还价"过程,将预算指标层层分解,落实到各责任单位,将经济效益目标落到实处,为提高企业经济效益提供了可靠的保证。

最后，企业预算管理的重心从经营结果(目标利润)延伸到经营过程(业务预算和资金预算)，进而扩展到经营质量(资产负债预算和现金流量预算)，为提高经济效益提供了广阔的空间和时间。

综上所述，研究、探讨和建立适合现代企业管理需要的财务预算体系，是企业管理创新的需要，是广大财会理论工作者和实际工作者义不容辞的责任，也是现代企业财务管理需要解决的一个重要课题。

二、预算管理的内容

预算管理包括预算编制、预算执行、预算考核三个环节，以下主要介绍预算编制的具体内容。

(一)企业预算体系的编制

1. 企业预算体系的构成

企业经营活动的复杂性及层次性，决定了企业预算体系的复杂，它包括了经营、财务、长期投资等企业全方位的计划。

企业货币形式的全面预算，综合反映了经营中的各财务、资金计划，是企业预算的核心内容，不同的企业，其基本构成是相同的。一般企业全面预算的内容主要包括以下两个方面：①经营预算，包括销售预算、生产预算、直接材料预算、直接人工预算、制造费用预算、期末产成品存货预算、销售费用及管理费用预算等；②财务预算，包括现金预算、预计损益表、预计资产负债表、资本预算。

(1) 销售预算。销售预算一般是企业生产经营全面预算的编制起点，生产、材料采购、存货费用等方面的预算，都要以销售预算为基础。销售预算以销售预测为基础，预测的主要依据是各种产品历史销售量的分析，结合市场预测中各种产品发展前景等资料，先按产品、地区、顾客和其他项目分别加以编制，然后加以归并汇总。根据销售预测确定未来期间预计的销售量和销售单价后，求出预计的收入。其计算公式为

$$预计销售收入=预计销售量\times预计销售单价 \qquad (4.16)$$

一方面，销售预算为其他预算提供基础；另一方面，销售预算本身就可以起到对企业销售活动进行约束和控制的作用。

(2) 生产预算。生产预算的编制要以预计销售量和预计产成品存货为基础。产品的预计生产量可根据预计销售量和期初、期末的预计库存量确定，主要有两个关键环节，一是要预计期初产成品存货，二是要预计期末产成品存货，这要根据企业的销售渠道和销售能力而定，然后计算预计生产量。其计算公式为

$$预计生产量=预计销售量+预计期末产成品存货-预计期初产成品存货 \qquad (4.17)$$

企业产成品存货的预算，要进行统一的计划，目的在于避免过多存货，形成资金积压、浪费，以及存货不足，影响销售活动的正常进行，从而给企业带来不利。

(3) 直接材料预算。直接材料预算是一种以生产预算为基础编制的显示预算内直接材料数量和金额的计划。数量部分构成企业实物数量表示的预算的一部分。直接材料预算要根据生产需要量与预计采购量以及预计原材料存货进行编制，而预计采购量与预计原材料存

货的情况，要根据企业的生产组织特点、材料采购的方法和渠道进行统一的计划，其目的是在保证生产均衡有序进行的同时，避免直接材料存货不足或过多，影响资金运用效率的生产效率。预计直接材料的计算公式为

$$材料预计数量=预计生产量×单位产品的材料需用量+预计期末存货-预计期初存货 \quad (4.18)$$

$$直接材料预计=直接材料设计采购量×单价 \quad (4.19)$$

(4) 直接人工预算。与直接材料预算相同，直接人工预算的编制也要以生产预算为基础进行。其基本计算公式为

$$预计所需用的直接人工总工时=预计产量×单位产品直接人工小时 \quad (4.20)$$

(5) 制造费用预算。制造费用预算是一种能反映直接人工和直接材料以外的所有产品成本的计划。为编制预算，制造费用常按其成本形态分为变动性制造费用和固定性制造费用两部分。固定性制造费用可在上年的基础上根据预期变动加以适当修正进行预计。变动性制造费用根据预计生产量乘以单位产品预定分配率进行预计；而半变动制造费用则可利用公式 $Y=A+BX$ 进行预计。(其中，A 表示固定部分，B 表示随产量变动部分，可根据统计资料分析而得。)

为了全面反映企业资金收支，在制造费用预算中，通常包括费用方面预期的现金支出。制造费用预算为两个步骤：首先计算预计制造费用，然后计算预计需用现金支付的制造费用，各自的计算公式为

$$预计制造费用=预计直接人工小时×变动性费用分配率+固定性制造费用 \quad (4.21)$$

$$预计需用现金支付的制造费用=预计制造费用-折旧 \quad (4.22)$$

(6) 期末产成品存货预算。期末产成品存货预算有两个基本目的，一是为编制预计损益表提供销售产品成本数据；二是为编制预计资产负债表提供期末产成品存货数据。

其基本内容为：首先计算预计产成品单位成本，这是根据企业的各种技术和产品设计资料而确定的，包含产成品的人工、材料、间接费用以及其他费用的预计，按照完全成本法模拟预计得出；或根据企业生产的历史情况并考虑优化及因素设计。其次将产品单位成本乘以预计期末产成品存货数量，即可得出设计期末产成品存货金额。

(7) 销售费用与管理费用预算。销售费用与管理费用预算包括预算期内将发生的除制造费用以外的各项费用。它们的编制方法一般也根据成本形态进行。

(8) 研究开发费用预算。企业研究开发是企业持续发展的保障，研究开发费用预算包括研发人员的工资费用和各种材料费用。研究开发费用预算主要反映企业现金支付的计划，为企业现金预算提供数据。

(9) 资本支出预算。资本支出预算是长期投资计划的反映，主要包括拟投资的现金支付进度及数量计划，综合反映为投资各年的现金流量预计表，是企业编制预计财务报表的重要数据。

(10) 现金预算。现金预算一般由现金收入、现金支出、现金多余或不足以及资金的筹集与运用等四个部分构成。其基本关系为

$$现金余缺额=期末现金余额-理想现金余额 \quad (4.23)$$

$$=(期初现金余额+现金收入-现金支出)-理想现金余额 \quad (4.24)$$

$$=期初现金余额+净现金流量-理想现金余额 \quad (4.25)$$

现金预算四个部分的关系，数量上要符合式(4.26)。

$$\frac{期初现金余额+现金收入}{当期筹资前可用现金合计-现金支出} = \frac{现金多余+资金的筹集(运用)}{期末现金余额} \quad (4.26)$$

现金预算是企业管理的重要工具，它有利于企业事先对日常现金需要进行计划的安排，如果没有现金预算，企业无法对现金进行合理的平衡、调度，就有可能使企业陷入财务困境。

(11) 预计损益表。在前几项预算的基础上，根据一般会计原则(权责发生制)，即可编制预计损益表。预计损益是整个预算过程的一个重要环节，它可以提示企业预期的盈利情况，从而有助于经理人员及时调整经营策略。

(12) 预计资产负债表。预计资产负债表反映预算期末各账户的预期余额，全面反映企业的经营预测情况，是计划综合结果的反映，为企业提供会计期末企业预期的财务状况信息。它们根据企业预算期初的资产负债表、经营预算和资本支出预算、现金预算的有关结果，对有关项目进行调整后编制而成。

2. 预算的编制方法

在预算管理不断发展的过程中，人们积累了丰富的经验，其中表现最明显的是预算方法的不断完善，其已经形成了一个丰富多彩的预算管理方法体系。下面主要介绍固定预算、弹性预算、滚动预算等方法。

(1) 固定预算。预算按是否可随业务量变动而进行调整，分为固定预算和弹性预算。固定预算(fixed budget)，又称为静态预算(static budget)，是按固定业务量编制的预算，一般按预算期的可实现水平来编制。我们通常做的生产预算、销售预算，是按预计的某一业务量水平来编制的，就属于固定预算。这是一种较为传统的预算编制方法。

固定预算的主要优点是编制较为简便；缺点是当实际业务水平与预算业务水平相差较大时，就难以起到预算应有的作用，难以进行控制、考核、评价等，因此，在市场变化较大或较快的情况下，不宜采用此方法。

(2) 弹性预算。弹性预算(flexible budget)，顾名思义，是一种具有伸缩性的预算，是在不能准确预测预期业务量的情况下，根据成本形态及业务量、成本和利润之间的依存关系，按预算期内可能发生的业务量编制的一系列预算。弹性预算主要用于成本预算和利润预算。

编制弹性预算的基本程序(以成本预算为例)一般为：①选择业务量的计量单位。应根据企业的具体情况来选择，如机械化程度高的企业，更宜采用机器工时而非人工工时，此外还要注意计量单位应易取得和易理解。②确定业务量的范围。业务量的范围就是预期业务量变动的相关范围，应根据企业的具体情况来定，但应使将来可能发生的业务量不超过此范围。③按成本形态将成本分为固定成本、变动成本、混合成本。④确定预算期内各业务活动水平。⑤编制弹性预算。

弹性预算有很多优点：它比固定预算运用范围广泛，使预算与实际具有可比基础，使预算控制和差异分析具有意义和说服力；一经编制，只要各项消耗标准和价格等依据不变，便可连续使用，从而大大减少工作量。当然，运用弹性预算而不运用固定预算的最主要原因还在于运用弹性预算能够在控制了数量变化后，更好地对某个职能部门或管理人员的经营业绩进行评价。美国一项对上市公司弹性预算应用情况的调查研究发现，有 48%的公司在对生产成本进行预算时采用了弹性预算方法，仅有 27%的公司在对分销、市场营销、研究与开发费用、管理费用进行预算时采用弹性预算方法。这些数据表明，在生产部门中，弹性预算已得到广泛的应用。在我国，企业运用弹性预算方法并不是很多见，大部分实施预算管理的企业都仅编制固定预算，这说明我国企业预算编制水平还有很大的提高空间。

(3) 滚动预算。滚动预算(rolling budget)又称永续预算(perpetual budget)，其基本精神就是它的预算期永远保持 12 个月，每过 1 个月，都要根据新的情况进行调整，在原来预算期末再加 1 个月的预算，从而使总预算始终保持 12 个月的预算期。

滚动预算的编制，可采取长计划、短安排的方式进行，也就是在编制预算时，先按年度分季，并将其中第一季度按月划分，建立各月的明细预算，以便监督预算的执行。其他三个季度可以粗略一些。到第一季度结束后再将第二季度的预算数按月细分，以此类推。

滚动预算与其说是一种预算编制方法，不如说是一种预算编制思想。与传统预算方法相比，其优点如下：①保持预算的完整性、持续性，从动态预算中把握企业的未来。②能使各级管理人员始终对未来 12 个月的生产经营活动有所考虑和规划，从而有利于生产经营稳定而有序地进行。③由于预算不断修整，使预算与实际情况更相适应，有利于充分发挥预算的指导和控制作用。

但在实际中，采用滚动预算的，必须有与之相适应的外部条件，如材料供应时间等。此外，不足之处还有预算的自动延伸工作比较耗时，代价太大。

(二)企业预算编制的步骤

预算编制要遵循以下步骤。

(1) 制定规划方针，即确定预算的总目标及实现目标的一些方针和原则，为预算的制定确定大方向。

(2) 各职能部门提供基础资料并互相沟通。预算编制应当采取"自下而上"的信息流程，根据各职能部门提供的基础资料并进行充分的沟通和交流，可以就预算需使用的一些关键性假定在企业各职能部门达成一致，为预算的编制提供坚实的基础。

(3) 制定销售预算。销售预算左右整个企业的所有业务，并且是其他分预算编制的基础。在对关键性假定达成一致后，应当首先编制销售预算。

(4) 编制其他分预算。

(5) 互相协调以确定各分预算的最后定案。

(6) 对预算进行审核。

三、预算监控系统

企业预算监控系统包括预算执行控制、预算调整控制和预算反馈控制三个部分。

(一)预算执行控制

预算执行控制包括权限划分、资金监控和预算仲裁。其中，权限划分是在预算执行过程中，为保证预算内的投融资、资产购置、费用开支、经营业务管理的有效性，对预算额度的使用许可设置必要的审批权限。对于资金监控部分，企业可根据预算管理需要，设置"业务资金预算执行监控付款、收款卡"和"费用预算执行监控卡"。另外，当各预算单位之间发生利益冲突而导致经营业务无法正常进行时，首先应由各预算单位领导之间进行协调，协调无效时，报预算委员会主任仲裁，或提交预算委员会仲裁。预算委员会作出仲裁决议后，由预算工作组下达《预算仲裁决议书》给相关预算单位。仲裁决议一经形成，各预算单位必须无条件执行。

(二)预算调整控制

在预算执行过程中，由于主观、客观条件的发展变化，要保证预算的科学性、严肃性与可操作性，对预算进行适当的调整是必要的。但这种调整同预算的制定一样，是全面预算管理的一个重要、严肃的环节，必须建立严格、规范的调整审批制度和程序。只有当下列情况发生时，方能对企业已制定的预算指标进行调整：总公司领导交办的追加任务；外贸形势发生重大变化；国家相关政策发生重大变化；预算单位主要管理、经营人员变动；总公司内部调整；突发事件；预算委员会认为应该调整的其他事项。

(三)预算反馈控制

预算反馈控制包括反馈控制制度和预算反馈报告两部分。为保证预算目标的顺利实现，在预算执行过程中各级预算单位应定期召开预算例会，对照预算指标及时总结预算执行情况、计算差异、分析原因、提出改进措施。预算例会按照召开的频度应当形成不同形式的预算反馈报告。

四、我国企业实施预算管理应注意的问题

(一)实施预算管理应建立全局观，目标明确，增强参与性

1. 预算目标的选择

在预算的功用中预算管理要为不同的目的服务，而且这些不同的目的对预算管理体系的设计提出了不同的要求，这必然会产生一个在各个目标中进行取舍的问题，这要求企业根据本企业所面临的特殊环境作出决策。比如，在销售预算的制定过程中，销售人员掌握着企业的情况这一专门信息，如果预算仅仅是为了管理决策服务，销售人员就会把他所掌握的信息毫无保留地拿出来，与各部门进行分享；但如果预算的目的之一是作为业绩评价标准，销售收入数值要在年末时用来对企业销售部门的经营业绩进行评价，并由于这一信息的不对称性，销售人员就会对其掌握的信息进行一定的"裁剪"，在不被人识破的前提下实现自身利益的最大化。销售部门有可能会有意低估未来的销售收入金额，从而有利于其业绩评价。然而如果销售部门低估销售收入，就会相应地造成生产计划数量的减少，而企业的生产就不能达到效率最高的状态。也就是说，决策管理和决策控制两项预算的职能之间存在着冲突，若过分强调预算的决策控制的功能，将不可避免地影响决策管理功能的发挥；而若要保证决策管理功能发挥到最佳状态，则不可避免地要放弃决策控制功能。

2. 企业最高领导应拥有预算制定、实施的决策权

从我国的预算管理实践来看，预算在很多企业只是流于形式。首先企业领导对企业预算就不是很重视，很多企业只是指定由财务部门完成预算并实施，这显然不利于处理好各部门之间的利益关系，同时也降低了预算的权威性，造成各部门在实际工作中对预算并没有切实遵行，也就是我们常说的企业预算软约束问题。解决这个问题的方法之一是让企业

最高领导参与到预算的制定中来,并拥有对预算制定的最后决策权,这样才能从整个企业的大局出发,制定出切实可行的预算方案。

3. 设置预算委员会

在西方的许多公司中,除了让企业首席执行官直接参加预算管理过程以外,还设置了预算委员会来参与预算活动。预算委员会是由各个主要职能部门的经理组成的,由首席执行官担任主席。这个委员会的工作是,使公司内各部门甚至部门内各员工专门信息的交流更为方便,并使各部门就基础假设达成一致。从根本上来说,除非经过预算委员会的审批,否则不能接受一项预算或预测数据。

4. 强调预算的广泛参与性

既然企业预算是对整个企业未来行为的规范,就应当让尽可能多的员工参与到预算的制定中来。这样既可以体现员工的主人翁精神,提高员工的工作积极性,也可以促进信息在更广范围内的交流,使预算编制中的沟通更为细致,增加预算的科学性和可操作性。当然,在强调预算的广泛参与性的同时,也要注意预算编制的效率,要注意区分各级员工参与的程度,不能一视同仁。具体如何执行要根据企业的规模、管理水平、职工素质等具体情况灵活掌握,但要明确这些内容必须在预算制度中作出具体的规定。

(二)企业预算体制的设计

企业预算管理应对外部环境和内部条件进行综合考虑,然后选择最为适合的预算管理模式,在实际工作中,并没有一个适用于所有企业的统一预算模式,而是在遵循预算管理基本规律的前提下,从企业的总目标出发,以成本效率原则为依据,根据本企业的实际情况,选择最有效率的预算管理模式。具体来讲,企业应对预算的内容、预算编制的方法、预算执行规定与考核方法等作出选择。

1. 预算内容的选择

预算的内容是指企业应编制哪些预算,对于规模较大、企业经营活动比较复杂的企业应尽量编制全面的预算;对于小规模企业,或者业务比较单一的企业,可以仅就管理和控制的重点编制预算。

2. 预算编制方法的选择

随着预算管理水平的不断提高,预算编制的方法也不断发展,形成了包括固定预算、弹性预算、滚动预算、零基预算和概率预算的一个系列。企业在编制预算的过程中,应根据自己的外部环境及本企业的预算水平进行选择。对于市场价格及企业市场份额情况不确定的企业(如处于初创期或成长期的企业),应尽量采用弹性预算;而对于市场情况比较确定的企业,则采用固定预算更为合适。另外,企业预算水平也是选择预算编制方法需要考虑的一个重要因素,预算水平较高的企业可以选择一些较为先进复杂的预算方法,如滚动预算和零基预算;而对于预算水平较低的企业,则尽量从编制简单易行的预算开始(如固定预算),以防引起工作混乱。

(三)企业实施预算管理要充分考虑员工可能对预算作出的反应

员工的反应可能受到预算编制的方式、其在预算编制中的参与程度、沟通交流的方式、预算的表述形式及预算实施的方式等各方面的影响。企业在预算管理中应考虑以下行为方面的问题。

1. 认知

人的认知能力是存在差别的,对于同样一件事物,不同的人可能会有不同的理解。在预算管理中,可能会存在员工对目标理解及政策认识的差别,因而要求在预算的制定与实施过程中要充分考虑人的这种认知能力的差别,进行广泛沟通与交流,以使对预算的认知误差风险提前释放,保证全体员工对预算的理解一致。

2. 个人目标

每个行为主体个人都是社会环境下的"复杂社会人",他们都具有各自的个人目标。这要求管理体系除了制定预算外,还要建立相应的激励与约束机制,或改变行为主体的目标函数,或改变行为主体实现目标最大化过程中的约束条件,促使各行为主体个人目标和预算目标的一致。

3. 参与

参与原则是一个经常被预算制定者忽略的原则。人总是存在一定程度的逆反心理,对于那些本应参与预算制定但事实上并没能允许作为预算制定者一员的人来说,他们很有可能会取消自己对预算的通力合作和支持,而相反地,会进行一些消极的抵触。所以,企业预算的编制应当让尽可能多的人参与进来,以保证预算编制的效率。

4. 愿望层次与目标

预算的实现被视为成功,而预算未实现则被视为失败,这会影响激励和士气。从目标的一般性来看,激励是通过提高行为主体的动机力量来实现的,动机力量是指动机的强度,即调动行为主体积极性和激发行为主体内在潜力的力度。因而预算编制在设定目标时,要仔细进行斟酌,不能太高,也不能太低,力争使动机力量最大化。

5. 借口

在预算的实施中一定要注意实事求是,认真地对待对预算的每一个批评,如果确实是预算存在问题,则要对预算进行调整;如果不是预算的问题,而是行事者的行为出现了偏差,则一定要对该行为主体进行一定的惩罚,保证预算的权威性。

6. 强加

如果管理当局"自上而下"地强加预算,那么"在下面工作"的人员可能会对其抵触,不给予支持,或根本就没有热情。

(四)周期性企业,采用周期预算来编制长期预算

以企业周期作为预算编制的基础的,能使企业在对未来进行预测时,首先明确企业现

时所处的周期阶段,并根据企业环境和企业活动的周期性规律,对企业的未来环境和状况进行预测,使预算更加符合企业的实际情况。同时,战略管理的一个重要实现方式是实行周期战略,即以企业周期为基础确定企业在各个周期的发展战略,这就更加要求企业以周期为基础来编制预算。在以周期为基础编制预算时,主要针对的是产品生命周期,因为经济周期、行业生命周期属于企业的外部环境因素,而产品生命周期则属于企业经营活动规律的一个组成部分,是对企业整体行为规律的描述。当然在编制预算的过程中,也要考虑其他几类周期的情况。

(五)企业实施预算管理应避免的错误倾向

1. 避免预算过繁过细

有些企业认为,预算作为一种管理控制的手段,应对企业未来经营的每一个细节都作出细致的规定,其实这是一种很危险的倾向。预算对极细微的支出作了琐碎的规定,会使各职能部门缺乏应有的自由,这无可避免地会影响企业运营的效率。因此,预算并不是越细越好。那么,究竟预算应细微到什么程度呢?我们必须联系授权的程度进行认真酌定。

2. 避免让预算目标取代企业目标

这是预算管理中的另外一种危险倾向,即常说的目标置换。在这种情况下,各职能部门主管只是热衷于使本部门的活动严格按预算的规定进行,但却忘记了首要的职责是要千方百计地去实现企业的目标。目标的置换通常由两个方面的原因引起:①没有恰当地掌握预算控制的标准;②职能部门设立的预算标准没有很好地体现企业目标的要求,没有与企业的总目标建立更直接、更明确的联系,或者是企业环境变化产生了预算目标与企业总目标的脱离。为了防止预算控制中出现目标置换的倾向,一方面应当使预算更好地体现计划的要求;另一方面应当适当掌握预算控制的度,使预算具有一定的灵活性。

3. 避免因循守旧

预算管理中存在的另一种危险倾向是因循守旧,以历史的情况作为评判现在和未来的依据。比如,职能部门以上年度的日常支出作为预算的标准,因此职能部门有可能会故意扩大日常的支出,以在以后年度获得较大的支出预算标准。因此,必须有一些有效的预算管理制度来扭转这种倾向,否则预算很有可能变成掩盖懒散、效率低下的主管人员的"保护伞"。

4. 避免一成不变

预算管理不能一成不变,要对预算进行定期检查,如果情况已经发生重大变化,就应当调整预算或重新制定预算,以达到预期的目标。

本 章 小 结

财务预测的方法。

销售百分比法的基本原理:首先假设收入、费用、资产、负债与销售收入存在稳定的百分比关系，根据预计销售额和相应的百分比预计资产、负债和权益，然后利用会计等式确定融资需求。

销售增长与外部融资的关系。①从资金来源上看，企业增长的实现方式有三种，即不对外筹资，完全依靠内部资金增长；主要依靠外部资金增长；平衡增长：保持目前资金结构，是可持续的增长速度。②外部融资占销售增长比：就是销售额每增长一元需要追加的外部融资额。③敏感分析。④内含增长率：外部融资为 0 时的销售增长率。⑤可持续增长率的概念和计算。

财务预算主要介绍了全面预算的内容、各种预算方法。

关　键　词

财务预测(financial forecast)　销售额预测(sales forecast)　融资需要量(financial requirement)　财务预算(financial budge)　预计财务报表(forecast financil statements)　可持续增长比率(SGR)

思　考　题

1. 什么是公司财务预测？
2. 融资需要量如何计算？
3. 当公司的增长目标与企业价值最大化目标相矛盾时，应如何解决？
4. 财务预算的方法有几种？各有何利弊？
5. 为什么销售预测在现金预算的编制中非常重要？
6. 什么是可持续增长率？它有几种计算方法？

微课资源

扫一扫，获取相关微课视频。

利润预测.mp4

利润预测的方法
(量本利、相关比率、因素测算).mp4

财务预算概念与方法.mp4

第五章　流动资产管理

【学习目标】

通过本章的学习，了解现金流量的管理意义和现金管理的策略；理解企业目标现金额的概念；掌握持有现金的动机和现金管理的目的及内容；重点掌握企业最佳现金持有量确定的方法。了解应收账款的日常管理、扩展的经济订货批量模型、ABC 控制法及商业信用 5C 评估系统、存货管理的目标；掌握信用标准、信用条件、收账政策；重点掌握或理解应收账款的成本、存货的成本、存货基本经济批量模型、提供现金折扣应收账款的资金成本。

【案例导入】

大连某企业是一个专业从事手表生产与销售的企业，主要生产、销售机械表。该企业下设一个手表专营公司，负责手表的销售，专营公司的经理叫孙尧。2007 年前后，市场发生了变化，电子表畅销，机械表销售量下降。该企业的产品积压严重，仅专营公司就积压了 100 多万只机械表。当时孙尧给企业领导打报告，请示处理积压产品，将当时市价为 120 元一只的机械表以 25 元一只的价格处理掉，然后利用回收资金，生产、销售电子表。企业领导没有批准孙尧的报告。在这种情况下，孙尧自作主张，以 25 元一只的价格处理积压产品，经过 3 个月的努力，积压产品全部售出，收回资金 2 500 万元。孙尧用这些资金购入香港地区的表盘、机芯，根据市场需求，生产多花色的产品去争取市场，到 2009 年，专营公司盈利 900 多万元。但是企业领导对孙尧的行为感到不满，甚至在 2013 年将专营公司撤销。2015 年，手表厂面临破产，累计亏损 4 000 多万元，银行存款只有 4 万元，固定资产达 8 000 万元，并且有几百台进口设备。在这种情况下，2015 年 4 月孙尧被任命为该厂厂长。8 个月后，该企业减亏 747 万元。2016 年全面扭亏，实现利税 574 万元。2015—2019 年，还清了近 1 亿元债务。可见，对企业流动资产加强管理，是企业日常财务管理的重点内容。

第一节 营运资本管理

一、营运资本的概念

营运资本(working capital)是指企业在生产过程中可以自由运用、不受流动负债牵制和约束的流动性资金,它是衡量企业变现能力和短期财务实力的重要指标之一。广义的营运资本是指企业流动资产总额,即企业垫支于流动资产上的资本。狭义的营运资本也称净营运资本(net working capital),即流动资产减流动负债的差额。它是指企业在经营业务循环过程中所产生的各个主要项目,即流动资产中的现金、应收账款和存货等,也包括流动负债中的应付账款、短期借款等。而部分流动资产的来源是短期负债,因为短期负债为企业提供经营资本,所以营运资本管理应包括流动资产管理和流动负债管理。本章主要采用净营运资本的观点进行阐述。

营运资本管理是一个整体,其实务主要表现为对营运资本主要项目的管理。就流动资产来说,主要是现金、应收账款和存货的管理;就流动负债来说,主要是一些短期资本来源(即商业信用、短期借款等)的管理(该部分内容将在本书第六章介绍)。企业的综合运营能力决定着各个项目之间必然有一种连带关系。例如,信用政策的制定影响着企业的现金流入状况,应付账款的付款时间影响着存货的采购成本,现金是否充裕影响着企业信用政策的具体选择、存货的持有量以及应付账款、短期借款的持有金额等。而各个项目又是通过现金预算有机地结合起来的。本章主要阐述主要的流动资产项目管理,即现金、应收账款和存货的管理。

二、营运资本的特点

如何合理地使用营运资本,加速周转,灵活调度,提高资金收益,是企业应当着重考虑的问题。同行不一定同利,利润须从经营运转中产生,这里面有很多诀窍,需要用心摸索。管理营运资本,必须了解营运资本的以下基本特点。

1. 短期性

营运资本的基本形态是企业经营业务循环中的各个主要项目,其周转期较短,一般来说,不超过一年。因此,在整个营运资本的投资中,必须要有多种融资途径,以解决和满足流动资产的需求数额。特别是在经济繁荣时期,投资在流动资产上的资本数额必然更大。在营业循环周转期较快的情况下,营运资本的周转期自然较短。

2. 高度变现性

因为营运资本需要迅速转换为现金,然后现金又可以随着营业循环的周转,最后再转换为现金。只有迅速地转换为现金,企业才能有足够的能力去维持和运作,从而维持高度的经营能力。影响高度变现性的主要因素是时间和数量:营运资本的形态转换为现金的时间越短,其变现性越高;营运资本转换为现金时的数额越接近于原有价值,其变现性也越高。

3. 实物形态变动性

营运资本的实物形态是经常变化的，其顺序一般是现金、存货、应收账款等。在实际经济活动中，不同的情况和无法估计的因素，使得购货量往往不能配合销售量，所以有存货的必要；如果销售时全部是现金销售，没有投资在应收账款上的资本，便不利于企业竞争。因此，在进行营运资本管理时，必须在各种实物形态上合理配置资本数额，以促进营运资本迅速周转。如果存货购入后马上就将其出售，同时又很快地收回货款，则营运资本的投资额变动就会较低。

三、营运资本的管理原则

企业的营运资本在全部资本中占有相当大的比重，而且周期短，形态易变，因此，营运资本管理是企业财务管理工作的一项重要内容。企业进行营运资本管理，应遵循以下原则。

1. 满足合理的资本需求

企业应认真分析生产经营状况，合理确定营运资本的需求数量。企业营运资本在需求数量上与企业生产经营活动有直接关系。一般情况下，当企业产销两旺时，流动资产和流动负债也会相应减少。因此，企业财务人员应认真分析生产经营状况，采用一定的方法预测营运资本的需求数量，营运资本的管理必须以满足正常合理的资本需求作为首要任务。

2. 提高资本使用效率

营运资本的周转是指企业的营运资本从现金投入生产经营开始，到最终转化为现金的过程。加速资本周转是提高资本使用效率的主要手段之一。提高资本使用效率的关键就是采取得力措施，缩短营业周期，加速变现过程，加快营运资本周转。因此，企业要千方百计地加速存货、应收账款等流动资产的周转，以便用有限的资本服务于更大的产业规模，为企业取得更优的经济效益提供条件。

3. 节约资本使用成本

在营运资本管理中，必须正确处理保证生产经营需要和节约资本使用成本两者之间的关系。要在保证生产经营需要的前提下，尽量降低资本使用成本。一方面，要挖掘资本潜力，加速资本周转，精打细算使用资本；另一方面，积极拓展融资渠道，合理配置资源，筹措低成本资本，服务于生产经营。

4. 保持足够的短期偿债能力

偿债能力是企业财务风险高低的标志之一。合理安排流动资产与流动负债的比例关系，保持流动资产结构与流动负债结构的适配性，保证企业有足够的短期偿债能力是营运资本管理的重要原则之一。流动资产、流动负债以及两者之间的关系能较好地反映企业的短期偿债能力。流动负债是在短期内需要偿还的债务，而流动资产则是在短期内可以转化为现金的资产。因此，如果一个企业的流动资产比较多、流动负债比较少，就说明企业的短期偿债能力较强；反之，则说明短期偿债能力较弱。但如果企业的流动资产太多，流动负债太少，也不是正常现象，这可能是因流动资产闲置或流动负债利用不足所致。

第二节 现 金 管 理

现金是经济社会用于价值储存和交换的媒介。现金是企业资产的重要组成部分,持有现金是企业进行生产经营的基本条件。广义的现金是指企业以货币形态存在的资金,主要包括库存现金、银行存款、其他货币资金等。狭义的现金仅仅是指企业的库存现金。有价证券是现金的一种转化形式,属于现金的替代品。本书所指的现金是广义的现金。

一、现金管理概述

现金和利润都是企业所必需的。现代财务理论认为现金流量是衡量企业价值的最为主要的指标。利润只是通过会计法则、制度规范由财务或会计人员计算出来的,如果排除这些人为因素,它仅仅是一个账面的结果。但是,现金净流量却是通过实实在在的现金流入量与流出量表现出来的,它不单单表现在账面上,而且还实实在在地表现在企业的银行账户中。这两者类似于你投放在股市上被套牢的资金和目前就可以自由支配的现金。前者一时无法兑现以作急用,而后者却可解燃眉之急。

现金流量一般分三类加以反映,即经营活动产生的现金流量、筹资活动产生的现金流量和投资活动产生的现金流量。企业现金流量与其各项经营管理活动是交织在一起的。企业购买货物、偿还债务、支付工资、开支费用、缴纳税金等都需要以现金作为支付和结算的手段。开展对内对外投资、向投资者分派股利等也需要现金。现金在企业生产经营、资本经营的运行中发挥着十分重要的作用。但是有些企业由于现金意识淡薄,盲目生产,营销滞后,存货大量积压,应收账款收不回,支付能力严重匮乏,使企业持续经营受到很大影响,甚至坐失获利良机。

但如果只能有一个选择,"鱼和熊掌"不可兼而有之的话,现金净流量应作为首选,因为,一个企业的经营是在运作资源,而不是在运作账簿。有了资源,就有了一切。所谓"巧妇难为无米之炊",没有米,再高明的师傅也无法施展本领。现金管理的首要问题是弄清现金的特殊性及其管理目的,其次是企业应持有现金的数量,最后是提高现金管理的效率。

(一)企业持有现金的动机

现金是流动性最强的资产,也是企业资金流转的起点和终点,持有一定量的现金对降低企业财务风险、增强企业资金的流动性具有重大意义。对企业经理人而言,持有一定量的现金,有其特定的需要。归纳起来主要有交易性需要、预防性需要和投机性需要。

1. 交易性需要

交易性需要就是支付需要,企业必须持有一定的现金,满足生产经营活动中支付的需要,因为企业的生产经营活动是周而复始、持续不断的。在这个过程中,偿还债务、购买材料、发放工资、支付其他各项费用,每天都在发生。如果企业没有持有一定量的现金,支付就无法完成,企业正常的生产经营活动也就无法持续进行。

2. 预防性需要

天有不测风云，企业应持有一定量的现金以便应付发生的意外事件所产生的现金需要，这种需要称为预防性需要。现代企业的经济环境和经济活动日趋复杂，因而企业未来的交易性现金需要并不总能确切预测，再加上有可能出现的各种自然灾害、突发性事故，因此，企业为了保证在发生意外事件的情况下，生产经营持续进行，也必须持有一定量的现金，否则会使企业走向绝境。

3. 投机性需要

投机性需要是指企业持有一定资金以满足某种投机行为的需要。在市场经济中，企业为了谋求更大投资利益，采用风险投机，将现金投资于证券市场、期货市场以及有价证券。这种情况对绝大多数企业来说，储备投机性现金情况较少，一般情况下，企业都不会专门为投机性需要而安排现金。因为投机投资风险较大，弄不好企业就会陷入困境。

(二)现金管理的有关规定及相关内部控制

现金是企业的一项重要资产，必须要加强管理和控制，否则很容易出现风险隐患。

1. 对现金使用的规定

国家相关部门对现金使用规定主要包括以下几点。①明确现金的使用范围。单位或个人交回剩余差旅费和备用金等；结算起点(1 000 元)以下的零星支出；向个人收购农副产品和其他物资的价款；支付职工工资、津贴；根据国家规定颁发给个人的科学技术、文化艺术、体育等各种奖金；支付各种劳保、福利费用；中国人民银行确定的需要支付现金的其他支出等。②规定库存现金限额。为了满足企业日常零星开支的需要，企业一般要保留一定数额的库存现金。企业的库存现金限额，是由其开户银行根据企业的实际需要核定的，一般以3~5 天的零星开支额为限。③不得坐支现金。企业现金收入应于当天送存银行，不得从本单位库存现金限额中直接支付交易款。④不得出租、出借或转让银行账户。⑤不得签发空头的或远期的支付凭证。⑥不得保存账外的公款，包括将公款以个人名义存入银行和保存账外现金等各种形式的账外公款。

2. 对现金内部控制的要求

"安全第一、收益第二"历来是高风险行业的财务行为准则，如商业银行业和工商企业，尤其是集团公司财务行为的准则。安全与风险相对称，有风险就必须讲求安全，无风险就无所谓安全。对于集团公司而言，安全性是与其管理风险、经营风险以及财务风险相对称的。既然现金的风险隐患较大，就要加强现金的内部控制。主要应该做好以下工作：①现金收支两条线制度；②现金支付的备用金制度；③现金的内部结算中心制度；④现金控制的内部银行制度；⑤现金控制的财务制度。

(三)现金管理的目的

现金可以立即有效地用于购买商品、劳务或偿还债务。企业持有一定量的现金，说明企业有一定的偿还能力和较好的信誉。但并不是说企业拥有的现金越多越好，企业持有过量现金会导致资产闲置,是对企业的一种损失;如果现金管理不严,现金大量外流,会使企业资金周转延缓,直接影响企业整个生产经营活动。现金管理的目的主要有以下几个方面。

(1) 满足生产经营的需要,防止因现金不足而出现生产交易中断。

(2) 最大限度地利用现金,避免出现资金闲置。

(3) 提高资金使用效率,通过快速收款,减少资金在途时间,将应收款迅速转化为账内营运资金。

(4) 减少现金冗余,保持最佳资金头寸,降低资金使用成本。

(5) 将现金用于合理投资,提高资金收益。

(6) 集中控制收付款,提高财务管理水平。

(7) 促进资金流、信息流和物流的紧密结合,优化业务流程。即资金的收付与企业的商务活动过程更好地配合,如付款与采购、收款与销售的结合。

(四)现金管理的基本内容

1. 确定现金持有量

不同的企业现金持有量有不同的确定方法,但必须以使企业在现金存量上花费的代价最低,机会成本最小,而且又能确保企业以对现金需求的最佳持有量为出发点和落脚点。

2. 编制现金需求预算

企业不论大小,现金流量不论多少,都应该定期编制现金需求预算。这是因为合理安排现金收支,及时反映企业现金盈缺情况,是现金管理内容的重要组成部分。有些企业在现金管理上无视现金需求预算计划,没有计划采购、没有计划施工、没有计划用工、没有计划支付非生产性其他费用,造成现金管理失控,使一些正常的支付难以实现,甚至造成工资发放困难的局面。因此,现金的预算计划管理在整个现金管理中具有龙头作用,对企业整个财务管理也有重要意义。

3. 建立健全现金收支管理制度

任何企业要持续地进行生产活动,必须建立健全完整的财务管理系统,现金管理制度是其中的主要制度之一。现金管理制度应包括以下内容。①加强现金日常控制,做好库存现金的日常管理,按照《会计基础工作规范》的规定,出纳人员应根据办理完毕的现金和银行存款的收付款凭证,每天逐笔顺序登记现金日记账和银行日记账,并必须每天结出当日余额,每月结出收入、支出合计数和当月节余,财会主管必须定期检查。②加强银行存款的管理工作和做好各种转账结算工作。对于现金和银行支付结算,国务院和中国人民银行都制定了条例和支付结算办法,企业应遵循这些规定,确保企业现金资产的安全。加强内部控制是现金管理主要手段之一,《会计基础工作规范》规定:会计工作岗位在不违反内控制度的前提下,可以一人一岗、一人多岗或一岗多人,并规定出纳人员不得兼任稽核、会计档案保管和收入/支出费用、债权债务账目的登记管理工作。③加强对银行预留印鉴和个人印章的保管,严禁支票和印鉴、印章由一人保管。这些行之有效的规定是现金管理的指南,企业必须予以遵循,否则就会造成混乱,最终给国家和企业带来损失。④现金管理手段的科学化。要提高现金管理水平,应对现金管理实际情况实行定期考核与事后分析。

现金考核指标很多，不同的企业可根据其实际情况需要来制定，如现金收入量的考核、现金支出量及构成的考核分析、现金使用范围的考核、现金收支预算完成情况考核等，目的是合理使用现金，使企业保持一定量的现金，以保证企业生产经营持续稳定的运转。

考核现金利用情况的一个重要指标是现金周转率，其计算公式为

$$现金周转率 = \frac{收到现金的销售收入}{现金平均余额} \tag{5.1}$$

式中，收到现金的销售收入是指企业在本期实际收到现金部分的销售收入。现金平均余额是指企业现金的期初余额和期末余额的平均数。

一般而言，现金周转率越大越好，说明现金周转快，现金利用率高。

二、现金管理的策略

(一)传统的现金管理策略

现金管理策略主要体现在现金的收和付两个方面，即一方面采取一切有效措施提前收款，常用的做法是通过集中银行制度及锁箱制度来加速收款；另一方面利用一切可能性，推迟款项的支付，从而改善企业的现金流量。

1. 加强销售业务和应收账款的管理

为了提高现金的使用效率，加速现金周转，企业应想方设法提高现金销售比例，缩短应收账款的时间，以降低平均收现期。在制定销售政策和赊销政策时，如果现金折扣是经济可行的话，应尽量采用现金折扣政策。加速应收账款可以采取以下两种办法。

(1) 集中银行制度法。这是一种通过设立多个收款中心来代替在企业总部设立的单一收款中心，以加速账款回收的方法。其做法可以缩短客户邮寄汇票所需的时间，也可以缩短银行托收货款所需时间。但是，这种方法需要在多处设立收款中心，从而增加了相应的费用支出。因此，企业应对设立收款中心的成本和收益进行权衡，合理确定收款中心的数量和设置地点。具体做法是：根据企业销售分布情况，在各个地区分别设立收款中心，各个地区的客户收到货后，将支票寄送当地收款中心，收款中心收到客户的支票后，委托当地银行收取款项。分散在各地的收款银行完成收账任务后，把多余的资金调拨给集中收款银行。

假设一个企业现在平均占用现金 1 000 万元，经研究测算，企业增加收款中心预计每年多增加支出 10 万元，但可节约现金 120 万元，企业资本成本率为 10%。也就是说，企业从节约资金中可获得收益 12(即 120×10%)万元，比增加的支出 10 万元多 2 万元。可见，该企业采用集中银行制度法更有利。

(2) 锁箱制度法。这是一种通过租用邮政信箱收款，以加速账款回收的方法。其做法可以缩短托收货款时间。但是，这种方法也要支付一定的费用支出。因此，企业在决定是否利用这一方法时，也应对其成本和收益进行权衡。具体做法是：将企业的销售范围划分为若干个地区，在业务比较集中的地区租用加锁的专用邮政信箱。通知客户将货款邮寄到指定的信箱。企业授权邮政信箱所在地的开户银行每天开取信箱，并将邮政信箱中的支票存入该企业账户，然后将扣除补偿性余额后的现金及有关资料寄回企业。

2. 合理运用现金浮游量

从企业开出支票到银行实际付款,中间需要一段时间,现金在这段时间的占用称为现金浮游量。利用现金浮游量,企业可以适当减少现金数量,达到节约现金的目的。利用好现金浮游量,能充分提高现金使用效率,但是一定要控制好现金使用时间,防止发生透支。

当一个企业在同一个国家有多个银行存款账户时,则可选用一个能使支票流通在外的时间最长的银行来支付货款,以扩大现金浮游量。利用现金浮游量,企业可适当减少现金数量,达到节约现金的目的。但是,有交易关系的企业之间大多是一种"零和"博弈关系,一方利益的获得必然是另一方利益的损失,因而,利用现金浮游量往往对供应商不利,有可能破坏企业和供应商之间的关系,应谨慎用之。

3. 控制现金支出时间

要加强应付账款的管理,在不影响企业信誉的前提下,尽量推迟应付款的支付时间。如果现金折扣是经济可行的话,应充分运用供货方提供的信用优惠。

例如,供应商开出的赊销条件是"$2/10, n/40$",则企业最好在开出发票后第十天付款。这样,既可以最大限度地利用这笔资金,又不会丧失现金折扣。从而提高现金使用效率,以降低现金持有额。

4. 努力实现现金流量同步

如果企业能够最大限度地使现金流入与现金流出在时间上趋于一致,就可以使交易性现金余额保持在最低水平,这就是所谓的现金流量同步。在实际工作中即使发生时间趋于同步,但数额不一定相等,所以实现这种理想化的现金管理状态是很难的。

(二)现代的现金管理策略

1. 电子商务改变了传统的现金管理策略

采用电子付款方式将大大减少企业对于现金浮存的利用与管理。纸面付款系统与电子付款系统在运作上存在着极大的差异,纸面的付款方式主要包括纸币、硬币、支票,以企业间交易最为常用的票据方式为例,假若就直接支付部分的票据而言,这部分通过票据进行支付的现金常被用来作为延迟支付、形成企业可利用之现金浮存的一个主要手段。但在电子付款方式日益普及,即在假设收款企业不必再迫于客观条件而不得不接受票据作为唯一可选择的付款方式的情况下,势必要求采用更为直接、快捷的电子付款方式。这样,企业推迟支付以利用浮存的余地就变得很小,也就是说,采取电子付款方式,将使传统的现金浮存管理受到很大的挑战。

相应地,从收款的角度,采用电子付款手段,将大大地加速现金的回流速度,提高现金的使用效率。

2. 电子商务促进了日常现金管理的调度能力

由于企业生产经营过程中的不确定性,要实现现金流入和现金流出同步这一目标并不容易,因此,传统的现金管理模式下对现金流量的预测只能是建立在估计的基础之上。而电子数据交换(electronic data interchange, EDI)技术由于对企业的购销计划安排具有极好的预报功能，因而在相当大程度上克服了这一缺陷。电子数据交换除了一般的信息披露，提供在线浏览外，很重要的一个功能就是能进行广泛的客户联络，如通过电子公告牌、在线聊天室、视频会议、建立常见问题解答(frequently asked questions，FAQ)共享信息等。此外，还可以根据观察、跟踪客户的浏览和购买习惯建立客户描述。通过上述努力，减少在产品生产及采购、供应环节的盲目性，增加市场的把握能力并进一步在此基础上提高采购与销售的计划、调度与预测能力，实现现金流的对接安排。信息加速传递的结果必然是对预测能力的改进与提高，因而将改善企业的现金管理。

三、目标现金额的确定

(一)企业持有现金的成本

由于现金本身并不能给企业带来什么收益，而企业持有现金是需要付一定代价的，而这种代价主要有以下三个方面。

1. 机会成本

现金资产是一项非营利性资产，企业的银行存款即便有利息收入，也是非常低的，只能起一种保值、保管作用。然而如果企业将这部分现金资产进行投资，可获得资本市场高利率收入，将"死"钱变成"活"钱，可见现金作为企业的一种特殊资产形式是有代价的，这种代价就是它放弃投资的机会成本。假定某企业的资本成本率为10%，年平均持有现金2 000万元，那么该企业每年现金的机会成本为200(2 000×10%)万元。现金持有量越大，机会成本越高。

2. 短缺成本

短缺成本是指企业由于缺乏必要的资金，不能应付必要业务开支而使企业蒙受各种各样的损失。其一，缺乏购买能力成本，主要是指企业由于缺乏现金而不能及时购买原材料等生产必需物资，从而使企业不能维持正常的生产经营所付出的代价。其二，丧失偿债能力。企业由于现金严重短缺而根本无力在近期内偿还各种负债而给企业带来重大损失的成本。

3. 管理成本

管理成本是指对企业留存的现金资产进行管理而付出的代价，如发生管理费用、管理设备装置及安全防范保安人员工资等。管理成本是一种相对稳定的固定成本，它的高低与企业现金持有量无明显的比例关系。

(二)目标现金额的确定

现金的管理除做好日常收支、加速现金流转速度外，还需要控制好现金量的规模。现金过多，会使企业盈利水平下降；而现金太少，又有可能出现现金短缺，影响生产经营。在现金余额问题上，也存在风险与报酬的权衡问题。在西方财务管理中，目标现金额的确定方法很多。所谓目标现金额，是指企业在一定时期对现金最佳持有量的确定。现结合我国实际情况，具体介绍确定目标现金额最佳持有的四种方法，即现金周转模式、成本分析模式、存货模式(鲍莫尔模型)、随机模式。

1. 现金周转模式

现金周转模式是根据现金的周转速度来确定最佳现金持有量。

(1) 现金周转期：是指从现金投入生产经营开始，到最终转化为现金所需要的时间。其主要包括以下三方面内容。①存货周转期：将原材料投入生产形成产成品并销售所需要的时间。②应收账款周转期：将应收账款转换为现金所需要的时间。③应付账款周转期：从收到尚未付款的材料开始到现金支出之间所用的时间。其计算公式为

$$现金周转期 = 存货周转期 + 应收账款周转期 - 应付账款周转期 \quad (5.2)$$

(2) 最佳现金持有量：是指企业年现金需求总额与现金周转率的比值。其计算公式为

$$最佳现金持有量 = \frac{企业年现金需求总额}{现金周转率} = \frac{企业年现金需求总额 \times 现金周转期}{360} \quad (5.3)$$

式中，现金周转率=360÷现金周转期。

【例 5-1】假定某企业预计全年需要现金为 1 200 万元，预计应收账款周转期为 18 天，存货周转期为 22 天，应付账款周转期为 10 天。试求企业最佳现金持有量。

现金周转期=22+18-10＝30(天)

最佳现金持有量=1 200×30÷360=100(万元)

现金周转模式简单明了，容易计算。但是这种方法是假设现金需要和现金供应不存在不确定因素。

2. 成本分析模式

成本分析模式是根据现金的有关持有成本，分析预测其持有成本最低的现金持有量的方法。

(1) 机会成本：其大小与现金持有量成正比。其计算公式为

$$现金机会成本 = 资本成本率 \times 现金持有量 \quad (5.4)$$

(2) 管理成本：一般来说，这是一种相对固定的成本。

(3) 短缺成本：一般来说，这种成本的大小与现金持有量负相关。

通过公式计算出现金总成本，取成本最小的现金持有量为最佳持有量。其计算公式为

$$现金总成本 = 机会成本 + 管理成本 + 短缺成本 \quad (5.5)$$

现金最佳持有量与这些成本之间的关系，如图 5-1 所示。

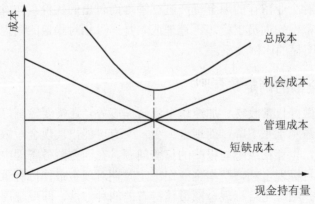

图 5-1 现金持有量与成本之间的关系

【例 5-2】某企业为寻求最佳现金持有量，现拟定三种现金持有方案，如表 5-1 所示。

表 5-1　某企业现金持有成本分析表　　　　　　　　　　　　　　　　单位：元

项　　目	甲方案	乙方案	丙方案
现金持有量	50 000	60 000	70 000
机会成本	4 000	5 500	6 000
管理成本	500	500	500
短缺成本	3 000	2 000	1 500
持有总成本	7 500	8 000	8 000

由表 5-1 可知，该企业持有 50 000 元现金最好，因为它的持有总成本最小，为 7 500 元。

3. 存货模式

存货模式是借用存货的经济批量模型，将企业现金持有量和短期有价证券联系起来衡量，以确定最佳现金持有量的方法。这一模式最早是由美国经济学家 W. J. Baumol 于 1952 年提出的，所以又称"鲍莫尔模型"。存货模式的基本假设：①企业能够确定未来的现金流量；②现金支付在整个期间内是平均分布的；③利率(持有现金的机会成本)是固定的；④每次把有价证券转换为现金的交易成本是固定的；⑤现金与有价证券可以自由兑换。

在以上假设条件下，企业的现金情况理论上类同存货情况，如图 5-2 所示。

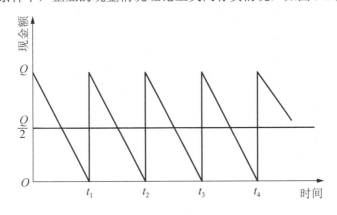

图 5-2　确定现金余额的存货模式

存货模式的目的是计算出使企业现金的总成本最小的 Q 值。现金的总成本包括两个方面。

(1) 现金机会成本。由于持有现金，从而放弃了进行短期投资，获得较高利息收益而产生的机会成本，它与现金持有量呈正比关系。

企业出售价值为 Q 的有价证券，使现金余额达到 Q；随着现金的使用，余额逐步降为 0；再出售价值为 Q 的有价证券，如此不断重复这一过程。现金平均余额是 $\dfrac{Q}{2}$，即：

$$\text{机会成本 } TC_1 = \frac{Q}{2} \times i \tag{5.6}$$

式中，Q 为现金持有量或每次转换的现金量；i 为有价证券利息率。

(2) 现金转换成本。它是指有价证券与现金相互转换而发生的成本，如经纪人费用和其他管理成本等。它仅与交易次数有关，而与交易金额无关。

假定全年需要现金总额为 T，转换次数为 $\frac{T}{Q}$，即：

$$转换成本 TC_2 = \frac{T}{Q} \times b \tag{5.7}$$

式中，T 为特定时期内的现金需要总额；b 为每次证券交易的固定费用。

设两个成本之和为 TC，即：

$$TC = \frac{Q}{2} \times i + \frac{T}{Q} \times b \tag{5.8}$$

企业现金总成本、现金持有成本和现金转换成本的关系如图 5-3 所示。

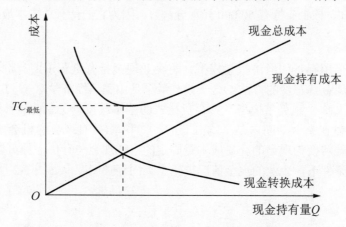

图 5-3　现金总成本、现金持有成本和现金转换成本的关系

从图 5-3 中可以看到，TC 是一条凹形曲线，可利用求导的方法确定最佳现金持有量。

令：

$$TC(Q)' = (\frac{Q}{2} \times i + \frac{T}{Q} \times b)' = \frac{i}{2} - \frac{Tb}{Q^2} = 0 \tag{5.9}$$

则：$Q^* = \sqrt{\frac{2Tb}{i}}$，所求 Q^* 为最佳现金持有量。

将 Q^* 代入 TC 中，求得最低成本：

$$TC^* = \sqrt{2Tbi} \tag{5.10}$$

【例 5-3】假定某企业预计全年需要现金 8 000 元，现金与有价证券的转换成本每次为 120 元，有价证券利息率为 12%。试求企业最佳现金持有量和每年的转换次数。

$$Q^* = \sqrt{\frac{2Tb}{i}} = \sqrt{\frac{2 \times 8\,000 \times 120}{12\%}} = 4\,000(元)$$

存货模式可以比较精确地求得最佳现金持有量和转换次数，它是财务管理中现金管理的重要手段。从以上可以得到最佳现金持有量为 4 000 元，也意味着现金与有价证券的转换次数为 2(即 $\frac{T}{Q} = \frac{8\,000}{4\,000}$)次。

4. 随机模式

随机模式是在现金需求难以预知的情况下进行现金持有量控制的方法。默顿·米勒(Merton Miller)和丹尼尔·奥(Denial Or)认为企业现金流入和现金流出总存在着不确定性。因此，企业每天净现金流量呈无一定趋势的随机状态，如图5-4所示。

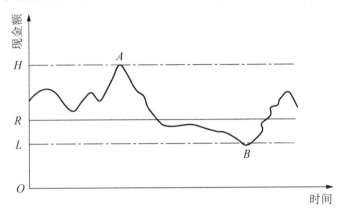

图 5-4　默顿·米勒现金模型

企业可以根据历史经验和现实需要，测算出一个现金持有量的控制范围，即制定出现金持有量的上限和下限，将现金量控制在上、下限之间。随机模型设定一个现金控制区域，有控制上限、控制下限和返回线。当现金达到上限或下限时，应调整。当现金持有量下降到控制下限时，就出售有价证券，使现金持有量回归到返回线；当现金持有量达到控制上限时，就用现金购买有价证券，使现金持有量回归到返回线。若现金持有量在上、下限之间，就不采取控制措施。

上限 H、现金返回线 R 可按下列公式计算：

$$R = \sqrt[3]{\frac{3b\delta^2}{4i}} + L \qquad H = 3R - 2L \tag{5.11}$$

式中，H 为现金存量的上限；L 为现金存量的下限(它受企业每日最低现金需要、管理人员的风险承受倾向等因素的影响)；R 为目标现金额(或称最优现金返回线)；b 为每次有价证券的固定转换成本；i 为有价证券的日利息率；δ^2 为预期每日现金余额变化的方差(可根据历史资料测算)。

随机模型是在企业未来现金流量呈不规则的波动，无法准确地预测的情况下采用的一种计算现金最佳持有量的模型。

【例 5-4】假定某企业有价证券利息率为 9.36%，每次固定转换成本为 40 元，企业认为任何时候其银行存款及现金余额均不得低于 2 000 元，另外，根据历史经验测算出现金余额波动的方差为 6 400 元。试求企业最优现金返回线 R、现金控制上限 H 是多少。

有价证券日利息率=9.36%÷360=0.026%

$$R = \sqrt[3]{\frac{3b\delta^2}{4i}} + L = \sqrt[3]{\frac{3 \times 40 \times 6\,400}{4 \times 0.026\%}} + 2\,000 = 903.88 + 2\,000 = 2\,903.88(元)$$

$$H = 3R - 2L = 3 \times 2\,903.88 - 2 \times 2\,000 = 4\,711.64(元)$$

随机模式建立在企业现金的未来需求量和流入流出不确定的前提下，因此计算出来的现金持有量比较保守。

第三节　应收账款管理

原本有一个比较好的项目，但是应收账款没有收回，没有足够的现金，只好眼睁睁地看着这个项目被别人拿走。企业的流动资产大于流动负债，但是应收账款没有收回，使用自己的资金周转困难。因此，企业的应收账款管理非常重要，如果应收账款不能及时收回，企业会失去很多发展机会，甚至可能造成企业衰退和倒闭。

不少企业领导在办公桌后常常愁眉不展地思索一个问题：为什么企业账面上是盈利，而实际得到的钱总是很少？为什么那么多应收账款难以回收？怎样才能改善企业的收账能力呢？

一、应收账款的管理目标

应收账款是指企业由于销售商品或提供劳务等过程中形成的债权性资产。它主要是在产品销售环节中产生，与所销售产品本身的畅销程度、企业的技术实力、企业的管理水平、所选择的客户是否适当等因素都有很大的关系。发生应收账款的原因，主要有以下两种。

第一，商业竞争。这是发生应收账款的主要原因。市场经济的竞争机制作用迫使企业以各种手段扩大销售。除了依靠产品质量、价格、售后服务、广告等，赊销也是扩大销售的手段之一。相同条件下，赊销产品的销售量将大于现金销售产品的销售量。出于扩大销售的竞争需要，企业不得不以赊销或其他优惠方式招揽顾客，由此引起的应收账款，是一种商业信用。

第二，销售和收款的时间差。商品成交的时间和收到货款的时间经常不一致，这也导致了应收账款。就一般批发和大型生产企业来讲，发货的时间和收到货款的时间往往不同，因为货款结算需要时间。结算手段越落后，结算所需时间越长，销售企业只能承认这种现实并承担由此引起的资金垫支。由于销售和收款的时间差而造成的应收账款，不属于商业信用，也不是应收账款的主要内容，因此我们只讨论属于商业信用的应收账款的管理。

既然企业发生应收账款的主要原因是扩大销售、增强竞争力，那么其管理的目标就是求得利润最大化。

二、应收账款的成本

赊销，一方面能扩大销售，增加利润；另一方面又增加成本。应收账款的管理，就要在增加利润与增加成本之间权衡，使赊销收益最高。应收账款是企业的一项资金投放，是为了扩大销售和盈利而进行的投资，而投资肯定要发生成本。应收账款的投资成本由机会成本、坏账成本和管理成本组成。

(一)机会成本

机会成本是指因将资金投放于应收账款而丧失的其他投资收益。该项成本的大小通常与应收账款的数量、资本成本率(一般视为短期有价证券的利率)及时间有关。其计算公式为

$$应收账款机会成本 = 应收账款占用资金 \times 资本成本率 \quad (5.12)$$

其中，
$$应收账款占用资金 = 应收账款平均余额 \times 变动成本率 \quad (5.13)$$
$$应收账款平均余额 = 日销售额 \times 平均收现期 \quad (5.14)$$

日销售额=年赊销收入净额÷360　　　　　　　　　　(5.15)

所以，

应收账款机会成本=(年赊销收入净额÷360)×平均收现期×变动成本率×资本成本率　　(5.16)

【例 5-5】假设某企业投资的资本成本率为 10%，全年赊销收入净额为 120 万元，应收账款的平均收现期为 30 天，变动成本为 60 万元，则应收账款机会成本是多少？

应收账款平均余额=120÷360×30＝10(万元)

应收账款占用资金=10×(60÷120)＝5(万元)

应收账款机会成本=5×10%＝0.5(万元)

(二)坏账成本

坏账成本是指由于债务人破产、解散或其他原因而无法收回应收账款所造成的损失。该项成本的大小与应收账款数量成正比。为了增强企业抵御坏账风险的能力，避免因坏账成本发生而给企业生产经营活动带来的不利影响，企业应按规定以应收账款的余额的一定比例提取坏账准备金。

(三)管理成本

管理成本是指企业对应收账款进行管理而发生的支出，在应收账款一定数量范围内一般为固定成本。其主要包括：对客户资信调查的费用；收集和整理各种信息的费用；应收账款账簿记录的费用；催款发生的费用和其他用于应收账款的管理费用。

三、应收账款的日常管理

赊购与赊销是当代商品交易的主要方式。在实际操作中，管理者处于两难境地。一方面，企业希望以赊销方式来扩大产品销路，增加产品收入；另一方面，应收账款的不断增加，使企业资金回收困难加剧，增大企业的经营风险。

如何才能改善企业应收账款回收状况呢？信用政策制定以后，企业要做好应收账款的日常管理工作，实行对应收账款回收情况的监督，可以通过应收账款追踪分析、应收账款账龄分析、应收账款坏账准备制度及应收账款考核指标的建立等来进行管理。

(一)应收账款追踪分析

应收账款一旦发生拖欠，赊销企业就必须考虑能否足额收回应收账款的问题。为了足额收回应收账款，赊销企业就有必要在收账前，对应收账款的发生过程进行追踪分析和把关。追踪分析的重点放在赊销产品的销售和变现两个方面。通过对应收账款的追踪分析，有利于赊销企业准确预测应收账款发生呆账、坏账的可能性，制定有效的收账方针，从而提高收账效率，以降低坏账的损失。

(二)应收账款账龄分析

逾期拖欠时间越长，账款催收的难度越大，因此要进行对应收账款的账龄分析，密切注意企业应收账款的回收情况。具体可以通过编制应收账款账龄分析表进行。从应收账款账龄分析表可以了解到下列情况。

(1) 有多少欠款尚在信用期内。这部分款项未到偿付期，欠款是正常的；但到期后能否收回，还要待时再定，故及时的监督仍是必要的。

(2) 多少欠款超过了信用期，超过时间长短的款项各占多少，有多少欠款会因拖欠时间太久而可能成为坏账。

【例 5-6】某企业 2021 年 9 月 30 日的应收账款账龄分析表如表 5-2 所示。

表 5-2 应收账款账龄分析表

应收账款账龄	客户数量/个	金额/万元	比重/%
信用期内	160	76.00	63.24
超过信用期 1 个月内	25	38.50	9.88
超过信用期 2 个月内	18	23.70	7.12
超过信用期 3 个月内	19	18.30	7.51
超过信用期 6 个月内	10	20.00	3.95
超过信用期 1 年内	13	12.50	5.14
超过信用期 1 年以上	8	7.00	3.16
合计	253	196	100

从表 5-2 中可以看出，该企业应收账款余额中，有 76 万元尚在信用期内，占全部应收账款的比重高达 63.24%；过期金额为 120 万元，占全部应收账款的比重为 36.76%。一般来讲，逾期拖欠时间越长，收回的难度越大，也越可能形成坏账，所以企业对逾期账款应予以足够重视。通过对账龄的动态分析，做好信用记录，有利于企业制定出合理的信用政策和收账政策。

(三)应收账款坏账准备制度

企业经营的最终目的是获利，获利的前提条件是企业要生存下去。企业只有不断地发展，才能长期生存。企业发展的表现形式是扩大销售，销售收入越多，应收账款越多，发生呆账或死账的可能性越大。为了避免坏账的发生，企业应制定完善的信用政策。除此之外，还应采取一定的方式，以加强应收账款的收回，具体方式如下。

(1) 经营的产品质量很高而且很稳定。

(2) 经营企业有良好的技术支撑及售后服务能力。

(3) 选择有经济实力、有信誉的企业及个人。

(4) 尽量采取分期付款、首期比例提高的办法，将待处理的余额压缩到最小。

(5) 采用完善的、合法的发货手续；如合同上要标明付款条件、付款期限、付款方式、担保责任、违约处罚等方面的约束。

(6) 聘请专职律师处理应收账款的问题，明确责任。

但事实上，只要企业存在商业行为，是无法避免坏账损失的发生的。一般确定坏账损失的条件有两个：①因债务人破产或死亡，以其破产财产或者遗产清偿后，仍然不能收回的应收账款；②债务人逾期未履行偿债义务，而且具有明显特征表明无法收回的应收账款。

企业的应收账款只要符合上述任何一个条件，就应该作为坏账损失处理。由于应收账款的坏账损失是无法避免的，故遵循谨慎性原则，对坏账损失的可能性预先进行估计，并建立弥补坏账损失的准备金制度。这对于缓解坏账损失对企业正常经营秩序的冲击，以更真实地反映企业的财务成果，具有很重要的作用。

(四)应收账款考核指标

应收账款周转率是反映应收账款周转速度的指标，它是一定时期内赊销收入净额与应收账款平均占用额的比率。应收账款周转率有两种表示方法。一种是应收账款在一定时期内(通常为一年)的周转次数，另一种是应收账款的周转天数，即所谓的应收账款账龄。

应收账款周转率用以下公式计算。

$$应收账款周转率=赊销收入净额\div应收账款平均占用额 \quad (5.17)$$

$$平均收款期=平均应收账款\div平均日销售额 \quad (5.18)$$

或：

$$平均收款期=360\div应收账款周转率 \quad (5.19)$$

在一定时期内应收账款周转的次数越多，表明应收账款回收速度越快，企业管理工作的效率越高。这不仅有利于企业及时收回货款，减少或避免发生坏账损失的可能性，而且有利于提高企业资产的流动性，提高企业短期债务的偿还能力。

四、信用政策

随着市场经济的发展、商业信用的推行，企业应收账款的数额明显增多。加强应收账款管理，防范和化解坏账风险已成为企业投资者、债权人、经营管理者密切关注的问题。制定科学合理的信用政策对于降低机会成本、管理费用和防范坏账风险具有重要的作用，信用政策的变化会影响企业的利润，信用政策的变化与利润的关系如图 5-5 所示。

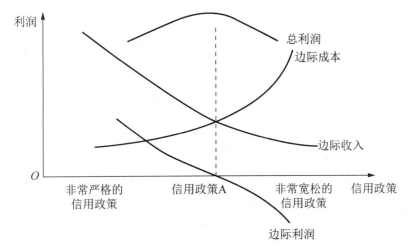

图 5-5 信用政策的变化与利润的关系

从图 5-5 中可以看出，最理想的赊销额是赊销的边际利润等于边际成本时的赊销额，这时企业获得的赊销收益最高。

(一)信用政策的构成要素

信用政策又称应收账款政策,是企业金融政策的一个重要组成部分。企业要管好用好应收账款,必须事先制定合理的信用政策。通常认为,信用政策即企业为了提高赊销的实际效果而确定的行动准则。它包括信用标准和信用条件两个方面。

1. 信用标准

信用标准是企业同意向顾客提供商业信用的最低条件,通常以坏账损失率表示,它是公司评价客户信用质量的基本准则。

如果被赊销方满足赊销方提出的信用标准,赊销方则对它进行赊销;反之,则不对它进行赊销。制定合理的信用标准可以从分析不同的信用标准将给企业的赊销活动带来的收益与损失着手,通过比较不同的信用标准净收益的大小,决定企业在某一段时间内应采用哪一种信用标准为好。

【例 5-7】某企业现在有甲、乙、丙三种可供选择的信用标准方案,各方案的信用标准均用预期的坏账损失率表示,分别为 0、0.5%、0.8%。假定该企业的销售利润率为 6.5%,应收账款机会成本率为 10%。经过仔细分析,这三个方案的信用标准将对该企业产生的影响如表 5-3 所示。

表 5-3 某企业信用标准方案

影响项目	方案		
	甲方案	乙方案	丙方案
年赊销额/万元	27	135	150
平均收账期/天	20	80	120
应收账款年平均余额/万元	15	30	50
平均坏账损失率/%	0	0.5	0.8

从表 5-3 中可以看出,在甲方案的信用标准下(该企业只对没有预期坏账损失的客户进行赊销),该企业将有 27 万元的年赊销收入,则赊销活动带来的年收益为 1.755(即 27×6.5%)万元。另外,在甲方案的信用标准下,该企业应收账款机会成本为 1.5(即 15×10%)万元,没有坏账损失成本。

因此,在甲方案的信用标准下,该企业赊销活动的年净收益如下。

27×6.5%-15×10%-27×0=0.255(万元)

在乙方案的信用标准下,该企业赊销活动的年净收益如下。

135×6.5%-30×10%-135×0.5%=5.1(万元)

在丙方案的信用标准下,该企业赊销活动的年净收益如下。

150×6.5%-50×10%-150×0.8%=3.55(万元)

结论:根据以上计算结果得知,在乙方案的信用标准下,该企业的赊销活动的净收益为 5.1 万元,最大,故采用乙方案的信用标准为好(即企业只对预期坏账损失率在 0.5%以内的客户进行赊销)。

2. 信用条件

信用条件是指企业向客户提供商业信用时的付款要求，主要包括给予客户的信用期限、现金折扣和折扣期限。相当多的企业都会规定一般性的信用条件授予大部分的客户，尤其是没有与企业签订长期购销合同的客户。例如，"1/20，n/30"就是表示信用条件的一种形式，意思是，如果在信用期限开始后 20 天内付款，客户可享受 1%的现金折扣；若超过折扣期付全额，最迟在第 30 天付款，即信用期为 30 天。

(1) 信用期限。信用期限是指企业允许客户从购货到付款所经过的最长时间。信用期限过短，难以吸引顾客，导致企业销售额下降；反之，虽然增加了销售额，但同时也会增加应收账款的成本费用。因此必须权衡利弊，确定合理的信用期限。信用期限优化的要点是：延长信用期限增加的销售利润是否超过增加的成本费用。

① 比较信用政策改变前后的边际收益和边际成本。

【例 5-8】某企业现在采用 $n/20$ 信用政策，为促销拟将信用期限延长到 40 天，无现金折扣，即 $n/40$。假定该企业资本成本率为 10%，其他有关数据如表 5-4 所示。

表 5-4　某企业信用政策改变前后资料　　　　　单位：万元

项目	信用期	
	(改变前)20 天	(改变后)40 天
销售额	300	400
变动成本	90	180
固定成本	80	80
毛利	130	140
收账费用	0.6	0.8
坏账损失	1.5	2.5

收益的增加额=140-130=10(万元)

成本的增加额：

增加的机会成本 = $\dfrac{400}{360} \times 40 \times \dfrac{180}{400} \times 10\% - \dfrac{300}{360} \times 20 \times \dfrac{90}{300} \times 10\% = 1.5$(万元)

增加的管理成本和坏账成本=(0.8-0.6)+(2.5-1.5)=1.2(万元)

改变信用期限后增加的净收益=10-(1.5+1.2)=7.3(万元)

结论：应将信用期限延长至 40 天，对该企业比较有利。

② 比较信用政策改变前后的净现值。

净现值是未来现金流量，用资金成本作贴现率求出的现值与初始投资现值差额。如果净现值大于 0，则方案可行；如果净现值小于 0，则方案不可行。若两个方案的净现值大于 0，净现值大的为优。这是用净现值进行决策的基本原则。

净现值的计算公式为

$$NPV = \dfrac{pQ(1-b)}{(1+k)^t} - CQ \qquad (5.20)$$

式中，NPV 为日营业净现值；t 为平均收账期；p 为产品单价；k 为日利率；Q 为日销售量；C 为产品单位成本；b 为发生坏账的概率。

等式右边第一项是未来现金流量的现值。日销售量为 Q，单价为 p，则日销售额为 pQ。发生坏账的概率是 b，收到的现金的概率就是 $(1-b)$，未来现金流量就是 $pQ(1-b)$。将其折现为现值，就需要除以 $(1+k)^t$。等式右边第二项是初始投资。我们把赊销看作一项投资，初始投资额就是产品的销售成本。未来现金流量的现值减去产品销售成本就是净现值。

【例 5-9】某企业生产甲产品，现行信用政策下，每天生产销售 200 台，每台 500 元，单位成本 350 元。平均收款期 40 天。坏账损失率 2%，日利率 0.05%。现考虑将收款期扩大到 45 天，估计销售量将增至每天 250 台，坏账损失率将增至 3%，平均收款期将延长到 50 天。

现行政策下的日营业净现值为

$$NPV = \frac{200 \times 500 \times (1-2\%)}{(1+0.05\%)^{40}} - 200 \times 350 = 96\,059 - 70\,000 = 26\,059 \,(\text{元})$$

新政策下日营业净现值为

$$NPV = \frac{500 \times 250 \times (1-3\%)}{(1+0.05\%)^{50}} - 250 \times 350 = 118\,258 - 87\,500 = 30\,758 \,(\text{元})$$

结论：新的信用政策下日营业净现值较大，应该采用新的信用政策，即将平均收现期延长到 50 天为好。

应当指出的是，上述平均收现期是假定客户均在信用期限的最后一天付款，故平均收现期按信用期限计算。当客户在信用期限内付款时间不同或延期付款时，应按客户购货金额占企业全部销货额的比重和付款时间计算平均收现期，计算公式为

$$\text{平均收现期} = \sum \text{客户购货比重} \times \text{付款期限} \tag{5.21}$$

(2) 现金折扣和折扣期限。①现金折扣。它是指在顾客提前付款时给予的优惠。提供现金折扣一方面可以加速应收账款的周转，降低应收账款的平均占用额，节约应收账款占用的资金，将这部分资金用于再投资，可为企业带来相应的收益；另一方面，现金折扣是企业减少的销售收入，是企业为加速资金周转而付出的代价。制定现金折扣政策，就是要在加速资金周转所带来的收益和所发生的折扣成本之间进行权衡。②折扣期限。它是指为顾客规定的可享受现金折扣的付款时间。超过这个期限付款，客户将不能获得现金折扣的好处。由于不同的折扣期限所带来的收益与成本不相同，企业也应对折扣期限产生的收益与成本进行权衡。

【例 5-10】根据例 5-8 资料，若企业在采用 40 天的信用期限的同时，为了加速应收账款回收，决定向客户提供"2/10，n/40"的现金折扣，预计有 60% 的客户利用 2% 的现金折扣，而收账费用和坏账损失均下降 8%。试作出是否采用现金折扣方案的决策。

在例 5-8 中已判断出 40 天信用期限优于 20 天信用期限，因此本例只需要在 40 天信用期限的前提下用有现金折扣和无现金折扣进行比较。

收益的增加额=0

成本的增加额：

增加的机会成本=$400 \times 60\% \times \frac{(10-40)}{360} \times \frac{180}{400} \times 10\% = -0.9$（万元）

增加的管理成本和坏账成本=$0.8 \times (-8\%) + 2.5 \times (-8\%) = -0.264$（万元）

增加的折扣成本=$400 \times 60\% \times 2\% = 4.8$（万元）

增加的净收益=$0 - (-0.9 - 0.264 + 4.8) = -3.636$（万元）

结论：企业不应该向客户提供现金折扣。

(二)收账政策

在实际工作中，由于种种原因，客户难免有不守信用的情况。为了减少企业应收账款的坏账损失，增加赊销的净收益，企业必须对客户超过信用期限的欠款进行合理的催收。

1. 制定合理的收账政策

收账政策是指当客户违反信用条件，拖欠账款或故意赖账时，企业所采取的收账策略与措施。企业选择哪一种收账政策应视账款的数额、过期的时间、客户的信用以及企业与客户之间的关系而定。

收账政策中的一个重要问题是收账费用。企业如果采用较为积极的收账政策，就有可能减少应收账款的机会成本，减少坏账损失，但却增加了收账费用。相反，企业如果采用消极的收账政策，就有可能增加应收账款的机会成本和坏账损失，但却减少了收账费用。虽然收账费用与应收账款机会成本及坏账损失呈反比关系，但却不是呈线性关系，它们的关系描述如图 5-6 所示。

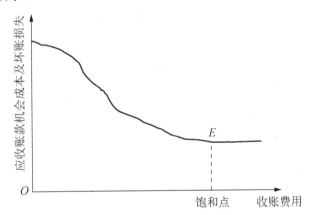

图 5-6　收账费用与应收账款机会成本及坏账损失的关系

由图 5-6 可以看出，增加收账费用在某一范围内，对坏账损失和应收账款机会成本的减少有作用，图中的曲线下降较快，但到了饱和点 E，收账费用的效力已大大降低，曲线下降的程度已微乎其微。

因此，在制定收账政策时，就要在收账费用和所减少应收账款机会成本和坏账损失之间作出权衡，从而选择一项最恰当的收款方式。

【例 5-11】某企业当年的赊销额为 540 万元，有关资料如表 5-5 所示。

表 5-5　赊销方案比较

项　　目	当前方案	拟更改方案
全年收账费用/万元	15	18
平均收现期/天	40	20
坏账损失率/%	2	1

假定该企业目前的资本成本率为10%,试问企业是否要更改方案?

收益的增加额:

加速应收账款周转增加的收益额 = $\left(\dfrac{540}{9} - \dfrac{540}{18}\right) \times 10\% = 3(万元)$

坏账损失减少额=540×(2%-1%)=5.4(万元)

收益的增加额为 8.4(即 3+5.4)万元。

收账费用增加额=18-15=3(万元)

收益净增加额=8.4-3=5.4(万元)

结论:更改方案后产生收益净增加额 5.4 万元,所以,该企业应该更改方案。

2. 采取适当的收账方式

在应收账款逾期后数日,可采用的收账方式有信函通知、电函催收、派人面谈及法律诉讼等。企业在催收欠款时,应针对不同的拖欠对象和拖欠原因分别采取不同的方式。对于短期拖欠货款的客户,可采用书信方式催收,企业可以寄出措辞温和的信件,提醒对方账款已到期;对于较长期拖欠货款的客户,可采用措辞严厉的信件或电话,甚至上门催收;对于那些长期拖欠货款的客户,只能派专人催收或法律诉讼来解决。

另外,客户拖欠货款的原因也不相同,有主观原因,也有客观原因。从主观上讲,有些客户故意拖欠货款,而并不是真的没有能力还款。对于这样的客户,企业应该采取强硬的催收措施,通过给客户施加压力,以达到收回账款的目的。从客观上来讲,有些客户可能因经营不善、财务状况不佳而确实没有能力偿还欠款。对于这样的客户,企业应该作具体分析,如果对方只是暂时的困难,经过努力能够摆脱困境,恢复偿还能力,这时企业就应该适当放宽信用期限,帮助对方脱离难关,以便以后能收回更多的应收账款。如果对方确实没有偿还能力,已达到破产的界限,则只能向法院起诉,求得在进行破产清算时得到部分清偿,从而使企业的坏账损失降低到最低限度。

(三)制定信用政策应考虑的因素

影响公司信用政策的因素是多方面的,实际工作中主要应考虑以下两个因素。

1. 客户的资信状况

企业在制定信用政策时必须对客户的资信情况进行调查、分析,然后根据客户的资信程度决定是否向客户提供信用。对客户资信程度的评价通常采用以下几种方法。

(1) 传统信用分析法。衡量信用质量的传统方法是调查影响客户信用质量的五个方面因素,简称 5C 评估法。5C 评估法主要考察品格、资本、偿付能力、抵押品、周期的形势。①品格。品格是一种对企业声誉的度量,主要包括其偿债意愿和偿债历史。②资本。资本是衡量企业的自有资本和债务的关系,即财务杠杆,高杠杆意味着比低杠杆有更高的破产概率。③偿付能力。偿付能力是企业的还款能力,包括企业的盈利能力、盈利产生的现金流对债务的偿还。④抵押品。抵押品是在授信中所采取的担保、抵押等措施。如果这些措施得力,偿债的风险就会减少,损失就会减少。⑤周期的形势。周期的形势是商业周期的状态。商业周期对于受周期影响较大的企业的偿债能力影响很大。

(2) 信用评分法。信用评分法是指通过对企业的主要财务指标的分析和模拟，可以预测企业破产的可能性，从而预测企业的信用风险。比较著名的是爱德华·奥特曼(Edward Altman)在 20 世纪 60 年代中期提出的 Z 计分模型。

$$Z=1.2X_1+1.4X_2+3.3X_3+0.6X_4+0.999X_5 \tag{5.22}$$

式中，Z 为判别函数值；X_1 为(营运资本÷资产总额)×100；X_2 为(未分配利润÷资产总额)×100；X_3 为(息税前利润÷资产总额)×100；X_4 为(权益市场值÷负债总额)×100；X_5 为(销售收入÷总资产)×100。

该模型实际上是通过五个变量(五种财务比率)，将反映企业偿债能力的指标(X_1、X_4)、获利能力的指标(X_2、X_3)和营运能力的指标(X_5)有机地结合起来，综合评估企业的信用大小。一般地，Z 值越低，企业的信用越差。奥特曼认为：如果企业的 Z 值小于 1.8，则企业的风险很大；反之，若企业的 Z 值大于 2.67，则企业的风险较小。

2. 企业承担违约风险的能力

企业承担违约风险的能力直接影响着信用政策的制定，如果企业具有较强的违约风险承担能力时，就可以用较低的信用标准提高竞争力，争取客户，扩大销售。即制定一个较为宽松的信用政策；反之，要制定一个严格的信用政策。

此外，影响企业信用政策的因素还有很多，如产品在市场上的竞争能力、潜在的盈利水平、社会的经济状况、企业的剩余生产能力和法律因素等。

(四)制定信用政策的原则

信用政策制定的一般原则：因信用政策所带来的销售量增长而增加的收益超过因客户拖欠或拒付货款而带来的损失，这样的信用政策才是合理的。

在实际工作中，遇到下列条件时应该考虑采取更为宽松的信用政策。
(1) 要为企业新产品开拓市场。
(2) 存货积压现象很严重。
(3) 产品的固定成本较高，企业需要维持高销售数量，以免亏损。
(4) 企业的单件产品利润很高。
(5) 总的经济形势较好，并预计企业的经济实力会增长。
(6) 企业面对竞争激烈的状况，为了吸引更多的客户等。

而遇到下列条件时应该考虑采取更为严格的信用政策。
(1) 企业的资金周转十分困难或偿还短期债务有压力。
(2) 产品的边际贡献很小，利润中很大一部分用于弥补坏账损失。
(3) 总的经济形势不好，并预计企业的经济状况不佳。
(4) 原料供应商无法保证企业充足的原材料供应。
(5) 没有办法立即扩充生产能力，来满足企业的销售增长。
(6) 企业产品的周期较长，其间无法预计可能发生的经济状况变动等。

(五)客户信用状况调查分析

对客户的信用调查，就是收集和整理反映客户信用状况的有关资料。主要是收集客户的信用品质、偿债能力、财务状况、担保情况、经营情况等方面的资料。信用调查是应收账款管理的基础，是正确评价客户信用的前提条件。信用调查的方法主要有以下两种。

1. 直接信用调查法

企业可以直接派调查人员与客户接触，也可以通过新闻媒体、国家有关部门、其他客户、社会信用评估机构等多渠道了解被调查客户的资信情况。对于取得的资料可以运用信用评分法进行信用评估。这种方法在消费信用决策方面应用广泛，如信用卡的发放。通过综合信用卡申请者的年龄、职位、工龄、房产、年收入等各项特征，给予评分。

2. 间接信用调查法

商业信用决策中，公司根据客户的财务指标、历史履约状况等资料，采用统计方法，对客户进行信用等级评分。然后，运用例外管理原则，重点控制等级评分较低的客户。这种方法要求调查资料详细准确，成本很高；而且如何确定每一个指标的重要程度，主观性较大，因此要慎重考虑。采用间接调查法资料的主要来源是：①客户的财务报表；②信用评估机构的资料；③来自与客户有往来的银行及供应商等方面的信用资料；④企业与某一客户往来的记录。

第四节 存 货 管 理

一、存货管理概述

存货是指企业在生产经营过程中为销售或者耗用而储备的物资，包括原材料、燃料、低值易耗品、在产品、半成品、产成品等。存货利用程度的好坏，将极大地影响企业的财务状况。为了保证企业生产或销售的需要、增加生产经营弹性及出于价格考虑等因素，企业必须保持一定量的存货。

存货管理的主要目的，就是要合理控制存货占用水平，尽可能在各种存货成本与存货效益之间作出权衡，达到两者的最佳结合，以较低的成本获取最大的收益。存货管理的主要内容包括以下三个方面。

(一)存货信息管理

企业的存货信息包罗万象，信息量大而且种类繁杂，包括存货的种类、名称、数量、质量，还有存货的收发、盘点、运输等信息。有效的存货信息管理是企业进行存货决策的前提。

(二)存货决策

存货决策决定了与存货有关的业务如何进行，包括进货的购进和发出的时间、地点、进货的种类、数量、质量等。尤其对于那些综合性的制造业，其管理的存货种类繁多、数量巨大，导致管理人员信息处理速度低，而且容易出错。由于这种原因，企业应引入决策型存货管理信息系统。把计算机大量应用于企业存货决策管理，以达到节省人力、降低劳动强度的目的，而且能够建立科学的存货决策模型，实现预期的辅助决策效果。

(三)存货控制

存货控制并不是指企业存货收、发的永续盘存登记。存货的这种连续记录，只是为存货控制提供一种便利工具或有利的信息。存货的控制是指存货的资金占用水平是否能够满足企业生产经营的管理需要。因此，经过存货决策之后，应该对存货进行控制。

二、存货成本

存货成本是指企业为持有一定数量的存货而发生的各种支出，包括以下三个方面。

(一)存货的进货成本

存货的进货成本包括存货的进价成本和进货成本。存货的进价成本就是存货本身的价值。存货的进货成本就是企业为组织进货而开支的费用，其中又可分为与订货次数无关的固定成本以及与订货次数有关的成本。前者如采购人员的工资与福利费、采购部门设备的折旧费等，在此属于决策无关成本。后者如采购差旅费、邮资、电报、电话费、检验费等。其计算公式为

$$决策相关订货成本 = \frac{S}{Q} \times F \qquad (5.23)$$

式中，F 为每次订货的单位固定成本，即无论采购量多少都发生相同的费用。在订货总量(S)一定的条件下，每次采购量(Q)越大，则进货次数越少，订货成本越节省。

(二)存货的储存成本

存货的储存成本是指公司为持有存货而发生的费用，主要包括存货资金占用费、仓储费、保险费等。其计算公式为

$$储存成本 = \frac{Q}{2} \times K \qquad (5.24)$$

式中，K 为单位存货的年储存成本，每次采购量越小，则储存成本越节省。

(三)存货的缺货成本

存货的缺货成本是指因存货不足而给公司造成的停产损失、延误发货及丧失销售机会的损失等，在此视为决策无关成本。

三、最优订货量的确定

存货过多或不足，都会使企业遭受不必要的损失。与存货总成本有关的变量(即影响总成本的因素)很多，为了解决比较复杂的问题，有必要先研究简单的问题，然后再逐步拓展到复杂的问题。

(一)经济订货批量的基本模型

经济订货批量是通过平衡采购进货成本和保管仓储成本核算，以实现总库存成本最低

的最佳订货量。了解这种关系的关键是要记住，平均存货等于订货批量的一半。因此，订货批量越大，平均存货就越大，相应地，每年的维持成本也越大。然而，订货批量越大，每一计划期需要的订货次数就越少，相应地，订货总成本也就越低。把订货批量公式化可以确定精确的数量，据此，对于给定的销售量，订货和维持存货的年度联合总成本是最低的。使订货成本和维持成本总计最低的点代表了总成本。上述讨论介绍了基本的批量概念，并确定了最基本的目标。简单地说，这些目标是要识别能够使存货维持和订货的总成本降低到最低限度的订货批量或订货时间。

经济订货量基本模型需要设立的假设条件如下。

(1) 市场供应充足，能及时补充存货，即需要订货时便可立即取得存货。

(2) 能集中到货，而不是陆续入库。

(3) 不允许缺货，即无缺货成本，TCS 为 0，这是因为良好的存货管理就不应该出现缺货成本。

(4) 已知全部需求的满足数。

(5) 存货单价不变，不考虑现金折扣，即 U 为已知常量。

(6) 企业现金充足，不会因现金短缺而影响进货。

(7) 多种存货项目之间不存在交互作用。

经济批量是存货的订货成本和储存成本之和最低的每次采购批量。它与现金最佳持有量模型的原理和公式的形式都相同。其计算公式为

$$存货总成本(TC) = 订货成本 + 储存成本 = \frac{S}{Q} \times F + \frac{Q}{2} \times K \qquad (5.25)$$

式中，S、F、K 均为常数，具体含义参见前述。为求存货总成本的最低值，可对上式求导数，并令该导数为 0，即：

$$(TC)' = \left(\frac{S}{Q} \times F + \frac{Q}{2} \times K\right)' = \left(-S \times \frac{F}{Q^2} + \frac{K}{2}\right) = 0$$

得

$$Q^* = \sqrt{\frac{2SF}{K}} \qquad (5.26)$$

式中，Q^* 称作存货的经济订货批量，代入 TC 中，可求得

$$TC^* = \sqrt{2SFK} \qquad (5.27)$$

此外，可用图解法求解，如图 5-7 所示。

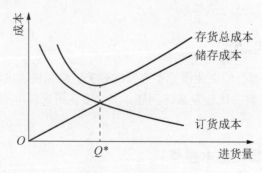

图 5-7　最佳经济批量

【例 5-12】某企业每年需要耗用甲材料 3 000 千克,单位储存成本 2 元,平均每次进货费用为 120 元。试问最佳进货批量为多少?最低存货总成本为多少?进货次数为多少?

$$Q^* = \sqrt{\frac{2SF}{K}} = \sqrt{\frac{2 \times 120 \times 3\,000}{2}} = 600(千克)$$

$$TC^* = \sqrt{2SFK} = \sqrt{2 \times 120 \times 3\,000 \times 2} = 1\,200(元)$$

进货次数=3 000÷600=5(次)

(二)经济订货批量的拓展模型

在现实生活中能够满足上述假设条件的情况比较少见,为了提高经济订货批量的实用性,必须放宽假设条件,对基本模型进行拓展。

1. 有数量折扣的经济批量模型

经济批量模型的前提条件是存货单价不变且没有折扣。在这种情况下,采购成本无关成本,可不予以考虑。在有折扣的情况下,每批采购多少成本最低,必须考虑采购成本。

【例 5-13】假设例 5-12 中,甲材料一次订货超过 1 500 千克,该种材料的单位成本为 10 元,可享受 2% 的批量折扣。问企业以多大批量订货为好?

确定有数量折扣的经济订货批量,可按以下两种情况分别计算三种成本的合计数,然后进行决策。

(1) 按经济批量采购,不取得数量折扣。

年总成本=年订货成本+年储存成本+年采购成本

$$= \frac{3\,000}{600} \times 120 + \frac{600}{2} \times 2 + 3\,000 \times 10 = 31\,200(元)$$

(2) 不按经济批量采购,取得数量折扣。

年总成本=年订货成本+年储存成本+年采购成本

$$= \frac{3\,000}{1\,500} \times 120 + \frac{1\,500}{2} \times 2 + 3\,000 \times 10 \times (1 - 2\%) = 31\,140(元)$$

结论:根据以上结果进行比较可知,订货量为 1 500 千克时,年总成本比较低,为 31 140 元,所以应选择 1 500 千克作为订货批量。

2. 订货点的确定

以事先确定的经济批量为基础进行采购,叫定量采购。定量采购规定当存货量降低到某个数量时,需要立即发出订货通知,这个数量叫订货点。确定订货点要考虑以下几个因素:①平均每日正常耗用量;②正常提前订货时间,即从发出订单到存货入库所需要的时间;③保险储备量。其计算公式为

$$订货点=平均每日正常耗用量 \times 正常提前订货时间+保险储备 \qquad (5.28)$$

【例 5-14】某材料全年需要量为 4 000 件,单位成本为 100 元/件,每次订货费用为 50 元,预计储存成本占存货价值的 10%,交货期为 5 天,保险日数为一天。日均用量为 11 件。试问经济批量是多少?判断实际存货量分别达到 80 件和 66 件时,要不要立即组织采购该材料?

已知全年需要量、每次订货成本和储存成本，可直接代入求经济批量公式中：

$$Q^* = \sqrt{\frac{2 \times 4\,000 \times 50}{100 \times 10\%}} = 200 \text{(件)}$$

订货点=11×5+11×1=66(件)

结论：当实际存货降至 80 件时，还不到订货点，不必立即组织订货。当存货降至 66 件时，已到订货点，应立即组织采购下一批存货。

3. 边送边用的经济批量模型

在上述经济批量基本模型中，假定存货是一次全部入库，故存货增加时存量变化为一条垂直的直线。实际生活中，各批存货可能陆续入库，使存量陆续增加，所以在这种情况下，需要对基本模型进行一定的修改。

假设材料每日耗用量为 d，每日产量或每日送货量为 p，其他符号同上。其计算公式为

$$Q^* = \sqrt{\frac{2SF}{K \times (1 - \frac{d}{p})}} \tag{5.29}$$

$$TC^* = \sqrt{2SFK \times (1 - \frac{d}{p})} \tag{5.30}$$

【例 5-15】某材料全年需要量为 3 600 件，每日送货 30 件，每日消耗 10 件。单价为 24 元/件，单位储存成本为 2 元，最小起订量为 100 件。经济批量应该是多少呢？

将有关数据代入公式：

$$Q^* = \sqrt{\frac{2SF}{K \times (1 - \frac{d}{p})}} = \sqrt{\frac{2 \times 3\,600 \times 24}{2 \times (1 - \frac{10}{30})}} = 360 \text{(件)}$$

$$TC^* = \sqrt{2SFK \times (1 - \frac{d}{p})} = \sqrt{2 \times 3\,600 \times 24 \times 2 \times (1 - \frac{10}{30})} = 720 \text{(元)}$$

边送边用的经济批量原理，也适用于最优生产批量控制。考虑生产批量有两个相关成本：一是调整准备成本。它与生产准备次数成正比，与每次生产多少产品无关，类似于采购原材料的订货成本。二是储存成本，即每批产品在加工过程中的储存成本。它与每批的投产量成正比，类似于采购原材料的储存成本。实际生产是一边生产，一边耗用，所以可以用边送边用的经济批量模型计算最优生产批量。

【例 5-16】某生产企业使用甲材料，可以外购，也可以自制。如果外购，单价为 4 元，一次订货成本为 10 元；如果自制，单位成本为 3 元，每次生产准备成本为 600 元，每日产量为 50 千克。材料年需求量为 3 600 千克，储存变动成本为材料价值的 20%，每日平均需求量为 10 千克。试问该企业是外购还是自制甲材料为好？

(1) 外购甲材料。

$$Q^* = \sqrt{\frac{2SF}{K}} = \sqrt{\frac{2 \times 10 \times 3\,600}{4 \times 20\%}} = 300 \text{(千克)}$$

$$TC^* = \sqrt{2SFK} = \sqrt{2 \times 10 \times 3\,600 \times 4 \times 20\%} = 240 \text{(元)}$$

外购甲材料总成本=3 600×4+240=14 640(元)

(2) 自制甲材料。

$$Q^* = \sqrt{\frac{2SF}{K\times(1-\frac{d}{p})}} = \sqrt{\frac{2\times 600\times 3\,600}{3\times 20\%\times(1-\frac{10}{50})}} = 3\,000\,(千克)$$

$$TC^* = \sqrt{2SFK\times(1-\frac{d}{p})} = \sqrt{2\times 600\times 3\,600\times 3\times 20\%\times(1-\frac{10}{50})} = 1\,440\,(元)$$

自制甲材料总成本=3 600×3+1 440=12 240(元)

结论：自制甲材料的总成本较低，为 12 240 元，故以自制为好。

(三)ABC 分类法

ABC 分类法又称巴雷托分析法，是由意大利经济学家巴雷托首创的。1879 年，巴雷托在研究个人收入的分布状态时，发现少数人的收入占全部人口收入的大部分，而多数人的收入却只占一小部分，他将这一关系用图表示出来，就是著名的巴雷托图，该分析方法的核心思想是在决定一个事物的众多因素中分清主次。识别出少数的但对事物起决定作用的关键因素和多数的但对事物影响较少的次要因素。后来巴雷托法被不断应用于管理的各个方面，1951 年，管理学家戴克将其应用于库存管理，命名为 ABC 法。1951—1956 年，朱兰将 ABC 法引入质量管理，用于质量问题的分析，并将其称为排列图。1963 年，德鲁克将这一方法推广到全部社会现象，使 ABC 法成为企业提高效益的普遍应用的管理方法。

ABC 分类法是按照一定的标准，将企业存货分为 A、B、C 三类，并在此基础上再对不同类别的存货进行管理。

1. ABC 分类的标准

分类标准主要有两个：金额标准(基本标准)和数量标准(参考标准)。具体做法：A 类，金额大，占用资金的 70%左右，品种数量少；B 类，金额中，占用资金的 20%左右，品种数量中；C 类，金额小，占用资金的 10%左右，品种数量多。

对 A 类存货要重点管理，如计算经济批量，并经常复核调整，计算资金占用额，采取严格的管理措施等。对 B 类一般管理，也计算经济批量，但不必经常调整。对 C 类存货的管理可以更粗放一些，甚至不需要存货管理。

2. 存货 ABC 分类法的运用

以库存管理为例来说明 ABC 法的具体应用，一般分为如下三个步骤。

(1) 列示企业全部存货明细表，并计算出每种存货的成本总额及占全部存货成本的百分比。

(2) 按照金额由大到小进行排列并累加金额百分比，并编成表格。

(3) 根据事先测定好的标准，把最重要的存货划为 A 类，把一般存货划为 B 类，把不重要的存货划为 C 类，并画图表示出来。

【例 5-17】某企业共有 18 种材料，共占用资金 100 万元，该企业存货按 ABC 分类法控制，各种材料的归类情况如表 5-6 所示。

表 5-6 存货 ABC 分类表

类别	品种数量/种	品种比重/%	资金数额/万元	资金比重/%
A 类存货	3	16.67	71	71
B 类存货	5	27.78	20.05	20.05
C 类存货	10	55.56	8.95	8.95
合计	18	100	100	100

把存货划分成 A、B、C 三大类，目的是对存货占用资金进行有效管理。A 类存货种类少，资金占用额大，是存货管理的重点。抓好 A 类存货的管理，有利于降低成本，节约资金占用。C 类存货种类多，资金占用小，一般不必花费大量人力、物力和财力去管理，通常采用总额控制的方法。B 类存货介于 A 类和 C 类之间，进行次重点管理，一般可以按存货类别进行控制，可适当放宽经济订货量，尽量节约人力、物力和财力，以降低其成本。

本 章 小 结

现金流量一般分三类加以反映，即经营活动产生的现金流量、筹资活动产生的现金流量和投资活动产生的现金流量。加强现金流量管理，增强企业决策的实效性，改善企业财务状况，提高企业经济效益。

企业持有现金的动机主要包括交易性需要、预防性需要和投机性需要。采用一定的方法确定企业的现金最佳持有量、编制现金需求的预算、建立健全现金收支管理制度，来加强现金的管理，从而提高资金使用效率，减少企业损失及所承担的风险。

现金管理策略主要体现在现金的收款和付款两个方面。具体的方法：采用集中银行制度法和锁箱制度法来加速应收账款的回收；合理运用现金浮游量；控制现金支出时间；努力实现现金流量同步。随着计算机和网络的普遍使用，企业可以采用电子商务手段对现金进行管理，从而能改变传统的现金管理策略，使现金管理工作效果更好。

目标现金额是指企业在一定时期对现金最佳持有量的确定。采用现金周转模式、成本分析模式、存货模式(鲍莫尔模型)、随机模式等方法来确定企业的最佳现金持有量。

应收账款管理属于企业营运资本管理的一个重要内容。形成应收账款的主要原因是扩大销售、增强竞争力，所以应收账款管理的目标就是求得利润最大化。企业可以通过应收账款追踪分析、应收账款账龄分析、应收账款坏账准备制度及应收账款考核指标的建立等方法来做好应收账款的日常管理工作，实施对应收账款回收情况的监督。

信用政策即指企业为了提高赊销的实际效果而确定的行动准则。它包括信用标准和信用条件两个方面。

企业要采用合理的收账策略。收账政策中的一个重要问题是收账费用。要合理地制定收账政策，必须要在收账费用和所减少应收账款机会成本和坏账损失之间作出权衡，从而选择一项最恰当的收款方式。

存货是指企业在生产经营过程中为销售或者耗用而储备的物资，包括原材料、燃料、低值易耗品、在产品、半成品、产成品等。通过对存货信息管理、存货决策、存货控制的方法来实施对企业存货的管理工作。其中主要的问题是如何来确定企业存货的经济订货批量。

关 键 词

现金(cash)　现金流量(cash flow)　持有成本(holding cost)　最佳现金持有量(target cash balance)　信用政策(credit policy)　信用期限(terms of credit)　应收账款(account receivable)　存货(inventory)　经济订货批量(EOQ，economic order quantity)

思 考 题

1. 现金管理的目的是什么？
2. 现金日常管理的策略有哪些？
3. 企业持有现金的动机是什么？
4. 简述确定目标现金额的存货模式和随机模式的基本原理。
5. 应收账款的管理目标是什么？
6. 应收账款的成本包括哪些？
7. 企业信用政策构成的要素有哪些？
8. 存货的成本是什么？具体包括哪些成本？
9. 经济订货批量基本模型的设定条件有哪些？如何确定经济订货批量 Q？
10. 如何确定订货点？

 微课资源

扫一扫，获取相关微课视频。

营运资金概念.mp4

营运资金管理策略.mp4

现金管理.mp4

应收账款管理.mp4

存货管理.mp4

第六章 短期融资

【学习目标】

通过本章的学习，了解短期融资的意义和目的；理解短期融资、商业信用、银行信用融资、商业票据融资、应收账款融资和存货融资的概念；掌握放弃现金折扣成本、应付账款周转率、利用商业信用决策的内容、短期借款的信用条件；重点掌握企业商业信用融资、短期借款融资、商业票据融资、应收账款融资的优缺点、短期借款成本的计算方法、商业汇票贴现的计算方法、应收账款融资(应收账款抵押、应收账款让售和应收账款证券化)成本的计算方法；了解商业信用的控制内容、商业票据融资的目的、存货融资的基本流程、存货融资的方式、存货融资的优缺点。

【案例导入】

东风汽车集团股份有限公司前身是东风汽车工业投资有限公司，后经国务院批准，在原有制度上进行改革，是东风汽车主要进行资本运营的上市子公司。东风汽车集团公司以近67%的股份成为公司最大的股东，并且该公司目前已成为H股中唯一一家代表中国汽车行业上市的公司。东风汽车集团为了实现研发和扩大市场占有率，在资金投放方面逐步递增。为了实现研发创新的资金支持，加强扩大规模生产，在2013年第一次发行了超短期融资券。该融资券一般的有效期是270天，超出该期限则不被算作超短期融资券。该债券的发行程序比较简单，而且在短期内筹集资金的效率也比较高。通常而言，超短期的融资券在不降低公司管理层和创始人股权的情况下，会带来较多的资金。这对于保存公司稳定性和企业的所属权方面都有比较积极的意义。根据信号理论的传递变化，通过短期内的融资，可以确保企业能够扭转不利的经济因素，增强企业的市场竞争力，继而提高自身的市场地位，为企业获取更佳的经济收益奠定良好的基础。短期融资对企业的意义也在于此。

企业进行融资期限决策，主要取决于企业融资的用途。如果融资是用于企业流动资产，则根据流动资产具有周期快、易于变现、经营中所需补充数额较小及占用时间短等特点，一般选择各种短期融资方式。短期融资是指筹集企业生产经营过程中短期内所需要的资金。短期融资的使用期限一般规定在一年以内，它主要用于满足企业流动资产周转中对资金的需求。本章主要研究短期融资(商业信用、银行信用、商业票据融资、应收账款融资、存货融资等)的形式、成本及优缺点等问题。

第一节 商业信用

一、商业信用的形式

商业信用是指企业由于延期付款和预收货款而形成的借贷关系,是企业之间的一种直接信用关系。一些西方国家的制造商,90%是通过商业信用方式售出产品的。在市场经济条件下,我国商业信用也得到广泛运用。利用商业信用融资,主要包括应付账款、应计未付款和预收货款等形式。

(一)应付账款

应付账款是供应商给企业提供的一个商业信用。由于购买者往往在到货一段时间后才付款,商业信用就成为企业短期资金来源。例如,企业规定对所有账单均见票后若干天付款,商业信用就成为随生产周转而变化的一项内在的资金来源。当企业扩大生产规模,其进货和应付账款相应增长,商业信用就提供了增产需要的部分资金。应付账款融资,对于融资企业而言,意味着放弃了现金交易的折扣,同时还需要负担一定的成本,因为往往付款越早,折扣越多。

商业信用条件常包括以下两种。①有信用期,但无现金折扣。如"$n/30$"表示 30 天内按发票金额全数支付。②有信用期和现金折扣,如"$2/10$,$n/30$"表示 10 天内付款享受现金折扣 2%,若买方放弃折扣,30 天内必须付清款项。

(二)应计未付款

应计未付款是企业在生产经营和利润分配过程中已经计提但尚未以货币支付的款项,主要包括应付职工薪酬、应交税费、应付利润或应付股利等。以应付职工薪酬为例,企业通常以月为单位支付工资,在应付职工薪酬已计但未付的这段时间,就会形成应计未付款。它相当于职工给企业的一个信用。应交税费、应付利润或应付股利也有类似的性质。应计未付款随着企业规模的扩大而增加,企业使用这些自然形成的资金无须付出任何代价。但企业不是总能控制这些款项,因为其支付是有一定时间的,企业不能总拖欠这些款项。因此,企业尽管可以充分利用应计未付款,但并不能控制这些账目的水平。

(三)预收货款

预收货款是指销货单位按照合同和协议规定,在发出货物之前向购货单位预先收取部分或全部货款的信用行为。购买单位对于紧俏商品往往乐于采用这种方式购货;销货方对于生产周期长、造价较高的商品,往往采用预收货款方式销货,以缓和本企业资金占用过多的矛盾。预收货款融资,是买方向卖方提供的商业信用,是卖方的一种短期资金来源,信用形式应用非常有限,仅限于市场紧缺商品、买方急需或必需商品、生产周期较长且投入较大的建筑业、重型制造等。

二、商业信用的成本

在商业信用交易情况下，客户是按信用条件来进行的。信用条件的内容包括信用期限、现金折扣、折扣期限。信用条件中给予现金折扣的目的是促使客户尽早付款，以控制应收账款数额。倘若买方企业购买货物后在卖方规定的折扣期内付款，可以获得免费信用，这种情况下企业没有因为取得延期付款信用而付出代价。例如，某应付账款规定付款信用条件为"2/10，n/30"，是指买方在 10 天内付款，可获得 2%的付款折扣，若在 10 天至 30 天内付款，则无折扣；允许买方付款期限最长为 30 天。供应商在信用条件中规定有现金折扣，目的主要在于加速资金回收。企业在决定是否享受现金折扣时，应仔细考虑。通常，放弃现金折扣信用成本是高昂的。放弃现金折扣的信用成本计算公式为

$$放弃现金折扣信用成本 = \frac{折扣率}{1-折扣率} \times \frac{360}{信用期-折扣期} \tag{6.1}$$

式 6.1 表明，放弃现金折扣信用成本与折扣期的长短、折扣率的大小呈同方向变化，与信用期的长短呈反方向变化。

【例 6-1】某公司每年购买原材料 300 万元，卖方提供的信用条款为"2/10，n/30"，公司总是在折扣期内付款。假设一年有 360 天，放弃现金折扣信用成本是多少？若公司将其信用期延长到 40 天，放弃现金折扣的信用成本又是多少？

(1) 信用期为 30 天：

$$放弃现金折扣信用成本 = \frac{2\%}{1-2\%} \times \frac{360}{30-10} = 36.73\%$$

(2) 信用期为 40 天：

$$放弃现金折扣信用成本 = \frac{2\%}{1-2\%} \times \frac{360}{40-10} = 24.49\%$$

从计算结果可以看出，不管信用期是 30 天还是 40 天，其放弃现金折扣的信用成本比率都比较高。

三、商业信用的决策

在附有信用条件的情况下，因为获得不同信用要负担不同的代价，于是买方企业就要在利用哪种信用之间作出决策。一般有如下四种情况。

(1) 享受现金折扣的信用决策。企业如果能以低于放弃现金折扣的信用成本的利率借入资金，则应该在现金折扣期内用借入的资金支付货款，享受其现金折扣。例如，例 6-1 中，若同期银行短期借款利率为 18%，低于放弃现金折扣的信用成本，则买方企业应利用更便宜的银行借款在折扣期内偿还应付账款；否则，应放弃现金折扣。

(2) 放弃现金折扣的信用决策。企业放弃应付账款现金折扣的原因，可能是企业资金暂时的缺乏，也可能是基于将应付的账款用于临时性短期投资，以获得更高的投资收益。如果企业将应付账款额用于短期投资，所获得的投资报酬率高于放弃折扣的信用成本率，则应当放弃现金折扣。

(3) 展延付款期的信用决策。如果企业因缺乏资金而欲展延付款期，根据例 6-1 中延长信用期可降低成本，则须在降低了的放弃现金折扣信用成本与展延付款带来的损失之间作

出选择。展延付款带来的损失主要是指因企业信用恶化而丧失供应商乃至其他贷款人的信用或日后招致苛刻的信用条件。

(4) 信用成本最小的信用决策。如果面对两家以上提供不同信用条件的卖方,应通过衡量放弃现金折扣信用成本的大小,选择信用成本最小或所获利益最大的一家。

四、商业信用的控制

(一)信息系统的监督

商业信用的一般表现形式是应付账款。对应付账款进行有效管理需要一个健全、完整的信息系统。这个系统还可以与其他活动产生联系,为其他活动提供数据资料。例如,当货款支付决定作出之后,这一信息可以传递给企业的现金预测系统,自动更新企业对未来期间的现金预测。

(二)应付账款余额的控制

当企业的支付政策确定之后,对日常政策执行的监督就成为非常重要的环节。这里介绍两种控制支付状态的方法:考察应付账款周转率和分析应付账款余额百分比。

1. 应付账款周转率

控制企业商业信用的传统做法是考察其应付账款周转率。应付账款周转率等于采购成本除以同期应付账款平均成本。有时采购成本也可用销售成本替代。用公式表示为

$$应付账款周转率 = \frac{采购成本}{同期应付账款平均成本} \times 100\% \tag{6.2}$$

【例 6-2】某企业 2010 年发生采购成本 500 000 元,年度应付账款平均余额为 250 000 元。问该企业的应付账款周转率为多少?

$$应付账款周转率 = \frac{采购成本}{同期应付账款平均余额} \times 100\% = \frac{500\,000}{250\,000} = 2$$

应付账款周转率反映本企业免费使用供货企业资金的能力。合理的应付账款周转率来自与同行业及企业历史正常水平的对比。如果企业应付账款周转率低于行业平均水平,说明企业较同行可以更多地占用供应商的货款,显示其重要的市场地位,但同时也要承担较多的还款压力,反之亦然。如果企业应付账款周转率较以前出现快速提高,说明企业占用供应商货款降低,可能反映上游供应商谈判实力增强,要求快速回款的情况,也有可能预示原材料供应紧俏甚至吃紧,反之亦然。

2. 应付账款余额百分比

应付账款余额百分比是指采购当月发生的应付账款在当月月末以及随后的每月月末尚未支付的数额占采购当月应付账款总额的比例。通过应付账款余额百分比的分析,可以观察到企业支付应付账款的速度和程度,比较直观地反映企业的应付账款管理情况。

【例 6-3】某企业 2021 年下半年采购成本(假设全为赊购)和应付账款余额情况如表 6-1 所示。该企业 2021 年下半年应付账款余额百分比是多少?

表 6-1 某企业 2021 年下半年采购成本和应付账款余额情况 单位：万元

月份	采购成本	应付账款余额					
		7月	8月	9月	10月	11月	12月
7	100	50	10				
8	200		150	50			
9	150			60	30		
10	120				60	12	
11	100					60	20
12	60						30
合计	730	50	160	110	90	72	50

据表 6-1 资料计算得出应付账款余额百分比，结果如表 6-2 所示。

表 6-2 某企业 2021 年下半年应付账款余额百分比

月份	采购成本/万元	应付账款余额百分比					
		7月	8月	9月	10月	11月	12月
7	100	50%	10%				
8	200		75%	25%			
9	150			40%	20%		
10	120				50%	10%	
11	100					60%	20%
12	60						50%

五、商业信用的优缺点

(一)商业信用的优点

(1) 筹资便利。利用商业信用筹集资金非常方便，因为商业信用与商品买卖同时进行，属于一种自然性融资，不用做非常正规的安排，也无须另外办理正式筹资手续。

(2) 筹资成本低。如果没有现金折扣，或者企业不放弃现金折扣，以及使用不带息应付票据和采用预收货款，则企业采用商业信用筹资没有实际成本。

(3) 限制条件少。与其他筹资方式相比，商业信用筹资限制条件较少，选择余地较大，条件比较优越。

(二)商业信用的缺点

(1) 商业信用融资期限短。采用商业信用融资，期限一般都很短，如果企业要取得现金折扣，期限则更短。

(2) 商业信用融资数额较小。采用商业信用筹资一般只能筹集小额资金,而不能筹集大量的资金。

(3) 商业信用融资成本有时较高。如果企业放弃现金折扣,必须付出非常高的资金成本。

(4) 商业信用融资还具有分散性和不稳定性等缺点。

第二节 银 行 信 用

银行信用是指以银行为中介,以存款等方式筹集货币资金,以贷款方式对国民经济各部门、各企业提供资金的一种信用形式。银行信用是伴随着现代银行产生,在商业信用的基础上发展起来的。银行信用与商业信用一起构成现代经济社会信用关系的主体。银行信用与商业信用不同,银行信用属于间接信用。在银行信用中,银行充当了信用媒介。银行信用也是债务融资方式,主要有短期借款、长期借款等形式,这一节主要介绍短期借款融资形式,长期借款在本书第九章长期筹资决策中介绍。

一、短期借款的概念

短期借款是企业向商业银行及其他非银行金融机构借入的期限在一年以内的借款。企业选择银行时,重要的是要选用适宜的借款种类、借款成本和借款条件等。另外还应考虑银行对贷款风险的政策;银行对企业的态度;贷款的专业化程度和银行的稳定性。

我国目前的银行短期借款按照目的和用途分为若干种,主要有生产周转借款、临时借款、结算借款等。按照国际通行做法,短期借款还可依偿还方式的不同,分为一次性偿还借款和分期偿还借款;依利息支付方法的不同,分为收款法借款、贴现法借款和加息法借款;依有无担保分为抵押借款和信用借款;等等。

二、短期借款的信用条件

按照国际通行做法,银行发放短期借款往往带有一定信用条件,主要有信贷限额、周转信贷协定、补偿性余额和借款抵押等信用条件。

(一)信贷限额

信贷限额是借款人与银行共同协商允许借款人借款的最高限额。信贷限额是银行控制信贷量的一种方式。信贷限额控制包括信贷总规模控制(又称总量控制)和对部分贷款量的控制。货币当局通过限制商业银行(或专业银行)的信贷需求,以达到控制信贷投放量的目的。信贷限额确定的基本方式是以基期的未偿贷款额加上特定的增长率。信贷限额的有效期通常为一年,但根据情况也可延期一年。在贷款期限内,企业可随时在信贷额度内向银行贷款,但银行并不承担必须提供全部信贷限额的义务。

(二)周转信贷协定

周转信贷协定是银行具有法律义务地承诺向企业提供不超过某一最高限额的贷款协定。在协定的有效期内,只要企业借款总额没有超过最高限额,银行必须满足企业任何时候提出的借款要求。企业利用周转信贷协定，通常要对贷款限额的未使用部分付给银行一笔承诺费。

【例6-4】某企业与银行商定的周转信贷额度为1 500万元，承诺费率为1%，该企业年度内实际借款额度为1 100万元，则借款企业应向银行支付的承诺费金额为多少？

承诺费=(1 500-1 100)×1%=4(万元)

(三)补偿性余额

补偿性余额是银行要求借款企业在银行中保留一定数额的存款余额，约为借款的10%~20%，从银行的角度来讲，可以降低贷款的风险，弥补可能遭受的贷款损失。而对于借款企业来讲，则提高了借款的实际利率，加重了企业的利息负担。

(四)借款抵押

借款抵押是银行向财务风险较大的公司或对其信誉不甚把握的企业发放贷款，有时需要有抵押品担保，以减少自己蒙受损失的风险。短期借款的抵押品经常是借款企业的应收账款、存货、股票、债券等。银行接受抵押品后，将根据抵押品的面值决定贷款金额，一般为抵押品面值的30%~90%。这一比例的高低，取决于抵押品的变现能力和银行的风险偏好。

三、短期借款的成本

(一)收款法

收款法又称利随本清法，是在借款到期时一次支付利息的方法。银行向工商企业发放的贷款大都采用这种方法收息。采用收款法，借款的名义利率等于实际利率。

【例6-5】某企业从银行借入10个月期、年利率为8%的短期借款200万元。采用收款法计算该借款的实际利率为多少？

因为收款法也叫利随本清法，名义利率(年利率)等于其实际利率，所以按照收款法计算该借款的实际利率为8%。

(二)贴现法

贴现法是银行向企业发放贷款时，先从本金中扣除利息部分，而到期时借款企业则要偿还全部本金的一种计息方法。采用这种方法，企业可利用的借款额只有本金扣除利息后的差额部分，因此，其借款的实际利率大于名义利率。其计算公式为

$$R_{实} = \frac{利息费用}{借款金额 - 预扣利息费用} = \frac{R_{名}}{1 - R_{名}} \qquad (6.3)$$

式中，$R_{实}$为短期借款实际利率；$R_{名}$为短期借款名义利率。

根据例6-5的资料，

$$R_{实} = \frac{利息费用}{借款金额 - 预扣利息费用} = \frac{200 \times 8\%}{200 - 200 \times 8\%} = 8.7\%$$

(三)分期付款利率

分期付款利率是银行发放分期等额偿还贷款时采用的利息收取方法。在分期等额偿还

贷款的情况下，银行要将利息附加到贷款本金上，计算出贷款的本息和，要求企业在贷款期内分期偿还本息之和的金额。由于贷款分期等额偿还，借款企业实际上只平均使用了贷款本金的半数，却支付了全部利息，这样，企业负担的实际利率便高于名义利率约一倍。其计算公式为

$$R_\text{实} = \frac{利息费用}{借款金额 \div 2} \tag{6.4}$$

据案例6-5的资料，则 $R_\text{实} = \frac{200 \times 8\%}{200 \div 2} = 16\%$。

(四)补偿性余额的利率

补偿性余额是银行要求借款企业在银行中保留一定数额的存款余额，约为借款的10%～20%。从银行的角度来讲，可以降低贷款的风险，弥补可能遭受的贷款损失。而对于借款企业来讲，采用这种方法，则提高了借款的实际利率，加重了企业的利息负担。

【例6-6】某企业按8.5%的年利率从银行借款2 000万元，银行要求维持15%的补偿性余额，该企业年度内实际可动用的借款为1 700万元。企业实际借款利率为多少？

$$R_\text{实} = \frac{名义利率}{1 - 补偿性余额比例} = \frac{8.5\%}{1 - 15\%} = 10\%$$

四、短期借款融资的优缺点

(一)短期银行借款的优点

(1) 银行资金充足，实力雄厚，能随时为企业提供比较多的短期贷款。对于季节性和临时性的资金需求，采用银行短期借款尤为方便。而那些规模大、信誉好的大企业，更可以比较低的利率借入资金。

(2) 银行短期借款具有较好的弹性，可在资金需要增加时借入，在资金需要减少时还款。

(二)短期银行借款的缺点

(1) 资金成本较高。采用短期借款成本比较高，不仅不能与商业信用相比，与短期融资券相比也高出许多。而抵押借款因需要支付管理和服务费用，成本更高。

(2) 限制较多。从银行借款，银行要对企业的经营和财务状况进行调查以后才能决定是否贷款，有些银行还要对企业有一定的控制权，要企业把流动比率、负债比率维持在一定的范围之内，这些都会构成对企业的限制。

第三节 商业票据融资

商业票据是指由金融公司或某些信用较高的企业开出的无担保短期票据，商业票据的可靠程度依赖于发行企业的信用程度。随着金融市场的发展扩大，商业票据已逐渐成为一种与商品劳务交易没有关系的独立融资性票据，或者说，成为一种信誉良好的大企业的短期融资债权和债务凭证。

一、商业票据融资的概念及形式

(一)商业票据融资的概念

商业票据融资是指通过商业票据进行融通资金,也就是企业在延期付款交易时开具的债权债务票据。对于一些财力和声誉良好的企业,其发行的商业票据可以直接从货币市场上筹集到短期货币资金。

商业票据可以按不同的标准进行分类。商业票据按能否立即兑付,分为即期票据和远期票据。即期票据见票即付,远期票据则须到指定的付款日期到期时才兑付。商业票据按是否附息,分为附息票据和无息票据。附息票据到期时除须支付票据面额外,还须按票面规定的利率支付利息,无息票据到期时只需支付票据面额。

(二)商业票据融资的形式

商业票据也是一种短期融资方式,主要有商业本票和商业汇票两种形式。

1. 商业本票

商业本票,又叫一般本票,是企业为筹措短期资金,由企业署名担保发行的本票。商业本票的发行大多采折价(discount)方式进行,但大多数是通过经济中介商的渠道而发售的。商业本票的利率因发行公司的信用等级不同而有所差异,企业信用越好的商业本票,其市场的流通性越佳,在此级市场的市场价格会越好。基本上,商业本票可分为两类:一类为企业因实际交易行为,以付款为目的而签发的,称为交易商业本票;另一类为企业为筹措短期资金而发行的,称为融资商业本票。目前在我国由于政策法规的原因,暂时还不存在商业本票。

2. 商业汇票

(1) 商业汇票的概念。商业汇票是出票人签发的,委托付款人在指定日期无条件支付确定的金额给收款人或者持票人的票据。在银行开立存款账户的法人以及其他组织之间,必须具有真实的交易关系或债权债务关系,才能使用商业汇票。会计上作为应收票据处理的是指企业在采用商业汇票结算方式下,因销售商品、产品等而收到的商业汇票,包括商业承兑汇票和银行承兑汇票。它是交易双方以商品购销业务为基础而使用的一种信用凭证。

商业汇票作为一种融资方式,对购货方来说,实际上是先收到商品后付款,相当于赊购商品,只不过是将欠款以票据的形式明确下来,构成企业的应付票据,但是商业汇票具有更大的约束力。我国商业汇票的融资期限一般比商业信用要长,根据国际惯例,商业信用融资期限一般为 30 天,最长不能超过 60 天。而商业汇票的融资期限一般为 1~6 个月。

如果商业汇票是带息票据,其融资成本比商业信用要高。但是附息票据的利率一般要比同期银行借款低,而且节省了许多申请手续费用,同时还会免去如银行贷款经常遇到的规定额度限制而不能满足企业周转的窘迫,商业汇票还是一种比较好的短期商业票据融资方式。

(2) 商业汇票的贴现。商业汇票经承兑、背书后可以转让,这就是贴现,是金融市场短期融资工具之一。商业汇票贴现,是指商业汇票的持票人,将未到期的商业汇票转让给银行或非银行金融机构,银行或非银行金融机构按票面金额扣除贴现利息后,将余额付给持票人的票据融资行为。

商业汇票的贴现的计算方法有两种：一种是采用复利贴现计算法，其计算公式为

$$现值 = 票据终值 \times \frac{1}{(1+贴现率)^n} \tag{6.5}$$

式中，n 是计息期次数。

另一种是我国金融部门计算贴现的方法，其计算公式为

$$现值 = 票据终值 \times \left(1 - 贴现率 \times \frac{未到期天数}{360}\right) \tag{6.6}$$

式中，未到期天数(贴现天数)的计算可按实际天数计算，也可按对日整月计算。按实际天数计算时，按照 360 天折算贴现利息率；按对日整月计算时，按 12 个月折算贴现利息率。在计算实际天数时，天数依照"算头不算尾"的原则计算，如果承兑人在异地，还应另加 3 天的划款期。

【例 6-7】2020 年 4 月，甲公司取得外地乙公司签发的商业承兑汇票一张，该汇票的票面金额为 100 000 元，签发日期为 4 月 3 日，7 月 3 日到期，票面利息率为 9%。甲公司因资金周转困难，2020 年于 5 月 27 日将该汇票交银行贴现，贴现利率为 7.2%。在汇票到期时，由于乙公司银行存款账户余额不足，无法支付，银行将商业汇票本息转为甲公司短期借款。问该项商业承兑汇票的终值和贴现的现值各是多少？

商业承兑汇票的终值=100 000×(1+9%÷12×3)=102 250(元)

未到期天数(贴现天数)为 40 天(5 月 5 天，6 月 30 天，7 月 2 天，另加 3 天划款期)。

$$商业承兑汇票贴现的现值 = 票据终值 \times \left(1 - 贴现率 \times \frac{未到期天数}{360}\right)$$

$$= 102\,250 \times \left(1 - 7.2\% \times \frac{40}{360}\right) = 101\,432(元)$$

二、商业票据融资的目的

发行商业票据进行融资，一般出于以下目的。

(一)筹措季节性的短期资金

一些企业发行商业票据的初衷是为企业筹集短期的季节性资金和运营资金。从根本上来说，它为高信用等级企业提供了一种比银行借款便宜的短期筹资途径。随着 20 世纪 80 年代美国经济的扩张，各个企业都在寻求增加短期借款以期为生产规模的扩大提供融资。商业票据对于那些能够进入该市场的企业来说更具吸引力，因为在 20 世纪 80 年代早期，商业票据的筹资成本要比银行借款便宜得多。

(二)满足长期融资的需要

金融公司和其他金融企业发行商业票据是为了满足长期融资需要。从更广泛的融资战略的角度来看，因为短期借款成本要低于长期融资成本。如果企业相信现期收益曲线稳定(即有稳定的收益来源)，而且短期借款利率低于长期借款利率，那么即使企业真正需要的是长期借款，也应该发行短期商业票据。

(三)为其他目的融资

在 20 世纪 80 年代,许多公司还开始把商业票据用于其他目的,如作为过渡性融资(bridge financing)就是商业票据经常被运用的一种目的。例如,假定一个公司需要一笔长期资金来建造一座工厂或者购买机器设备,该公司不必马上开始筹集所需长期资金,而是可以选择推迟发行(债券)时间,直到资本市场中有利的融资条件出现。通过发行商业票据筹集到的资金,一般使用到长期债券开始发行。随着 20 世纪 80 年代并购活动的增多,商业票据有时会用于过渡性融资来为公司兼并提供资金,进而促进了该市场的发展。

三、商业票据融资的优缺点

(一)商业票据融资的优点

(1) 具有较低的成本,其成本通常要低于银行短期借款利率。

(2) 具有灵活方便性,只要发行人和交易商达成书面协议,在约定时期内,发行人可不限次数及不定期发行,以满足自身短期资金的需求。

(3) 手续简便,省去了与金融机构签订协议等麻烦。

(4) 有助于提高发行公司的声誉。商业票据因是无担保的借款,故成为货币市场上的一种标志信誉的工具,能够成功地在市场上出售商业票据是对公司信用形象的最好证明。

(二)商业票据融资的缺点

由于它的融资受资金供给方资金规模的限制,也受企业本身在票据市场上知名度的限制,因而特别适合于大企业的短期融资。

第四节 应收账款融资

应收账款抵借是企业的一项流动资产,能为企业带来预期经济利益,但若不能及时变现,也会使企业面临资金短缺和产生坏账的隐患。目前,在国际资本市场上,应收账款证券化融资即应收账款转让是一种常见的理财行为,它不仅有利于加速应收账款变现,规避坏账风险,也为企业提供了一个以低成本筹集资金的新的融资渠道。

一、应收账款融资的形式

应收账款融资,也称发票融资,是指企业将赊销而形成的应收账款有条件地转让给专门的融资机构,使企业得到所需资金,加强资金的周转。应收账款融资是集融资、结算、财务管理和风险担保于一体的综合性金融服务。利用应收账款融资,主要包括应收账款让售融资、应收账款抵押融资和应收账款证券化融资等形式。

(一)应收账款让售

应收账款让售(accounts receivable factoring),即指企业将应收账款出让给信贷机构,筹集所需资金的一种融资方式。企业筹措的资金是根据销售发票金额减去允许客户在付款时扣除的现金折扣、信贷机构收取的佣金以及在应收账款上可能发生的销售退回和折让而保留的扣存款后的余额确定。扣存款占的比例由双方协商确定，一般在10%左右。应收账款让售后，假若出现应收账款拖欠或客户无力清偿的情形，则企业无须承担任何责任，信贷机构不能向企业追索，只能自己追索或承担损失。

1. 保理业务

保理业务(factoring)是一项集贸易融资、商业资信调查、应收账款管理及信用风险担保于一体的新兴综合性金融服务。保理业务是指卖方(出口商)将其应收账款打包出售给保理商，由保理商负责应收账款催收的一项金融服务。随着我国保理市场的不断成熟，保理业务功能的进一步开发，面对我国众多出口生产型中小企业的融资困境，研究保理业务供应链前置创新，解决能够取得国际订单却无法组织或扩大生产企业的融资问题，已经具备了新的现实条件。供应链前置的研究就是把保理从传统功能下延伸至供应链前端，从而贯穿于整个供应链，作为一条并行的完整资金链保障供应链的正常运行。

2. 福费廷融资

福费廷融资(forfaiting financing)是企业已经承兑、担保的远期票据向银行和福费廷公司申请贴现，或者说是银行或福费廷公司以无追索权的方式为企业贴现远期票据。其与票据贴现融资的区别在于，票据贴现融资的依据是短期票据，贴现银行对贴现申请人有追索权；福费廷融资的依据是远期票据(包括远期汇票和本票)，贴现银行或福费廷公司对贴现申请人无追索权。福费廷融资与保付代理融资的区别在于，福费廷融资的期限比保付代理融资的期限长；福费廷的金融服务比较单一、无连续性，保付代理的金融服务比较复杂、具有连续性。

(二)应收账款抵押

应收账款抵押(pledging of accounts receivable)，即指持有应收账款的企业与信贷机构或代理商订立合同，以应收账款作为担保品，在规定的期限内企业有权以一定额度为限借用资金的一种融资方式。合同明确规定信贷机构或代理商借给企业资金所占应收账款的比率，一般为应收账款的70%～90%。借款企业在借款时，除以应收账款为担保外，还需按实际借款数据出具票据，如果作为担保品的应收账款中某一账款到期收不回来，银行有权向借款企业追索。

(三)应收账款证券化

应收账款证券化(accounts receivable securitization)，是资产证券化的一部分，指将企业那些缺乏流动性但能够产生可以预见的稳定的现金流量的应收账款，转化为金融市场上可以出售和流通的证券的融资方式。目前利用应收账款融资的企业逐渐增加。中国国际海运集装箱(集团)股份有限公司(简称中集集团)与荷兰银行于2000年3月在深圳签署了总金额为8 000万美元的应收账款证券化项目协议，在国内企业中首创资产证券化的融资先例，为中国企业进入国际高层次资本市场开辟了道路。

二、应收账款融资的成本

(一)应收账款让售融资的成本

应收账款让售的资金成本包括支付给信贷机构的代理费(这是对代理机构由于应收账款风险的转嫁而进行的补偿)和留置金两部分。应收账款让售的资金成本 K_1 的计算公式为

$$K_1 = \frac{支付的代理费}{应收账款面值 - 支付的代理费 - 留置金} \tag{6.7}$$

(二)应收账款抵押融资的成本

与应收账款让售融资相对应,对于应收账款抵押贷款融资,其资金成本包括应收账款的机会成本、应收账款变现费用、应收账款所带来的坏账损失以及由于使用借款所要支付的利息。在这四项资金使用成本中,前三项都是在进行应收账款让售融资时不会发生的。其中,应收账款的机会成本指应收账款若变现投入生产领域而给企业带来的收益,这部分收益由于资金被应收账款占用而无法取得,因而将其归入负债融资的使用成本中。应收账款变现费用是指企业为了应收账款能够收回所支付的各种收账费用,如差旅费、诉讼费等。坏账损失,是指应收账款因收不回来成为坏账而给企业带来的损失。应收账款抵押融资的资金成本 K_2 的计算公式为

$$K_2 = \frac{机会成本 + 应收账款变现费用 + 坏账损失 + 利息}{应收账款面值} \tag{6.8}$$

从应收账款让售的资金成本与抵押贷款融资的资金成本对比中,可以看出,应收账款让售的资金成本较低。特别是在融资量很大的情况下,企业要从资本市场上拆借到所需的资金,就必须支付比少量融资高的利率,这种情形下,应收账款让售融资的优势更加明显。

(三)应收账款证券化融资的成本

应收账款证券化的融资成本主要是要考虑应给投资者的利益、信用提高费用、证券承销费、印刷费、法律咨询费、年报成本等。应收账款证券化融资的资金成本 K_3 的计算公式为

$$K_3 = 投资者的收益 + 信用提高费用 + 证券承销费 + 印刷费 + 法律咨询费 + 年报成本 \tag{6.9}$$

对投资者而言,应收账款证券化后,作为一项投资,它必须能够定期获得一定的收益,否则投资者是不会考虑投资于以应收账款作为基础资产的证券的。根据风险收益原则,投资者得到的收益必须要比相应的无风险的国债的收益高,才能补偿其购买该证券所承担的风险。承销费,其大小由交易的频率、复杂程度及交易额决定,一般情况下是 12~17 个基点。印刷费、法律咨询费主要包括公开发行证券在印刷、法律咨询、招股说明书上的成本,一般是 7~10 个基点。年报成本,目前各国对于公开的证券发行均有较高的披露要求,这使企业必须考虑因发行证券每年必须支付的公布年报、会计报告的费用和其他费用,一般是 2~3 个基点。

【例 6-8】就一个 A 级信用级别的机构包装 3 亿美元的应收账款的资产证券,该资产证券经信用增级后为 3A 级为例。其融资成本如表 6-3 所示。

表 6-3　应收账款证券化融资成本

成　　本	公开发行
三年期国债利率	9.10%
与国债收益率的溢价	60～85
票面总成本	7.26%～7.51%
信用增强(基点)	3～6
承销费(基点)	12～17
印刷、法律咨询(基点)	7～10
会计报表等年报成本	2～3
汇总发行成本	24～36
平均成本	9.94%～10.31%

由表 6-3 可以看出，我国企业在利用应收账款融资的过程中，可以按照以上的项目，根据专业的评估机构预测数据计算出应收账款证券化融资的成本；同时，企业可以根据信用部门及财务部门的数据估算出企业应收账款的持有成本。将这两者对比，如果应收账款的持有成本高于应收账款证券化融资的成本，则企业可以考虑应收账款证券化融资的可能性；反之，企业不应该采用应收账款而只能采用证券化融资这种方式。

三、应收账款融资的优缺点

(一)应收账款融资的优点

(1) 降低企业资金占用的机会成本。应收账款保理、抵押和证券化是企业利用应收账款融资的方式。从其运作过程可以看出，其实质是企业应收账款与货币资金的置换，盘活了资产，降低了资金占用的机会成本。

(2) 改善企业的资产负债率及财务结构。应收账款融资可获得资金又不增加负债，用所获得资金来加快发展。应收账款融资可将应收账款置换为货币资金，增强了企业资产流动性，提高了企业的债务清偿能力和盈利能力，改善了企业的财务状况，降低了企业融资的风险水平。

(3) 减轻企业应收账款的管理负担。由于不具备会计系统，许多企业不能有效地管理应收账款。应收账款融资可以提高财务管理效率，节约企业在应收账款回收过程中耗费的人力、物力和财力。

(二)应收账款融资的缺点

(1) 大量应收账款没有成为担保标的，对应收账款等动产物权的法律保护意识缺失。

(2) 信用风险比较大，在各个环节都存在(最初的信贷评估、包销、贷款审查、贷款管理以及债务清算)。

(3) 财务成本较高。一般来说，应收账款融资利率都比正常的利率水平高出几个百分点，并且代理者还要收取一部分费用作为他们信用调整和客户支付违约风险的补偿。

第五节 存货融资

一、存货融资的概念

存货融资是指出口商以存储在仓库(一般由银行指定)中的货物作担保,依靠进口商的付款作还款来源,与应收账款融资不同,出口商融资时,货物还没有运出,但是还款方式和应收账款融资一样是货物出口后收回的资金,所以存货融资必然包括应收账款的管理。存货融资是一种辅助形式的融资服务,是根据存货总额来取得的循环贷款,与应收账款贷款共同运用。一般来说,只有原材料及制成品方可视作存货来集资。

二、存货融资的基本流程

(1) 出口商将货物存入仓库(如果是国内企业出口货物,一般是放入保税仓库)。
(2) 银行获得货物的担保权益。
(3) 银行需要对货物进行检验以保障自己的担保权益。
(4) 银行向出口商提供融资资金。
(5) 出口商销售货物给进口商。
(6) 仓库将提货信息通报银行(主要是帮助银行掌握货物的实际销售情况)。
(7) 进口商支付相应货款至银行的专用账户。
(8) 该专用账户的收款即作为出口商的还款本金及利息。
(9) 如果有余额,银行再转付给出口商。

如果出口商要求融资时已经找好买家,也可以选择应收账款融资。不过对银行来说,显然存货融资比单纯的应收账款融资风险要小,因为银行已经检验过仓库中的存货,仓库协助银行监控货物的销售情况,当然,相应的成本,银行将转移到出口商的融资成本之中。如果出口商要求融资时还没有找到买家,那么存货融资是非常恰当的融资方式,因为出口商可以先获得资金,再进行销售,利用销售款归还银行。特别在出口商本身是中间商,需要资金向货物提供者付款,但是又没有找到买家时可以考虑存货融资方式,在货物销售之前利用银行融资对外支付。

三、存货融资的形式

(一)留滞权融资

银行对企业的所有存货都有留滞权,但企业仍然可以出售存货,因而抵押品的实际价值可能低于贷款时的存货价值,所以银行只同意给信誉好、偿债能力强的企业发放此类贷款。

(二)信托收据融资

由于滞留权的上述缺陷,所以又发展出另一种形式的存货融资,即信托收据融资。企业以存货为担保向银行取得抵押贷款,贷款时开具"信托收据"交给银行,表明企业是受银行委托代为保管商品。存货可以留在原地即企业的仓库，也可以搬至指定仓库。此后，企业每销售一笔货物，应取得银行同意后才能提货，随后将收到的货款交给银行，作为归还贷款的一部分，等到贷款本息还清，信托收据便被注销。

(三)仓库收据融资

一个公共仓库是专门从事储存商品的独立的第三方机构，某些商品如烟草、酒类在销售前储存一段时间品质会更好，通常就采用仓库收据的方法进行融资和储存。

四、存货融资的优缺点

(一)存货融资的优点

(1) 资金数量具有灵活性。因为融资量与存货量相连，而存货量又是直接与融资需要联系在一起的。

(2) 场地仓库这种形式使银行更愿意接受存货作为抵押品。场地仓库公司的专人监控，能够减少企业管理、保险费用及失窃的可能，为公司节省开支。

(二)存货融资的缺点

(1) 要签订协议，分开保管，以及支付固定费用等。
(2) 存货融资实际利率比较高。
(3) 银行可能对企业存货销售情况监管不到位。

【例6-9】假设一家企业在冬季生产家具，待来年销售，因此利用存货融资。在这两个月之内，仓库的固定费用为2 000元，存货价值为200 000元，银行按其价值的70%给予贷款，利率为14%。问企业存货融资的实际利率为多少？

$$存货融资的实际利率 = \frac{200\,000 \times 70\% \times 2 \div 12 + 2\,000}{200\,000 \times 70\%} = 22.6\%$$

本 章 小 结

短期融资是指筹集企业生产经营过程中短期内所需要的资金。短期融资的使用期限一般规定在一年以内，它主要用于满足企业流动资产周转中对资金的需求。短期融资的方式主要有商业信用、银行信用、商业票据融资、应收账款融资、存货融资等。

商业信用是指企业由于延期付款和预收货款而形成的借贷关系，是企业之间的一种直接信用关系。利用商业信用融资，主要包括应付账款、应计未付款和预收货款等形式。

商业信用的一般表现形式是应付账款。商业信用的成本主要是放弃折扣的信用成本，它与折扣期的长短、折扣率的大小呈同方向变化，与信用期的长短呈反方向变化。

对应付账款进行有效管理需要一个健全、完整的信息系统。另外有两种控制应付账款支付状态的方法：①考查应付账款周转率；②分析应付账款余额百分比。

除商业信用作为企业的短期融资行为之外，银行信用、商业票据、应收账款和存货等也是企业主要的短期融资行为。

银行信用中短期借款的信用条件不同，利息的支付方式不同，则企业所承担的风险和利息费用也不同。

短期借款利息的支付方式有：①收款法，又称利随本清法，是在借款到期时一次支付利息的方法。采用收款法，借款的名义利率等于实际利率。②贴现法，是银行向企业发放贷款时，先从本金中扣除利息部分，而到期时借款企业则要偿还全部本金的一种计息方法。采用这种方法，其借款的实际利率大于名义利率。③分期付款利率，是银行发放分期等额偿还贷款时采用的利息收取方法。采用这种方法，其企业负担的实际利率便高于名义利率约一倍。④补偿性余额的利率。补偿性余额是银行要求借款企业在银行中保留一定数额的存款余额，约为借款的10%~20%，从银行的角度来讲，可以降低贷款的风险，弥补可能遭受的贷款损失。而对于借款企业来讲，采用这种方法，其提高了借款的实际利率，加重了企业的利息负担。

商业票据也是一种短期融资方式，主要有商业本票和商业汇票两种形式。

商业本票，又叫一般本票，是企业为筹措短期资金，由企业署名担保发行的本票。商业汇票是出票人签发的，委托付款人在指定日期无条件支付确定的金额给收款人或者持票人的票据。在银行开立存款账户的法人以及其他组织之间，必须具有真实的交易关系或债权债务关系，才能使用商业汇票。

我国商业汇票的融资期限一般比商业信用要长，根据国际惯例，商业信用融资期限一般为30天，最长不能超过60天。而商业汇票的融资期限一般为1~6个月。如果商业汇票是带息票据，其融资成本比商业信用要高。但是附息票据的利率一般要比同期银行借款低，而且节省了许多申请手续费用，同时还会免去如银行贷款经常遇到的规定额度限制而不能满足企业周转的窘迫，商业汇票还是一种比较好的短期商业票据融资方式。

商业汇票经承兑、背书后可以转让，这就是贴现，贴现成为金融市场短期融资工具之一。商业汇票的贴现的计算方法有两种：①采用复利贴现计算法；②我国金融部门计算贴现的方法，其计算公式为

$$现值 = 票据终值 \times \left(1 - 贴现率 \times \frac{未到期天数}{360}\right)$$

式中，未到期天数(贴现天数)的计算可按实际天数计算，也可按对日整月计算。按实际天数计算时，按照360天折算贴现利息率；按对日整月计算时，按12个月折算贴现利息率。在计算实际天数时，天数依照"算头不算尾"的原则计算，如果承兑人在异地，还应另加3天的划款期。

应收账款融资主要包括应收账款让售融资、应收账款抵押融资和应收账款证券化融资等形式。

应收账款让售的资金成本包括支付给信贷机构的代理费(这是对代理机构由于应收账款风险的转嫁而进行的补偿)和留置金两部分。应收账款让售的资金成本 K_1 表示如下：

$$K_1 = \frac{支付的代理费}{应收账款面值 - 支付的代理费 - 留置金}$$

与应收账款让售融资相对应，对于应收账款抵押贷款融资，其资金成本包括应收账款的机会成本、应收账款变现费用、应收账款所带来的坏账损失以及由于使用借款所要支付的利息。应收账款抵押融资的资金成本 K_2 的计算公式为

$$K_2 = \frac{机会成本 + 应收账款变现费用 + 坏账损失 + 利息}{应收账款面值}$$

应收账款证券化的融资成本主要是考虑应给投资者的利益、信用提高费用、证券承销费、印刷费、法律咨询费、年报成本等。应收账款证券化融资的资金成本 K_3 的计算公式为

$K_3 = $ 投资者的收益 + 信用提高费用 + 证券承销费 + 印刷费 + 法律咨询费 + 年报成本

存货融资与应收账款贷款共同运用。存货融资的形式有：留滞权融资、信托收据融资和仓库收据融资等形式。

关　键　词

短期融资(short-term financing)　商业信用(trade credit)　应付账款(accounts payable)　放弃现金折扣成本(give up the cash discount cost)　应付账款周转率(account payable turnover rate)　银行信用(bank credit)　短期借款(short loan)　收款法(collection method)　贴现法(method of discount)　分期付款利率(payment of interest)　补偿性余额的利率(compensating balance rate)　商业汇票(commercial draft)　商业汇票贴现(commercial draft discount)　应收账款融资(accounts receivable financing)　应收账款让售融资(factoring financing)　应收账款抵押融资(account receivable mortgage financing)　应收账款证券化融资(the account receivable securitization)　存货融资(inventory financing)。

思　考　题

1. 简要说明短期融资的主要方式及各自的优缺点(列举三种进行说明)。
2. 商业信用的概念及主要形式有哪些？
3. 短期借款的信用条件有哪些？如何计算短期借款的成本？
4. 商业汇票贴现的概念及其贴现的现值如何计算？
5. 应收账款融资的概念及其主要融资方式有哪些？
6. 应收账款融资成本如何计算？
7. 存货融资的概念、存货融资的实际利率如何计算？
8. 简述存货融资的基本流程。

 微课资源

扫一扫，获取相关微课视频。

短期融资概述和商业信用、短期借款和短期融资债券.mp4

第七章 财务估价

【学习目标】

通过本章的学习,对货币时间价值和风险价值观念有一个全面、深刻的理解和掌握;会进行相应的计算;熟悉债券和股票的估价方法。

【案例导入】

1926 年 9 月 11 日,荷兰人 Peter Minuit 从印第安人那里花了 24 美元,买下了曼哈顿岛,这是美国有史以来最合算的投资,因为该项投资是超低风险超高回报,而且所有的红利全部免费。但是换个角度,假设我当时的 24 美元用于投资,每年有 8%的投资收益,不考虑中间的各种战争、灾难、经济萧条等因素,到 2019 将会是 4 307 亿余美元。

财务活动的过程伴随着经济利益的协调,它是通过各个利益主体之间的讨价还价来实现收益风险均衡的。为了进行讨价还价或为了实现收益风险的均衡,财务管理的主体必须建立一些基本的财务管理观念或基本的财务原则,并以此指导企业的财务活动。财务观念是财务管理的基础,观念的更新会带来管理水平的提高。这是因为,观念作为意识,决定着管理行为和管理方法。一般而言,财务管理应具备的观念有很多,如货币时间价值观念、风险价值观念、机会损益观念、边际观念、弹性观念、预期观念等。本章重点介绍货币时间价值观念和风险价值观念。这两个基本的财务管理观念对于证券估价、筹资管理、营运资本管理等都有重要影响。因此,在研究各项具体的管理内容之前,有必要研究货币时间价值和风险价值的基本概念及有关计算方法。

第一节 货币时间价值观念

时间价值是客观存在的经济范畴。任何企业的财务活动,都是在特定的时空中进行的。离开了时间价值因素,就无法正确计算不同时期的财务收支,也无法正确评价企业盈亏。时间价值原理,正确地揭示了在不同时点上资金之间的换算关系,是财务决策的依据。

一、货币时间价值的含义

货币时间价值是指货币经历一定时间的投资和再投资所增加的价值,也称为资金时间价值。

在商品经济中,有这样一种现象:现在的1元钱和一年后的1元钱,其经济价值不等,或者说其经济效用不同。现在的1元钱比一年后的1元钱经济价值要大一些,即使不存在通货膨胀也是如此。为什么会这样呢?例如,将现在的1元钱存入银行,一年后得到1.10元(假设存款利率为10%)。这1元钱经过一年时间的投资增加了0.10元,这就是货币时间价值。在实务中,人们习惯使用相对数字表示货币时间价值,即用增加价值占投入货币的百分数来表示。例如,前述货币时间价值为10%。

货币投入生产经营过程后,随着时间的持续,其价值不断增长,是一种客观的经济现象。企业资金循环和周转的起点是投入货币资金,企业用它来购买所需的资源,然后生产出新的产品,产品出售时得到的货币量大于最初投入的货币量。资金的循环和周转以及因此实现的货币增值,需要或多或少的时间。每完成一次循环,货币就增加一定数额,周转的次数越多,增值额越大。因此,随着时间的延续,货币总量在循环和周转中按几何级数增长,使得货币具有时间价值。

从量的规定性来看,货币时间价值是没有风险和没有通货膨胀条件下的投资报酬率(社会平均资金利润率)。由于竞争,市场经济中各部门投资的利润率趋于平均化,每个企业在投资某项目时,至少要取得社会平均资金利润率,否则不如投资其他项目或其他行业。因此,货币的时间成为评价投资的基本标准。财务管理中对时间价值的研究,主要是对资金的筹集、投放、使用和收回等从量上进行分析,以便找出适用于分析方案的数学模型,改善财务决策的质量。

【例7-1】已探明一个有工业价值的油田,目前立即开发可获得100亿元,若5年后开发,由于价格上涨可获得150亿元。如果不考虑资金时间价值,根据150亿元大于100亿元,可以认为5年后开发更有利。如果考虑资金时间价值,会怎样呢?

现在可获得100亿元,可用于其他投资机会,平均每年获利15%,则5年后将有资金200[100×(1+15%)^5]亿元。因此,可以认为目前开发更有利,这种思考问题的方法,更符合现实经济生活。

由于货币随时间的延续而增值,现在的1元钱与将来的1元钱在经济上是不等效的,换一种说法,就是现在的1元钱和将来的1元钱经济价值不相等。由于不同时间单位货币的价值不相等,所以不同时间的货币收入不宜直接进行比较,需要把它们换算到相同的时间价值基础上,然后才能进行大小的比较和比率的计算。由于货币价值随时间增长的过程与利息的增值过程在数学上相似,因此在换算时广泛使用计算利息的各种方法。

二、货币时间价值的计算

在企业财务管理中,要想正确进行长期投资决策和短期经营决策,就必须弄清楚在不同时点上收到或付出的资金价值之间的数量关系,掌握各种终值和现值的换算方法。

有关资金时间价值的指标有许多种,这里着重说明单利终值和现值、复利终值和现值、年金终值和现值的计算,以利息率表示资金时间价值。同时,为了方便起见,假设资金的流出和流入是在某一时期(通常为一年)终了时进行的。

(一)单利终值和现值的计算

单利终值就是本利和。在单利方式下,本金能带来利息,利息必须在提出以后再以本金形式投入才能生利,否则不能生利。

【例7-2】现在的1元钱,年利率为10%。从第1年到第5年,各年年末的终值可计算如下:

1元1年后的终值=1×(1+10%×1)=1.1(元)
1元2年后的终值=1×(1+10%×2)=1.2(元)
1元3年后的终值=1×(1+10%×3)=1.3(元)
1元4年后的终值=1×(1+10%×4)=1.4(元)
1元5年后的终值=1×(1+10%×5)=1.5(元)

因此,单利终值的一般计算公式为

$$FVn = PV_0 \times (1 + i \times n) \tag{7.1}$$

式中,PV_0为现值,即0年(第1年年初)的价值;FVn为终值,即第n年年末的价值;i为利率;n为计息期数。

现值就是以后年份收到或付出资金的现在价值,可用倒求本金的方法计算。由终值求现值,叫作贴现。

(二)复利终值和现值的计算

在复利方式下,本能生利,利息在下期则转列为本金与原来的本金一起计息,即通常所说的"利滚利"。

复利的终值是指若干期后包括本金的利息在内的未来价值,又称本利和。

【例7-3】某人将10 000元投资某项目,年报酬率10%,从第1年到第5年,各年年末的终值可计算如下。

1年后的终值=10 000×(1+10%)=11 000(元)
2年后的终值=11 000×(1+10%)
　　　　　=10 000×(1+10%)×(1+10%)
　　　　　=10 000×(1+10%)^2=12 100(元)
3年后的终值=12 100×(1+10%)
　　　　　=10 000×(1+10%)^3=13 310(元)
4年后的终值=13 310×(1+10%)
　　　　　=10 000×(1+10%)^4=14 640(元)
5年后的终值=14 640×(1+10%)
　　　　　=10 000×(1+10%)^5=16 250(元)

因此,复利终值的一般计算公式为

$$FV_n = PV_0 \times (1+i)^n \tag{7.2}$$

式中，PV_0 为现值，即 0 年(第 1 年年初)的价值；FV_n 即第 n 年年末的价值；i 为利率；n 为计息期数。

复利现值是指以后年份收到或支出资金的现在价值，可用倒求本金的方法计算。复利现值的计算公式为

$$PV_0 = FV_n \times (1+i)^{-n} \tag{7.3}$$

$(1+i)^n$ 和 $(1+i)^{-n}$ 分别称为复利终值系数和复利现值系数，其简略表现形式分别为 $FVIF_{i,n}$ 和 $PVIF_{i,n}$，或者分别表示为 $(F/P,i,n)$ 和 $(P/F,i,n)$。实际工作中，可以查阅相关系数表得之。

【例 7-4】如果你有 100 000 元，很想买一辆新汽车，但汽车价值为 130 000 元。假如利率为 9% 的话，现今你必须投资多少钱才能在两年后买到汽车？你现在的钱够吗？假定汽车价格保持不变。

我们必须知道的是两年后的 130 000 元在今日的现值，假定利率是 9%，则：

$P = 130\,000 \times (1+9\%)^{-2}$
$ = 130\,000 \times 0.8417 = 109\,421(元)$

即使你愿意等待两年，现在也还差 9 421 元。

(三)年金终值和现值的计算

年金是指等额、定期的系列收支，如分期付款赊销、发放养老金、分期支付工程款、每年相同的销售收入等。按收付的次数和支付的时间划分，年金有以下几类：普通年金(后付年金)、预付年金(先付年金)、递延年金和永续年金。

(1) 普通年金，又称后付年金，是指各期期末收付的年金。

【例 7-5】每年存款 1 元，年利率为 10%，经过 3 年，年金终值如图 7-1 所示。

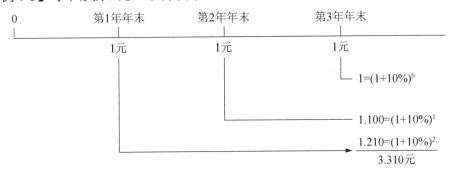

图 7-1　1 元年金 3 年的终值

普通年金的计算公式为

$$F_A = A(1+i)^0 + A(1+i)^1 + A(1+i)^2 + \cdots + A(1+i)^{n-2} + A(1+i)^{n-1}$$
$$= A \cdot \sum_{t=1}^{n}(1+i)^{t-1} = A \cdot \frac{(1+i)^n - 1}{i} \tag{7.4}$$

式中，$\dfrac{(1+i)^n - 1}{i}$ 为普通年金终值系数，可缩写为 $FVIFA_{i,n}$ 或 $(F/A, i, n)$，可通过查阅 1 元年金终值表获得。

偿债基金是指为使年金终值达到既定金额每年应支付的年金数额。例如，5 年后还清

10 000元债务，每年存等额的一笔款项，假如利率为10%，每年存多少？偿债基金系数(A/F, i, n)=$i\div[(1+i)^n-1]$，是普通年金终值系数的倒数。它把年金终值折算为每年需要支付的金额。有一种折旧方法，称为偿债基金法，其理论依据是"折旧的目的是保持简单再生产"，其年折旧额，就是根据偿债基金系数乘以固定资产原值计算出来的。

普通年金现值的计算是指为在期末取得相等金额的款项，现在需要投入的金额。

【例7-6】每年取得收益1元，年利率为10%，为期3年，年金现值如图7-2所示。

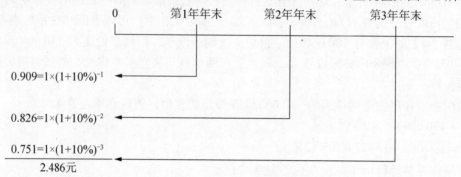

图7-2　1元年金3年的现值

年金现值的一般公式为

$$P_A = A \cdot \frac{1}{(1+10\%)^1} + A \cdot \frac{1}{(1+10\%)^2} + \cdots + A \cdot \frac{1}{(1+10\%)^{n-1}} + A \cdot \frac{1}{(1+10\%)^n}$$

$$= A \cdot \sum_{t=1}^{n} \frac{1}{(1+10\%)^t} = A \cdot \frac{1-(1+i)^{-n}}{i} \tag{7.5}$$

式中，$\frac{1-(1+i)^{-n}}{i}$ 为年金现值系数，可简写成 $PVIFA_{i,n}$ 或 $(P/A, i, n)$，则普通年金现值的计算公式可写为

$$P_A = A \times PVIFA_{i,n}$$

【例7-7】某人出国3年，请代付房租，每年租金为100元，设银行存款利率为10%，现在应在银行存多少钱？

$$P_A = A \times (P/A, 10\%, 3) = 100 \times 2.487 = 248.7(元)$$

【例7-8】某企业拟购柴油机更换现有的汽油机，每月可节省燃料费60元，但柴油机价格较汽油机高1 500元。问柴油机应使用多少年才合算？假设利率为12%，每月复利一次。

$P_A = 1\ 500$，$A = 60$

$1\ 500 = 60 \times (P/A, 1\%, n)$，$(P/A, 1\%, n) = 25$

查表得 $n = 29$(个月)

又假设以10%的利率借款20 000元投资于某个寿命为10年的项目，至少每年收回多少现金才有利？

$A = P_A/(P/A, i, 10) = 3\ 254(元)$

上述普通年金现值系数 $\frac{1-(1+i)^{-n}}{i}$ 的倒数，称为投资回收系数 $\frac{i}{1-(1+i)^{-n}}$，它可以把现值折算成年金。

(2) 预付年金(即付年金、先付年金)，是指在每期期初支付的年金。

预付年金终值的计算与普通年金终值系数相比，期数加1，而系数减1，计作$[(F/A，i，n+1)-1]$。预付年金现值的计算与普通年金现值系数相比，期数减1，而系数加1，计作$[(P/A，i，n-1)+1]$。

【例7-9】6年分期付款购物，每年年初付200元，设银行利率为10%，该项分期付款相当于一次性付款多少？

$P_A=A×[(P/A，i，n-1)+1]$
　　$=200×[(P/A，10%，5)+1]$
　　$=200×(3.791+1)=958.2(元)$

(3) 递延年金，是指第一次支付发生在第二期或第二期以后的年金，一般用m表示递延期数，表示m期没有发生过，第一次支付在$m+1$期期末。递延年金的终值大小，与递延期无关，故其计算方法与普通年金终值的计算方法相同。

递延年金的现值计算方法有两种。方法一：把递延年金视为n期普通年金，求出递延期末的现值，然后将此现值调整到第一期初。方法二：假设递延期中也进行支付，先求出$(m+n)$期的年金现值，然后扣除实际并未支付的递延期(m)的年金现值，即可得出结果。

$$P_A=A×[(P/A，i，m+n)-(P/A，i，m)] \qquad (7.6)$$

或：

$$P_A=A×(P/A，i，n)(P/F，i，m) \qquad (7.7)$$

【例7-10】某企业从银行借入一笔款项，银行贷款的年利率为6%，银行规定前5年不用还本付息，但从第6年到第10年每年年末偿还本息1 000元。问这笔存款的现值是多少？

$1 000×(P/A，6%，5)(P/F，6%，5)=1 000×4.212 4×0.747 3=3 148(元)$

或：$1 000×[(P/A，6%，10)-(P/A，6%，5)]=1 000×(7.360 1-4.212 4)=3 148(元)$

(4) 永续年金，无限期支付的年金，现实中的存本取息，即为这种情况。永续年金没有终止的时间，也就没有终值。

永续年金的现值的计算公式为

$$P_A=A·\sum_{t=1}^{n}\frac{1}{(1+i)^t}=A·\lim\frac{1-(1+i)^{-n}}{i}=A·\frac{1}{i} \qquad (7.8)$$

【例7-11】建一项永久的奖学金，每年计划颁发10 000元奖金，现在应存入多少钱？如果一股优先股，每季分得股息2元，而利率为6%，或如果此优先股，每年分得股息2元，则愿意以多少钱来购买？

$P_A=10 000÷10%=10(万元)$
$P_A=2÷1.5%=8÷6%=133.33(元)$
$P_A=2÷6%=33.33(元)$

上述关于时间价值计算的方法，在财务管理中有广泛的用途，如存货管理、养老金决策、租赁决策、资产和负债估价、长期投资决策等。随着财务问题的日益复杂化，时间价值的应用也将日益广泛。

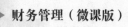

第二节 风险价值观念

  风险是现代企业财务管理的一个重要特征,在企业财务管理的每一个环节都不可避免地要面对风险。风险是客观存在的,如何防范和化解风险,以达到风险与报酬的优化配置是非常重要的。

  假设有需要投资 1 000 万元的项目 A 和项目 B,项目 A 是没有风险的,投资项目 A 可获得的报酬是 100 万元;项目 B 存在着无法规避的风险,并且成功和失败的可能性分别为 50%,成功后的报酬是 200 万元,而失败的结果是损失 20 万元。你会选择哪个项目?这涉及风险和报酬的权衡。本节着重介绍投资风险报酬率的评估。

一、风险的概念及种类

  风险是一个比较难掌握的概念,其定义和计量也有很多争议。但是,风险广泛存在于重要的财务活动当中,并且对企业实现其财务目标有着重要影响,使得人们无法回避和忽视。

  如果企业的一项行动有多种可能的结果,其将来的财务后果是不确定的,则存在风险。如果这项行动只有一种后果,就没有风险。例如,现在将一笔款项存入银行,可以确知一年后将得到的本利和,几乎没有风险。这种情况在企业投资中是很罕见的,它的风险固然小,但是报酬也很低,很难称为真正意义上的投资。

(一)风险的概念

  一般说来,风险是指在一定条件下和一定时期内可能发生的各种结果的变动程度。例如,我们在预计一个投资项目的报酬时,不可能十分精确,也没有百分之百的把握,有些事情的未来发展我们事先不能确知,价格、销量、成本等都可能发生我们预想不到并且无法控制的变化。

  风险是事件本身的不确定性,具有客观性。例如,无论企业还是个人,投资于国库券,其收益的不确定性较小;如果是投资于股票,则收益的不确定性大得多。这种风险是"一定条件下"的风险,你在何时,买何种股票,买多少,风险是不一样的。这些问题一旦决定下来,风险大小就无法改变了。这就是说,特定投资的风险大小是客观的,你是否去冒风险以及冒多大的风险,是可以选择的,是主观决定的。

  风险的大小随时间延续而变化,是"一定时期内"的风险。我们对一个投资项目成本,事先的预计可能不很准确,越接近完工则预计越准确。随时间延续,事件的不确定性在缩小,事件完成,其结果也就完全肯定了。因此,风险总是"一定时期内"的风险。

  严格说来,风险和不确定性有区别。风险是指事前可以知道所有可能的结果,以及每种结果的概率。不确定性是指事前不知道所有可能结果,或者虽然知道可能结果但不知道它们出现的概率。例如,在一个新区找矿,事前知道只有找到和找不到两种结果,但不知道两种结果的可能性各占多少,属于"不确定"问题而非风险问题。但是,在面对实际问题时,两者很难区分,风险问题的概率往往不能准确知道,不确定性问题也可以估计一个概率,因此在实务领域对风险和不确定性不作严格区分,都视为"风险"问题对待,把风险理解为可测定概率的不确定性。概率的测定有两种：一种是客观概率，是指根据大量历史的实际数据推算出来的概率；另一种是主观概率，是在没有大量实际资料的情况下，人们根据有限资料和经验合理估计的。

风险可能给投资人带来超出预期的收益，也可能带来超出预期的损失。一般说来，投资人对意外损失的关切，比对意外收益的关切要强烈得多。因此，人们研究风险时侧重减少损失，主要从不利的方面来考察风险，经常把风险看成不利事件发生的可能性，从财务的角度来说，风险主要指无法达到预期报酬的可能性。

(二)风险的种类

从个别投资主体的角度看，风险可分为市场风险和公司特有风险两类。

(1) 市场风险。市场风险是指那些影响所有公司的因素引起的风险，如战争、经济衰退、通货膨胀、高利率等。这类风险涉及所有的投资对象，不能通过多角化投资来分散，因此又称不可分散风险或系统风险。例如，一个人投资于股票，不论买哪一种股票，他都要承担市场风险，因为在经济衰退时，各种股票的价格都会不同程度地下跌。

(2) 公司特有风险。公司特有风险是发生于个别公司的特有事件造成的风险，如罢工、新产品开发失败、没有争取到重要合同、诉讼失败等。这类事件是随机发生的，因而可以通过多角化投资来分散，即发生于一家公司的不利事件可以被其他公司的有利事件所抵消。这类风险称为可分散风险或非系统风险。例如，一个人投资于股票时，买几种不同的股票，可能比只买一种股票风险小。

从公司本身来看，风险分为经营风险(商业风险)和财务风险(筹资风险)两类。

(1) 经营风险指生产经营的不确定性带来的风险，它是任何商业活动都有的，也叫商业风险。经营风险主要来自以下几个方面。

① 市场销售：市场需求、市场价格、企业可能生产的数量等的不确定，尤其是竞争导致的供产销的不稳定，加大了风险。

② 生产成本：原料的供应和价格、工人和机器的生产率、工人的奖金和工资，都有一定的不确定性，因而产生了风险。

③ 生产技术：设备事故、产品发生质量问题、新技术的出现等，很难准确预见，从而产生了风险。

④ 其他：外部的环境变化，如天灾、经济不景气、通货膨胀、有协作关系的企业没有履行合同等，企业自己很难控制，从而产生了风险。

经营风险使企业的报酬变得不确定。

(2) 财务风险是指因借款而增加的风险，是筹资决策带来的风险，也叫筹资风险。由于企业向银行等金融机构举债，从而产生了定期的还本付息压力，如果到期企业不能还本付息，就面临着诉讼、破产等威胁，会遭受严重损失。

二、风险报酬率

上一节学习货币时间价值的概念时，我们知道货币的时间价值是不存在风险和通货膨胀条件下的投资报酬率(社会平均资金利润率)的，但现实中，风险几乎可以说是无时无刻不存在的,一般而言,大多数人都是风险厌恶者。那么,承担风险的投资者会不会得到补偿呢?

风险报酬是指投资者因承担风险而获得的超过时间价值的那部分额外报酬。前述项目 B 投资者承担了 50%风险的同时,必然要求获得一定的风险补偿,这部分补偿就是获得 100 万元的风险报酬。通常情况下风险越高,相应所需获得的风险报酬率也就越高,在财务管理中,风险报酬通常采用相对数,即风险报酬率来加以计量。

风险报酬率是投资者因承担风险而获得的超过时间价值率的那部分额外报酬率,即风险报酬与原投资额的比率。

风险报酬率是投资项目报酬率的一个重要组成部分,如果不考虑通货膨胀因素,投资报酬率就是时间价值率与风险报酬率之和。

三、单项资产投资风险报酬率的评估

单项投资风险是指某一项投资方案实施后,将会出现各种投资结果的概率。换句话说,某一项投资方案实施后,能否如期回收投资以及能否获得预期收益,在事前是无法确定的,这就是单项投资的风险。因承担单项投资风险而获得的风险报酬率就称为单项投资风险报酬率。除无风险投资项目(国库券投资)外,其他所有投资项目的预期报酬率都可能不同于实际获得的报酬率。对于有风险的投资项目来说,其实际报酬率可以看成一个有概率分布的随机变量,可以用两个标准来对风险进行衡量:期望报酬率和标准离差。

(一)期望报酬率

期望值是随机变量的均值。对于单项投资风险报酬率的评估来说,我们所要计算的期望值即为期望报酬率,期望投资报酬率的计算公式为:

$$K = \sum_{i=1}^{n} K_i P_i \qquad (7.9)$$

式中,K 为期望投资报酬率;K_i 为第 i 个可能结果下的报酬率;P_i 为第 i 个可能结果出现的概率;n 为可能结果的总数。

【例 7-12】有 A、B 两个项目,两个项目的报酬率及其概率分布情况如表 7-1 所示。试计算两个项目的期望报酬率。

表 7-1 项目 A 和项目 B 投资报酬率及其概率分布

项目实施情况	该种情况出现的概率		投资报酬率	
	项目 A	项目 B	项目 A	项目 B
好	0.20	0.30	15%	20%
一般	0.60	0.40	10%	15%
差	0.20	0.30	0	-10%

根据公式分别计算项目 A 和项目 B 的期望投资报酬率结果如下。

项目 A 的期望投资报酬率=$K_1P_1+K_2P_2+K_3P_3$=0.2×0.15+0.6×0.1+0.2×0=9%

项目 B 的期望投资报酬率=$K_1P_1+K_2P_2+K_3P_3$=0.3×0.2+0.4×0.15+0.3×(-0.1)=9%

从计算结果可以看出,两个项目的期望投资报酬率都是 9%,但是否可以就此认为两个项目是等同的呢？我们还需要了解概率分布的离散情况，即计算标准离差和标准离差率。

(二)方差、标准离差和标准离差率

1. 方差

按照概率论的定义，方差是各种可能的结果偏离期望值的综合差异，是反映离散程度的一种量度。方差的公式计算为

$$\delta^2 = \sum_{i=1}^{n}(K_i - \overline{K})^2 \cdot P_i \qquad (7.10)$$

2. 标准离差

标准离差则是方差的平方根。在实务中一般使用标准离差而不使用方差来反映风险的大小程度。一般来说，标准离差越小，说明离散程度越小，风险也就越小；反之，标准离差越大，则风险越大。标准离差的计算公式为

$$\delta = \sqrt{\sum_{i=1}^{n}(K_i - \overline{K})^2 \cdot P_i} \qquad (7.11)$$

【例 7-13】分别计算例 7-12 中 A、B 两个项目投资报酬率的方差和标准离差。

项目 A 的方差 $= \sum_{i=1}^{n}(K_i - K)^2 \cdot P_1$

$= 0.2 \times (0.15-0.09)^2 + 0.6 \times (0.10-0.09)^2 + 0.2 \times (0-0.09)^2 = 0.002\ 4$

项目 A 的标准离差 $= \sqrt{0.002\ 4} = 0.049$

项目 B 的方差 $= \sum_{i=1}^{n}(K_i - K)^2 - P_1$

$= 0.3 \times (0.20-0.09)^2 + 0.4 \times (0.15-0.09)^2 + 0.3 \times (-0.10-0.09)^2$

$= 0.015\ 9$

项目 B 的标准离差 $= \sqrt{0.015\ 9} = 0.126$

以上计算结果表明，投资项目 B 的风险要高于项目 A 的风险。

3. 标准离差率

标准离差是反映随机变量离散程度的一个指标，但我们应当注意到标准离差是一个绝对指标，作为一个绝对指标，标准离差无法准确地反映随机变量的离散程度。解决这一问题的思路是计算反映离散程度的相对指标，即标准离差率。

标准离差率是某随机变量标准离差相对该随机变量期望值的比率。其计算公式为

$$V = \frac{\delta}{\overline{K}} \times 100\% \qquad (7.12)$$

式中，V 为标准离差率；δ 为标准离差；$\overline{K}$ 为期望投资报酬率。

利用上例的数据，分别计算项目 A 和项目 B 的标准离差率为

项目 A 的标准离差率 $= \frac{0.049}{0.09} \times 100\% = 0.544$

项目 B 的标准离差率 $= 0.126 \div 0.09 \times 100\% = 1.4$

当然,在此例中项目 A 和项目 B 的期望投资报酬率是相等的,可以直接根据标准离差来比较两个项目的风险水平。但如比较项目的期望报酬率不同,则一定要计算标准离差率才能进行比较。

(三)风险价值系数和风险报酬率

标准离差率虽然能正确评价投资风险程度的大小,但还无法将风险与报酬结合起来进行分析。假设我们面临的决策不是评价与比较两个投资项目的风险水平,而是要决定是否对某一投资项目进行投资,此时我们就需要计算出该项目的风险报酬率。因此,我们还需要一个指标来将对风险的评价转化为报酬率指标,这便是风险报酬系数。风险报酬率、风险报酬和标准离差率之间的关系可用公式表示为

$$R_R = bV \tag{7.13}$$

式中,R_R 为风险报酬率;b 为风险报酬系数;V 为标准离差率。

在不考虑通货膨胀因素的影响时,投资的总报酬率的计算公式为

$$K = R_F + R_R = R_F + bV \tag{7.14}$$

式中,K 为投资报酬率;R_F 为无风险报酬率。

其中,无风险报酬率 R_F 可用加上通货膨胀溢价的时间价值来确定,在财务管理实务中一般把短期政府债券(如短期国库券)的报酬率作为无风险报酬率;风险价值系数 b 则可以通过对历史资料的分析、统计回归、专家评议获得,或者由政府部门公布。

【例 7-14】利用例 7-12 的数据,并假设无风险报酬率为 10%,风险报酬系数为 10%,计算两个项目的风险报酬率和投资报酬率。

项目 A 的风险报酬率=bV=10%×0.544=5.44%

项目 A 的投资报酬率=R_F+bV=10%+10%×0.544=15.44%

项目 B 的风险报酬率=bV=10%×1.4=14%

项目 B 的投资报酬率=R_F+bV=10%+10%×1.4=24%

从计算结果可以看出,项目 B 的投资报酬率(24%)要高于项目 A 的投资报酬率(15.44%),似乎项目 B 是一个更好的选择。而从我们前面的分析来看,两个项目的期望报酬率是相等的,但项目 B 的风险要高于项目 A,因此项目 A 是应选择的项目。

四、投资组合风险报酬率的评估

(一)投资组合的报酬率

投资组合的期望报酬率就是组成投资组合的各种投资项目的期望报酬率的加权平均数,其权数是各种投资项目在整个投资组合总额中所占的比例。其计算公式为

$$\overline{R_p} = \sum_{j=1}^{m} W_j \overline{R_j} \tag{7.15}$$

式中,$\overline{R_p}$ 为投资组合的期望报酬率;W_j 为投资于 j 资产的资金占总投资额的比例;$\overline{R_j}$ 为资产于 j 的期望报酬率;m 为投资资产组合中不同投资项目的总数。

【例 7-15】某投资组合由两种权重相同的证券组成,这两种证券的期望报酬率和标准离差如表 7-2 所示。计算该投资组合的期望报酬率。

表7-2　A、B证券期望报酬率和标准离差

证券名称	期望报酬率/%	标准离差
A证券	15	12.1
B证券	10	10.7

投资组合的期望报酬率=15%×50%+10%×50%=12.5%。

(二)投资组合的风险

在一个投资组合中,如果某一投资项目的报酬率呈上升趋势,其他投资项目的报酬率有可能上升,也有可能下降,或者不变。在统计学测算投资组合中任意两个投资项目报酬率之间变动关系的指标是协方差和相关系数,这也是投资组合风险分析中的两个核心概念。

1. 协方差

协方差是一个测量投资组合中一个投资项目相对于其他投资项目风险的统计量。从本质上讲,组合内各投资组合相互变化的方式影响着投资组合的整体方差,从而影响其风险。协方差的计算公式为

$$\text{Cov}(R_1, R_2) = \frac{1}{n}\sum_{i=1}^{n}(R_{1i} - \overline{R_1}) \tag{7.16}$$

下面以两个投资项目组成的投资组合来说明协方差的计算。

【例7-16】 某投资组合由等权重的股票1和股票2组成,两种股票各自的报酬率如表7-3所示。

表7-3　两种股票投资报酬率数据

年　数	股票1的报酬率(R_1)/%	股票2的报酬率(R_2)/%
1	5	25
2	15	15
3	25	5

第一步,计算两种股票的平均报酬率结果如下。

$$\overline{R_1} = \sum_{i=1}^{n}\frac{R_t}{n} = \frac{5\% + 15\% + 25\%}{3} = 15\%$$

$$\overline{R_2} = \sum_{i=1}^{n}\frac{R_i}{n} = \frac{25\% + 15\% + 5\%}{3} = 15\%$$

第二步,计算两种股票的协方差结果如下。

$$\text{Cov}(R_1, R_2) = \frac{1}{n}\sum_{i=1}^{n}(R_{1i} - \overline{R_1})(R_{2i} - \overline{R_2})$$

$$= \frac{(5\% - 15\%)(25\% - 15\%) + (15\% - 15\%)(15\% - 15\%) + (25\% - 15\%)(5\% - 15\%)}{3}$$

$$= -0.006\,7$$

协方差的正负显示了两个投资项目之间报酬率变动的方向。协方差为正表示两种资产的报酬率呈同方向变动；协方差为负值表示两种资产的报酬率呈相反方向变化，上例中股票 1 和股票 2 的报酬率就是呈反方向变动的。协方差绝对值越大，表示这两种资产报酬率的关系越密切；协方差绝对值越小，则这两种资产报酬率的关系也越疏远。

2. 相关系数

由于各方面的原因，协方差的意义很难解释，至少对于应用是如此。为了使其概念能更易于接受，可以将协方差标准化，将协方差除以两个投资方案投资报酬率的标准差之积，得出一个与协方差具有相同性质但却没有量化的数。我们将这个数称为这两个投资项目的相关系数(correlation coefficient)，它介于-1 和+1 之间。相关系数的计算公式为

$$\rho_{12} = \frac{\text{Cov}(R_1, R_2)}{\delta_1 \delta_2} \tag{7.17}$$

【例 7-17】利用例 7-16 的数据，计算两种股票的相关系数。

第一步，计算两种股票的标准离差。

股票 1 的标准离差：

$$\delta_1 = \sqrt{\sum_{i=1}^{n} \frac{(R_{1i} - \overline{R_1})}{n}} = \sqrt{\frac{(5\% - 15\%)^2 + (15\% - 15\%)^2 + (25\% - 15\%)^2}{3}}$$

$$= 8.19\%$$

股票 2 的标准离差：

$$\delta_2 = \sqrt{\sum_{i=1}^{n} \frac{(R_{2i} - \overline{R_2})^2}{n}} = \sqrt{\frac{(25\% - 15\%)^2 + (15\% - 15\%)^2 + (5\% - 15\%)^2}{3}}$$

$$= 8.19\%$$

第二步，计算股票 1 和股票 2 的相关系数。

$$\rho_{12} = \frac{\text{Cov}(R_1, R_2)}{\delta_1 \delta_2} = \frac{-0.006\,7}{8.19\% \times 8.19\%} = -1$$

相关系数的正负与协方差的正负相同，所以相关系数为正值时，表示两种资产报酬率呈同方向变化；为负值时，则意味着呈反方向变化。就其绝对值而言，系数值的大小与协方差大小呈同方向变化。相关系数总是在-1.0 到+1.0 之间的范围内变动，-1.0 代表完全负相关，+1.0 代表完全正相关，0 则表示不相关。

3. 投资组合的总风险

投资组合的总风险由投资组合报酬率的方差和标准离差来衡量。我们考虑只有 A、B 两种资产的配合。投资组合方差的计算公式为

$$V_p = W_A^2 \delta_A^2 + W_B^2 \delta_B^2 + 2W_A W_B \text{Cov}(R_A R_B) \tag{7.18}$$

推而广之，由 n 种资产组合而成的投资组合的方差为

$$V_p = \sum_{i=1}^{n} \sum_{j=1}^{n} W_i W_j \text{Cov}(R_i R_j) \tag{7.19}$$

投资组合的标准离差的计算公式为

$$\delta_p = \sqrt{V_p} = \sqrt{\sum_{i=1}^{n} \sum_{j=1}^{n} W_i W_j \text{Cov}(R_i R_j)} \tag{7.20}$$

式中，V_p 为投资组合的方差；δ_p 为投资组合的标准离差；W_i 为资产 i 在总投资额中所占的比重；W_j 为资产 j 在总投资额中所占的比重；$\text{Cov}(R_i R_j)$ 为资产 A 和资产 B 的协方差。

【例 7-18】 利用表 7-3 中的数据和上例 7-16 的计算结果，计算投资组合的方差和标准离差。

$$V_p = 0.5^2 \times 8.19\%^2 + 0.5^2 \times 8.19\%^2 + 2 \times 0.5 \times 0.5 \times (-0.006\ 7) = 0.000\ 38\%$$

$$\delta_p = \sqrt{V_p} = \sqrt{0.000\ 38\%} = 0.195\%$$

(三)风险分散化

1. 风险分散原理

在投资界有一句经典名言是："不要把所有的鸡蛋放在一个篮子里。"这句话的意思是鼓励大家把资产分散投资，其内在含义是通过资产的分散化来分散风险。我们首先来看一个两种证券组成的投资组合的例子。

【例 7-19】 假设某投资组合由 A、B 两种证券组成，其预期报酬率和标准差如表 7-4 所示。

表 7-4　A、B 投资组合的预期报酬率和标准差

项目	证券 A	证券 B
预期报酬率/%	14	8
标准差	0.20	0.15
相关系数	0.6	

分别按不同的权重将两种证券进行组合，并分别计算投资组合的标准离差。结果如表 7-5 所示。

表 7-5　A、B 投资组合的标准离差

组合标记	投资证券 A	投资证券 B	组合预期报酬率	组合标准离差
R	0	100%	8%	0.15
C	10%	90%	8.6%	0.147 9
最小方差组合	17%	83%	9.02%	0.147 4
D	50%	50%	11%	0.156 9
S	100%	0	14%	0.20

由上述计算结果可以看出，组合的标准离差总是小于标准离差的组合，说明投资组合确实能起到降低风险的作用，这就是投资风险分散化的原理。

2. 系统风险和非系统风险

一般来说，投资组合的总风险由两部分构成：系统风险和非系统风险。

系统风险是指市场报酬率整体变化所引起的市场上所有资产的报酬率的变动性，它是

由那些影响整个市场的风险因素引起的。这些风险因素包括宏观经济的变动、税制改革、国家经济政策变动或世界能源状况的改变等。这一部分风险是影响所有资产的风险，因而不能被分散掉，换句话说，即使投资者持有很好的分散化组合也不能避免这一部分风险。不可分散风险的程度，通常用 β 系数来衡量。关于 β 系数将在下面资本资产定价模型中详细介绍。

非系统风险则是指由于某一种特定原因对某一特定资产报酬率造成影响的可能性。它是一种特定公司或行业所特有的风险，与政治、经济和其他影响所有资产的系统因素无关。例如，一次大罢工可能只影响一个公司；一个新的竞争者可能开始生产同样的产品；公司因为财务失败可能要被迫破产；某行业因为技术的发展而可能使得其产品市场被侵占。对大多数股票而言，非系统风险占总风险的 60%～75%。但是，通过分散投资，非系统性风险能被降低；而且，如果分散充分有效的话，这种风险就能被完全消除。

五、资本资产定价模型

对投资组合风险的分析可以看出：无论资产之间相关系数如何，投资组合的收益不低于单项资产的收益，同时投资组合的风险往往要小于单项资产的风险。也就是说，组合投资可以分散风险。那么对于投资组合来说，投资组合的期望报酬率与组合的风险之间有什么样的关系呢？这就是我们下面要介绍的资本资产定价模型(capital asset pricing model，CAPM)要解决的问题。该模型是由 1990 年度诺贝尔经济学奖获得者威廉·夏普于 20 世纪 60 年代提出的。

(一)资本资产定价模型的假设

资本资产定价模型有许多前提假设条件，主要包括对市场完善性和环境的无摩擦性等。这些假设条件主要如下。

(1) 许多投资者，与整个市场相比，每位投资者的财富份额都很小，所以投资者都是价格的接受者，不具备"做市"的力量，市场处于完善的竞争状态。

(2) 所有的投资者都只计划持有资产一个相同的周期。他们都是"近视"的，都只关心投资计划期内的情况，不考虑计划期以后的事情。

(3) 投资者只能交易公开交易的金融工具，如股票、债券等，即不把人力资本(教育)、私人企业(指负债和权益不公开交易的企业)、政府融资项目等考虑在内，并假设投资者可以不受限制地以固定的无风险利率借贷。

(4) 无税和无交易成本，即市场环境是无摩擦的。

(5) 所有的投资者都是理性的，并且其获得的信息是完全的。

(6) 所有的投资者都以相同的观点和分析方法来对待各种投资工具，他们对所交易的金融工具未来的收益现金流的概率分布、预期值和方差等都有相同的估计。

资本资产定价模型只有在这些假设条件成立的前提下才成立。虽然在现实投资实务中这些假设条件大部分都是无法成立的，投资交易一般都要缴纳税金，要支付交易费用，并且证券市场的信息也是不完全的，但资本资产定价模型给出了分析风险资产定价的一种简洁明了的框架，对于如何对投资组合的风险报酬率进行评估提供了一个很好的工具。

(二)资本资产定价模型

1. 资本资产定价模型

那么,在市场均衡的状态下,某项风险资产的预期报酬率与预期所承担的风险之间到底是什么关系,可以通过下列公式表示。

$$E(R_i) = R_F + \beta_i(R_m - R_F) \tag{7.21}$$

式中,$E(R_i)$为第i种股票或第i种投资组合的必要报酬率;R_F为无风险报酬率;β_i为第i种股票或第i种投资组合的β系数;R_m为市场组合的平均报酬率。

这一公式便是资本资产定价模型的基本表达式。根据该模型可以推导出投资组合风险报酬率的计算公式为

$$E(R_p) = \beta_p(R_m - R_F) \tag{7.22}$$

2. β系数

在以上两个公式中的β系数是一个衡量某资产或资产组合的报酬率随着市场组合的报酬率变化而有规则地变化的程度,因此,β系数也称为系统风险的指数。其计算公式为

$$\beta = \frac{某种股票的风险报酬率}{市场组合的风险报酬率} \tag{7.23}$$

β系数有多种计算方法,实际计算过程相当复杂,通常不需要投资者自己计算,而是由一些投资服务机构定期计算并公布。这里,我们可以列示一些上市公司的β系数,如表7-6所示。

表7-6 美国公司的β系数

公司名称	β系数
General Motor	1.00
Apple Computer	1.25
Chrysler	1.35
IBM	0.95
AT&T	0.85
DU PONT	1.10

作为整体的证券市场的β系数为1。如果某种股票的风险等于整个证券市场的风险,则该种股票的β系数也等于1;如果$\beta>1$,说明其风险大于整个市场组合的风险;如果$\beta<1$,说明其风险程度小于整个市场组合的风险。

以上说的是单个股票的β系数,对于投资组合来说,其系统风险程度也可以用β系数来衡量。投资组合的β系数是单个证券β系数的加权平均,权数为各种证券在投资组合中所占的比重。其计算公式为

$$\beta_P = \sum_{i=1}^{n} x_i \beta_i \tag{7.24}$$

式中:β_P为投资组合的β系数;x_i为第i种证券在投资组合中所占的比重;β_i为第i种

证券的 β 系数。

【例 7-20】某公司持有 A、B、C 三种股票组成的投资组合,权重分别为 20%、30% 和 50%,三种股票的 β 系数分别为 2.5、1.2、0.5。市场平均报酬率为 10%,无风险报酬率为 10%。试计算该投资组合的风险报酬率。

(1) 确定投资组合的 β 系数:

$$\beta_p = \sum_{i=1}^{n} x_i \beta_i = 20\% \times 2.5 + 30\% \times 1.2 + 50\% \times 0.5 = 1.11$$

(2) 计算投资组合的风险报酬率:

$$E(R_p) = \beta_p (R_m - R_F) = 1.11 \times (10\% - 5\%) = 5.55\%$$

3. 证券市场线

资本资产定价模型的图示形式称为证券市场线(SML),如图 7-3 所示。它主要用来说明投资组合报酬率与系统风险程度 β 系数之间的关系。

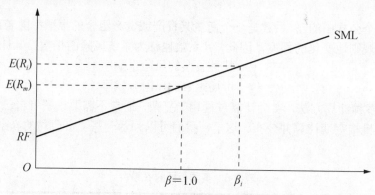

图 7-3 证券市场线

图 7-3 中,$E(R_i)$ 为第 i 种股票或第 i 种投资组合的必要报酬率;R_m 为市场组合的平均报酬率。

证券市场线很清晰地反映了风险资产的预期报酬率与其所承担的系统风险 β 系数之间呈线性关系,充分体现了高风险、高收益的原则。

第三节 有价证券估价

有价证券估价是财务管理中一个十分重要的基本理论问题,本节将重点介绍债券和股票的估价问题。

一、债券概述

(一)债券的概念、要素及特点

债券(bond)是一种表明债权债务的凭证,证明持券者有按约定的条件(如面值、利率和偿还期限等)向发行人取得利息和到期收回本金的权利。具体来说,债券的持有者是债权人;债券的发行者,如政府、金融机构或公司是债务人。债券的种类繁多,但都包含票面价值、偿还期限和利率三个要素。当债券到期时,债券持有人可以要求发行者偿还本金和利息。债券的利息率一般是固定的,所以也叫固定收益证券,其主要有以下的特点。

(1) 具有一定的期限,到期可收回。债券的期限是指债券从发行到偿还本息之间的时间。债券是发行者的债务,各种债券都明确规定偿还的期限,到期必须偿还本金。债券期限可分为短期、中期、长期三种期限。短期指1年以下,中期指1年至10年,长期债券一般有10年以上的偿债期。

(2) 债券具有较强的变现能力,流动性好。债券持有者在需要现金时,可以到证券交易市场将债券卖出,或者是到银行等金融机构将债券作为抵押品而取得一笔抵押贷款。

(3) 债券投资的收益固定,风险较小。债券本金的偿还和利息的支付是受法律保护的,即使企业破产,也要先偿还债券,所以发生债券亏本的现象相对要少得多,所担风险较小。

(二)债券的价值及计算

投资者在进行债券投资时,首先遇到的问题就是所选择的债券价值是多少,是否值得投资。债券估价就是对债券的价值进行评估。

1. 债券价值及估价模型

债券价值,也称为债券的内在价值,是由投资债券未来预期的现金流按一定贴现率计算的现值。这里的贴现率是投资债券的机会成本,即投资者在相同期限和相同信用程度的类似投资中赚取的现实市场利率。它由三部分构成:①无风险的真实回报率;②对预期通货膨胀率的补贴;③债券特定因素导致的额外溢价。这些特征包括违约风险、流动性、纳税属性、赎回风险等。因此,不同时期的现金流适用其特有的贴现率。简化起见,假设只有一种利率,它适合于任何到期日现金流的折现。债券内在价值的计算公式为

$$债券内在价值=每期利息的折现+债券票面价值(本金)的折现 \tag{7.25}$$

但债券价值不同于债券的市场价格,债券的市场价格是债券市场上形成的债券的交易价格。在债券投资中,现金流出是购买债券时所支付的价格,现金流入是按期收到的利息和到期收回的本金或转让出售时收到的现金。如果债券价值大于或等于债券市场价格,表明投资于该债券是可行的,达到了投资者所要求的投资收益率;否则,是不可行的。债券的估价因债券的不同计息方法,可以有以下几种估价模型。

(1) 附息债券的内在价值。

① 定期付息、到期一次还本的债券估价模型。典型债券是分期支付利息,到期一次还本。其估价公式为

$$V = \sum_{t=1}^{n} \frac{i \cdot M}{(1+k)^t} + \frac{M}{(1+k)^n} \tag{7.26}$$
$$= I \cdot (P/A, k, n) + M \cdot (P/S, k, n)$$

式中,V 为债券价值;i 为债券票面利率;I 为债券每期利息;M 为债券面值;k 为投资者要求的必要投资报酬率或市场利率;n 为付息总期数。

【例 7-21】S 公司拟购买 W 公司发行的面值 1 000 元、票面利率 12%、期限 5 年、每年年末付息、到期一次还本的债券。S 公司要求的必要投资收益率为 10%,债券当时的市价为 1 100 元。试评价该项投资的合理性。

$V=1\,000×12\%×(P/A,10\%,5)+1\,000×(P/S,10\%,5)$

　=120×3.790 8+1 000×0.620 9

　=1 075.80(元)

由于债券的价值小于市价,因此S公司不宜购买此债券。

② 到期一次还本付息且按单利计算利息的债券估价模型。我国债券多为一次还本付息,且不计算复利。此类债券的估价公式为

$$V=\frac{M\cdot(1+i\cdot n)}{(1+k)^n} \tag{7.27}$$
$$=M\cdot(1+i\cdot n)\cdot(P/S,k,n)$$

【例7-22】承例7-21,若该债券是到期一次支付利息,且按单利付息,在市价为1 100元时,评价其投资的合理性。

$V=1\,000×(1+12\%×5)×(P/S,10\%,5)$

　=1 600×0.620 9

　=993.44(元)

由于债券的价值小于市场价格,故不宜投资。

(2) 零息债券(贴现债券)的价值,计算公式为

$$V=M(1-d\cdot n÷360) \tag{7.28}$$

式中,V、M、n含义同前;d为零息债券的贴现率。

【例7-23】承例7-21,假设零息债券的贴现率为12%,市场价格为1 100元时,投资的合理价值为

$V=1\,000×(1-12\%×5÷360)=998.33(元)$

由于债券的价值小于市场价格,故不宜投资。

2. 债券的收益率

所谓债券的收益率是一定时期内投资于债券所得的收益与投资总金额的比率。债券投资收益主要包括债券利息收入和债券的价差收益。债券利息通常以固定利率计算,于固定时间支付。债券利率一般要比银行存款利率高,因此债券投资者能获得较高的利息收入,投资者还可获得因低买高卖而产生的债券差价收入。

(1) 影响债券收益的主要因素。

① 债券的利率。

② 债券价格,包括票面价格和交易价格。

③ 债券的还本期限。

相对股票来说,债券收益安全性高,只要发行者不破产,不管其财务状况如何,债券持有者总是可以稳定地获得债券利息,期满在正常情况下,还可收回本金。即使公司破产,也要先偿还债券和其他债务,如有剩余资产,才可按股份额分配给股东。但债券收益与股票收益相比要低,主要是因为股票投资风险较大,因而要求有较高的收益率。

(2) 债券收益率的计算。

① 债券收益率的计算公式为

$$P_0=C÷(1+HPR)+C÷(1+HPR)^2+C÷(1+HPR)^3+C÷(1+HPR)_H^N+P_1÷(1+HPR)_H^N \tag{7.29}$$

式中，P_0 为债券购买价格；C 为每期按照票面利率支付的利息；P_1 为债券的出售价格的持有期限；HPR 为债券的持有期收益率(holding period return)。

② 债券收益率的计算公式为

$$V=[c+(p_1-p_0)\div N]\div[(p_1-p_0)\div 2]\times 100\% \tag{7.30}$$

式中，分子表示了债券收益的两个来源，其中，c 为每期的债券利息收益，$(p_1-p_0)\div N$ 为平均到每期的债权资本利得；$(p_1-p_0)\div 2$ 为投资的资金占用水平。因此，投资收益率等于每期的投资收益除以投资成本。

③ 各种具体债券收益率的计算。债券收益率通常分为票面收益率、直接收益率和到期收益率三种。

a. 票面收益率。票面收益率实际上就是债券的利率。当债券价格等于其面值时，票面收益率等于投资者的实际收益率。其计算公式为

$$y_N = C \div F \tag{7.31}$$

计算票面收益率的前提是债券平价购买，且持有到期，否则式(7.31)没有意义。

【例 7-24】某债券面值为 1 000 元，购买价格为 1 000 元，票面注明的利率为 10%，则该投资者的实际收益率为票面收益率，即 10%。

然而，企业在进行债券投资时，更多时候债券的购买时间与发行时间不一致，出售的时间与到期的时间不一致，因此在计算债券投资收益率时，还应区分两个不同的收益率指标：一个是当期收益率，另一个是到期收益率。前者只包括债券利息收入，不包括资本增益；后者则将两种收入都计算在内。

b. 直接收益率。计算公式为

$$y_d = C \div P_0 \tag{7.32}$$

式中，y_d 为债券投资的直接收益率；C 为每期的债券利息收益；P_0 为债券的购买价格。该计算公式考虑了发行价格和票面价格之间的差距对债券收益率的影响，缺点是没有计算资本利得。

【例 7-25】一张面额为 1 000 元的债券，票面年利率为 10%，发行价格为 1 050 元，期限为 3 年。其当期收益率为多少？

直接收益率=100÷1 050×100%=9.52%

c. 到期收益率。到期收益率又称最终收益率，是指自债券发行认购日(购入日)起至债券到期偿还日止，投资者获得的实际收益率。这个收益率是按复利计算的，是能使未来现金流入现值等于购买价格时的贴现率(即内含报酬率)。由此，可得出到期收益率的计算公式为

购买价格=现金流入现值

即：
$$P_0 = I \cdot (P/A,\ R,\ n) + M \cdot (P/F,\ R,\ n) \tag{7.33}$$

式中，P_0 为购买价格；R 为所求的到期收益率。

【例 7-26】S 公司拟购买 W 公司发行的面值 1 000 元、票面利率 10%、期限 5 年、每年末付息、到期一次还本的债券。假设 S 公司以面值 1 000 元的价格购入了 W 公司的债券，并一直持有到债券偿还日。求 S 公司投资 W 公司债券的到期收益率是多少？

$1000 = 1000 \times 10\% \times (P/A,\ R,\ n) + 1000 \times (P/F,\ R,\ n)$

求解方程，可采用逐步测试法。

用 10% 的贴现率进行测试：

$V=1\,000×10\%×(P/A,10\%,5)+1000×(P/F,10\%,5)$
　$=1\,000×3.790\,8+1\,000×0.620\,9$
　$=1\,000(元)$

可见，平价购入的每年付息一次的债券，其到期收益率等于票面利率。

如果债券的购买价格高于或低于面值，情况将发生变化。例如，S 公司以 980 元的价格购入 W 公司债券，并持有到债券偿还时止，则有：

$980=1\,000×10\%×(P/A,R,5)+1\,000×(P/F,R,5)$

当 $R=10\%$ 时，$V=1\,000$ 元，大于 980 元，说明 10% 小于实际收益率。

假设取 $R=12\%$，则：

$V=1\,000×10\%×3.604\,78+1\,000×0.567\,43$
　$=927.908(元)$

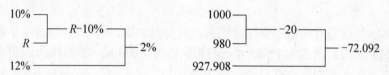

可见，此时所用利率偏大，到期收益率肯定介于 10%~12%，用插值法求解，得：

$$\frac{R-10\%}{12\%-10\%}=\frac{980-1\,000}{927.908-1\,000}$$

$R=10\%+(12\%-10\%)×20/72.079=10.55\%$

这表明，S 公司以 980 元的价格购入并持有 W 公司债券一直到债券到期偿还本金为止，各年的实际收益率为 10.55%，大于债券票面利率，也大于 S 公司要求的必要投资收益率。

到期收益率是指导选购债券的标准，它可以反映债券投资按复利计算的真实收益率。如果此收益率高于投资者要求的报酬率，则可买进；否则，就应放弃。其结论和计算债券的价值相同。

二、股票概述

(一)股票的概念与特点

股票是股份证书的简称，是股份公司为筹集资金而发给股东作为持股凭证并借以取得股息和红利的一种有价证券。股票持有者即为该公司的股东，可以参与公司的经营决策，有选举权和表决权，对该公司财产有要求权。股票投资的特征包括收益性、稳定性、风险性和流动性。

(二)股票的估价

股票的估价就是对股票的内在价值进行评估。股票的内在价值对于投资者至关重要，市场价格与内在价值之间的偏离使投资者得以通过套利而获利。因此，投资者求解股票内在价值的主要目的就是识别错误定价的股票并从中获益。

1. 股票估价的基本模型

普通股价值取决于普通股持有期间内现金流量的现值。对于永久持有某种股票的股东

来说,他能从公司获取的现金流量是永无休止的股利,因此普通股股票的价值就是这永无止境的股利之和。其计算公式为

$$V = \sum_{t=1}^{n} \frac{D_t}{(1+K)^t} \quad (n \to \infty) \tag{7.34}$$

式中,V 为股票价值;D_t 为第 t 期(年)的预期股利;K 为投资者要求的最低投资报酬率或市场利率。

但在现实生活中,大部分投资者购入股票并不准备永久持有,而是持有一段时间后将其出售,这样他们的现金流量包括股利和股票售价两个部分。股票的未来售价一般取决于股票未来可产生的预期股利。其估计模型为

$$V = \sum_{t=1}^{n} \frac{D_t}{(1+K)^t} + \frac{V_n}{(1+K)^n} \tag{7.35}$$

式中,V_n 为预计第 n 期(年)末的股票价格。

【例 7-27】某企业准备购入一批股票,预计 3 年后出售可得到 2 400 万元,这批股票 3 年中每年获得股利收入为 200 万元,根据分析这笔股票投资的预期报酬率为 15%,则其价格应为

$$V = \sum_{t=1}^{3} \frac{200}{(1+15\%)^t} + \frac{2\ 400}{(1+15\%)^3} = 2\ 034.55(万元)$$

2. 零成长股估价模型

零成长股即公司每年发放给股东的股利相等,亦即预期股利的成长率为 0。假设投资者准备长期持有股票,则股票价值就是各期稳定不变的股利的现值。其估价公式为

$$V = \frac{D}{K} \tag{7.36}$$

预期投资报酬率

$$R = \frac{D}{P_0} \times 100\%$$

式中,P_0 为股票的市场价格(即购买价格)。

【例 7-28】某企业购入一种股票,预计每年股利为 1 元,购入此种股票应获得的报酬率为 10%,则此股票的价格为多少?

$$V = \frac{1}{10\%} = 10(元)$$

3. 固定成长股估价模型

虽有部分公司适宜采用零成长股模式,但对多数公司来说,盈利和股利并不是固定不变的,而是持续增长的。

固定成长股票是假设股票的股利每年以固定的增长率 g 逐年增长。

设上年股利(最近刚支付的股利)为 D_0,则预计第 1 年的股利 $D = D_0(1+g)$,预计第 2 年的股利 $D_0 = D_1(1+g) = D_0(1+g)^2$,以此类推,预计第 n 年的股利 $D_n = D_0(1+g)^n$。

根据 $V = \sum_{t=1}^{n} \frac{D_t}{(1+K)^t}$,则有:

$$V = \sum_{t=1}^{n} \frac{D_0(1+g)^t}{(1+K)^t} \quad (7.37)$$

式(7.37)两边同时乘 $\frac{1+K}{1+g}$ 得：

$$\frac{1+K}{1+g} V = \sum_{t=1}^{n} \left[\frac{D_0(1+g)^t}{(1+K)^t} \times \frac{1+K}{1+g} \right] \quad (7.38)$$

式(7.38)-式(7.37)得：

$$\frac{1+K}{1+g} V - V = D_0 - D_0 \cdot \frac{(1+g)^n}{(1+K)^n}$$

当 $K>g$，$n \to \infty$ 时，$D_0 \cdot \frac{(1+g)^n}{(1+K)^n} \to 0$。

因此，固定成长股票的价值的计算公式为

$$V = \frac{D_0(1+g)}{K-g} = \frac{D_1}{K-g} \quad (7.39)$$

股票预计报酬率的计算公式为

$$R = \frac{D_1}{P_0} + g \quad (7.40)$$

【例 7-29】某公司股票的股利增长率为 10%，上年支付的股利为每股 1 元，必要投资报酬率为 15%，当时的股票价格为 30 元，请作出是否投资该股票的决策。

$$V = \frac{1 \times (1+10\%)}{15\% - 10\%} = 22 \,(元)$$

由于股票的价值小于股票的市价，不可以买进。

如果投资者以 30 元的价格买进该股票，其预期的投资报酬率为

$$R = \frac{1 \times (1+10\%)}{30} + 10\% = 13.67\%$$

因为小于公司的必要报酬率，所以要放弃买进该股票。

本 章 小 结

无论是公司还是个人进行财务决策时，货币的时间价值和风险价值是必须考虑的因素之一。

一般用利率来表示货币的时间价值。

利息分单利、复利和年金。

单利是指只对借(贷)款的原始金额或本金计息的利息。

复利是指不仅本金计息，还要对以前各期产生的利息计息的一种利息计算方法。

终值和现值的概念是利息的基础，终值是现在一定数额的货币或一系列支付额在既定的利率下到未来某个时点的价值。现值是未来一定数额的货币或一系列支付额在既定的利率下折算到现在时点上的价值。

年金是指一定时期内一系列等额、等期收付的款项，分为普通年金、预付年金、递延

年金、永续年金四种形式。

风险是预期收益的不确定性。风险价值是投资者由于冒风险进行投资而获得的超过资金时间价值的额外收益，称为投资的风险价值或风险报酬。

有价证券估价是财务管理的重要基本理论，债券和股票的估价模型及投资收益的计算公式。

关　键　词

货币时间价值(numismatic of time value)　利率(insterest)　单利(simple interest)　终值(future value)　现值(present value)　复利(compound interest)　年金(annuities)　风险(risk)　收益(return)　期望收益率(expected return)　债券(bond)　股票(stock)

思　考　题

1．比较终值和现值的计算，说明它们有何不同。

2．随着贴现率的增加，现值是以不变速度减少，还是以真正的速度减少，抑或是以递减的速度减少？为什么？

3．什么是年金？什么是永续年金？它们之间存在怎样的联系？

4．为什么 β 系数是系统风险的衡量标准？它的含义是什么？

5．假定你是风险厌恶者，但是仍投资于普通股票，你所投资的股票的 β 系数大于1还是小于1？为什么？

6．简述债券的含义及特点。

7．如何计算债券收益率？

8．常见的股票估价模型有哪些？

微课资源

扫一扫，获取相关微课视频。

单利和复利.mp4

货币资金的时间价值.mp4

货币资金的时间价值——年金.mp4

货币时间价值的Excel实现.mp4

一价定律简介.mp4

债券及其定价.mp4

股票及其估值.mp4

第八章 投资决策

【学习目标】

通过本章的学习，了解投资的基本概念、特点和意义；掌握项目投资评价中的四种折现指标法和两种非折现指标法；了解现金流出量、现金流入量、现金净流量和现金流量的重要性；掌握现金流量的测算和所得税及折旧、风险对现金流量的影响；了解期权的概念、性质和要素；掌握四种最基本的买卖期权的风险、收益和三种期权价值的评估方法；了解实物期权的概念；掌握三种主要实物期权的计算方法。

【案例导入】

43岁的陈久霖毕业于北京大学，1997年被派往新加坡接管中国航油(新加坡)股份有限公司。该公司2001年在新加坡交易所主板挂牌上市，2003年净资产已超过1亿美元。2002年，在新加坡挂牌的中资企业当中，陈久霖以490万新元(约合人民币1600万元)的薪酬高居榜首，当时被新加坡人誉为"打工皇帝"。

中国航油(新加坡)股份有限公司是中国航油集团公司的海外控股子公司，其总裁陈久霖兼任集团公司副总经理。2003年下半年，公司开始交易期权并获利。2004年1月至3月，油价攀升导致公司潜亏580万美元，公司决定延期交割合同，交易量增加，最后导致巨亏。为了补加交易商追加的保证金，公司耗尽近2600万美元的营运资本、1.2亿美元银行贷款和6800万美元应收账款资金，账面亏损高达1.8亿美元。2004年10月26日和28日，公司因无法补加一些合同的保证金而遭逼仓，蒙受1.32亿美元的实际亏损。2004年11月8日到25日，公司的衍生商品合同继续遭逼仓，截至25日的实际亏损达3.81亿美元。2004年12月1日，在亏损5.5亿美元后，公司宣布向法庭申请破产保护令。

一个企业在实体经济中通过几十年艰苦创业积累起来的财富，在虚拟资本市场上只需要几分钟就可以化为乌有，当然也有正相反的情况。这说明现代金融市场对企业潜在影响是多么巨大，投资策略的选择以及风险的防范是多么重要！

中国航油(新加坡)股份有限公司事发后，陈久霖曾向媒体表示："我原来计划希望两三年内将公司建成首家拥有完整供应链的海外中资石油企业。如果没有这次事件，目标应该不难实现。出现这样的事件，违背我的初衷……"既然如此，又何必去期货和期权市场上一搏呢？更何况纯投机的期权交易(并非套期保值)原本就是明令禁止的。

对金融市场选择完全远离，从本质上说是件不可能的事情，因为凡是有放大效应和杠杆作用的地方，几乎都离不开金融。一个现代企业已经不可能不和银行打交道，所以真正学会控制和管理金融风险，才是现代企业的领导者必需的一种关键性能力。

第一节 投资评价的基本方法

一、企业投资的概念

投资，从广义的角度来讲，是指以获利为基本目的的资本性支出。本书讨论的只是投资的一种类型，即企业投资。企业投资，是指企业将资本投放于某一个具体对象，以在未来较长期间内获取预期经济利益的经济行为。例如，构建厂房设备，投资某一项工程等资本性资产的经济行为。

(一)企业投资的特点

企业投资是不同于其他类型的投资，其主要特点表现如下。

1. 投资的主体是企业

本书讨论的投资，其主体是企业，而非个人、政府和其他专业投资机构。不同的投资主体有不同的投资目的，并因此导致决策的标准和评价的方法等诸多的区别。

企业从金融市场上筹集资金，然后投资于固定资产和流动资产，期望能运用这些资产获取利润，从而增加企业的价值。企业从金融市场上取得资金进行投资后，取得的报酬必须超过金融市场上资金提供者所要求的报酬，只有这样企业才能获利，才能增加企业价值，否则企业将不会进行该项投资。因此，评价企业投资项目优劣的标准，应以资本成本为基础。

2. 企业投资的对象是生产性资本资产

生产性资本资产是指企业生产经营活动所需要的资产，如机器设备、存货等。这些资产是企业进行生产经营活动的基础，企业利用这些资产从事生产经营活动可以增加企业的内在价值，为股东创造财富。生产性资产投资是一种直接投资，这种投资在企业内部直接进行，投资后企业并没有失去对资产的控制权，只是转变了企业资产的存在形式，为企业资金指定了特定的用途。

生产性资产又可进一步分为资本资产和营运资产。资本资产是指企业的长期资产，其涉及的资金多，时间长，对企业未来的财务状况和经营活动等都有较大的影响。营运资产是指企业的流动资产，其对企业的影响相对比较小，涉及的时间也比较短。

3. 属于企业的战略性决策

企业的投资活动一般涉及企业未来的经营发展方向、生产能力和规模等，如厂房设备的新建与更新、新产品的研制与开发、对其他企业的股权控制等。

劳动力、劳动对象和劳动资料是企业的生产要素，是企业进行生产经营活动的前提条件。企业投资主要涉及劳动资料要素，包括生产经营所需的固定资产的购建、无形资产的取得等。企业投资的对象也可能是生产要素综合体,即对另一个企业股权的取得和控制。这些投资直接影响着本企业未来的经营发展方向和规模,是企业简单再生产得以顺利进行并实现扩大再生产的前提条件。企业的投资活动先于经营活动,这些投资活动,往往需要一次性地投入大量的资金,并在较长的一段时间内发生作用,对企业的经营活动会产生重大影响。

4. 属于企业的非程序化决策

企业中有些经济活动是不断重复进行的,如原材料的购买、人工的雇佣、产品的生产制造和销售等,被称为日常的例行性活动。这类活动经常性地重复发生,有一定的规律,可以按照既定的程序和步骤进行。对这类重复性日常经营活动所进行的决策,称为程序化决策。

企业中还有一些经济活动具有一次性和独特性的特点,它们往往不会经常性地重复出现,如新产品的开发设计、设备的更新替换、企业的兼并合并等,被称为非例行性活动。非例行性活动只能针对具体问题,按特定的影响因素和具体要求,进行审查和决策。对这类非重复性特定经济活动所进行的决策,称为非程序化决策。

企业的投资项目涉及资金量大,影响时间长,一般都涉及企业未来经营发展方向和规模等重大问题,往往不是经常发生的,属于非程序化决策。企业投资每一次都与上次投资的背景、特点和要求等不一样,无明显的规律可循,决策时要求决策者周密思考,慎重考虑。

5. 投资价值的波动性大

投资总是要将资本投放在某一具体的对象物上,纯粹的货币是资本的原始形态,只有把货币使用出去,转化为一定的对象物,如材料、产品、房屋和设备等,才是投资。这些对象物经过加工、生产,创造出新的价值,并回到原始货币形态,收回原始投资。

企业投资项目的价值由投资对象资产的内在获利能力决定,这些对象的资产形态是不断转化的,未来的收益具有很大的不确定性,其价值也就具有了很强的波动性。各种外部因素,如市场利率、物价变动等的变化,也时刻影响着投资对象的资产价值。因此,企业在制定投资决策时,要充分考虑投资项目的时间价值和风险价值。

企业投资项目的变现能力是不强的,因为其投放的对象物大多是机器设备等变现能力较差的长期资产,这些资产的持有目的也不是变现,并不准备在一年或超过一年的营业周期内变现。因此,投资项目的价值也是不易确定的。

(二)企业投资的主要类型

企业投资主要分为以下五类。

(1) 新产品开发或现有产品的规模扩张。这种决策通常需要添置新的固定资产,并增加企业的营业现金流入。

(2) 设备或厂房的更新。这种决策通常需要更换固定资产,但不改变企业的营业现金收入。

(3) 研究与开发。这种决策通常不直接产生现实的收入,而是得到一项是否投产新产品的选择权。

(4) 勘探。这种决策通常使企业得到一些有价值的信息。

(5) 其他，包括劳动保护设施建设、购置污染控制装置等。这些决策不直接产生营业现金流入，而是使企业在履行社会责任方面的形象得到改善。它们有可能减少未来的现金流出。

这些投资项目的现金流量有不同的特征，分析的具体方法也有所不同。最具一般意义的是第一种投资即添置新的固定资产的投资项目。

(三)企业投资的意义

财务管理的目标是要不断增强企业的经济实力，提高企业的内在价值。只有通过投资，才能合理有效地配置企业现有的资产，形成企业新的生产能力，获取新的盈利，不断提高企业的价值。因此，投资对于企业具有重要的意义。

1. 投资是企业生存和发展的基本前提

企业的生产经营，是资产的运用和资产形态的转换过程，是各类资产的循环周转过程。而投资，是一种资本性支出，通过投资支出，购建企业的流动资产和长期资产，形成企业新的生产条件和生产能力。通过企业的投资，可以合理配置企业的各类资产，将它们有机地结合起来，形成企业新的综合生产经营能力，确立企业的经营方向，所以无论是简单再生产还是扩大再生产，都必须以投资为基本前提。

2. 投资是获取利润的基本前提

企业投资的目的，就是要通过预先垫付一定数量的货币资本，进行购建和配置各类资产，形成企业新的生产经营能力，并从事某些经营活动，以获取未来的经济利益。也只有通过投资，形成新的生产经营能力，才能开展具体的经营活动，获取经营利润。那些以购买股票、债券等有价证券方式进行的投资，一方面可以取得股利或债息来获取投资收益；另一方面也可以通过转让证券来获取资本利得，投资始终是获取利润的基本前提。再者，企业若想进军一个新兴行业，或者开发一种新的产品，都需要先行投资。因此，投资决策的正确与否，不仅影响着企业的经济效益，而且直接关系到企业的兴衰成败。

3. 投资是企业风险控制的重要手段

企业投资需要垫付大量的资金，并且投资的回收要经过多个经营周期，所以会带来一系列的风险，如流动性风险、变现风险和利率风险等。然而，投资又是一种重要的风险控制手段。通过投资，可以将资金投向于企业生产经营的薄弱环节，使企业的生产经营能力平衡、协调；通过投资，可以实现多角化经营，将资金投放于与经营相关程度较低的不同产品或不同行业，分散风险，稳定收益，增强资产的安全性。

二、企业投资评价的基本原理

投资项目评价的基本原理是：投资项目的收益超过资本成本时，企业将获得额外利润，企业价值将增加，该项投资值得进行；反之，企业价值将减少，该项投资将不值得进行。

例如，一个企业的资本由债务和权益组成，假设 A 企业目前 200 万元债务和 300 万元所有者权益，因此企业的总资产是 500 万元。

那么该企业的 500 万元资本是如何筹集到的呢？很显然,债权人为什么把钱借给企业？

他们是要赚取利息的。假设债权人希望他们能获得 10%的收益，由于他们的要求一般反映在借款契约中，所以，债权人要求的收益率比较容易确定。

股东为什么把钱投入企业？他们希望赚取收益。不过，与债权人不同的是，他们的收益率是不明确的，他们的要求权是一种剩余索取权。但是，在资本市场，某种程度上可以通过股价来计算股东的收益率。在这里，我们假设他们要求能获得 20%的收益。

A 企业要符合债权人的期望，应获得 20(200×10%)万元的收益，以便给债权人支付利息。由于企业可以在税前支付利息，利息有抵税作用，所以税后成本为 15 万元(假设所得税税率为 25%)。A 企业要符合股东的期望，应再有 60(300×20%)万元的收益，以便给股东支付股利。两者加起来，A 企业要获得 75 万元的税后收益，因此企业的资产收益率为 15%(75÷500×100%)。具体的计算公式为

$$投资的必要报酬率 = \frac{债务 \times 利率 \times (1-所得税税率) + 所有者权益 \times 权益成本率}{债务 + 所有者权益}$$

$$= \frac{债务 \times 利率 \times (1-所得税税率)}{债务 + 所有者权益} + \frac{所有者权益 \times 权益成本率}{债务 + 所有者权益}$$

$$=债务比重 \times 利率 \times (1-所得税税率) + 所有者权益比重 \times 权益成本率 \tag{8.1}$$

如果企业的资产获得的收益超过资本成本，债权人仍按 10%的合同条款取得利息，那么超额收益将全部归属于股东。如果超额收益大于股东的期望，必然会吸引新的投资者购买该公司股票，导致股价上涨；反之，有些股东会对公司不满，出售公司股票，从而致使股价下跌。因此，资本成本也可以说是企业在现有资产上必须赚取的、能使股价维持不变的收益。股价代表了股东的财富，反映了资本市场对公司价值的估计。企业投资获得高于资本成本的收益，就为股东创造了价值；企业投资获得低于资本成本的收益，就摧毁了股东的财富。

因此，投资者要求的收益率即资本成本，是评价项目能否为股东创造价值的标准。

三、投资项目评价的基本方法

一个投资项目到底值不值得投资，我们必须采用一些分析指标对它进行分析评价。对投资项目进行评价时使用的指标主要有两大类：一类是折现指标，也称为"贴现法"，即考虑了货币的时间价值因素的指标，主要有净现值法、现值指数法、内含报酬率法和贴现回收期法；另一类是非折现指标，也称为"非贴现法"，即没有考虑货币的时间价值因素的指标，主要有会计回收期法和会计收益率法。

(一)折现指标的分析评价方法

1. 净现值法

(1) 净现值法的运用。这种方法使用净现值作为评价投资项目优劣的指标。所谓净现值(net present value，NPV)，是指投资项目未来现金流入现值与未来现金流出及原始投资额现值之间的差额。其计算公式为

$$NPV = \sum_{t=0}^{n} \frac{I_i}{(1+r)^t} - \sum_{t=0}^{n} \frac{O_i}{(1+r)^t} \tag{8.2}$$

式中，n 为投资涉及的年限；I_i 为第 i 年现金流入量；O_i 为第 i 年现金流出量；r 为折现率。

任何企业或个人进行投资，总是希望投资项目的未来现金流入量超过现金流出量，从而获得投资报酬。但长期投资中现金流入量和现金流出量的时间和数量都是不相同的，要进行对比，就要把它们按照一定的贴现率进行贴现，折算为现值，再将二者的现值进行比较，其差额即为投资方案的净现值。当净现值为正时，说明投资方案的实际报酬率高于所要求的报酬率，方案可行；当净现值为 0 时，说明投资方案的实际报酬率等于所要求的报酬率，方案无利可图；当净现值为负时，说明投资方案的实际报酬率低于所要求的报酬率，方案不可行。因此，净现值的经济含义是投资方案报酬超过基本报酬后的剩余收益。其他条件相同时，净现值越大，方案越好。

【例 8-1】 假设有三个不同的投资方案，它们的原始投资额和各年的现金流入量和现金流出量如表 8-1 所示，假设折现率为 10%。

表 8-1　各方案现金流量表　　　　　　　　　　　单位：元

年　数	A 方案 现金流量	B 方案 现金流量	C 方案 现金流量
0	(20 000)	(30 000)	(40 000)
1	12 000	10 000	14 000
2	14 000	(5 000)	14 000
3		16 000	14 000
		20 000	
合计	6 000	11 000	2 000

表 8-1 中的数字，带有括号的为现金流出量，表示负值；没有带括号的为现金流入量，表示正值。

净现值 NPV(A)=(12 000×0.909 1+14 000×0.826 4)−20 000=22 478.8−20 000
　　　　　=2 478.8(元)

净现值 NPV(B)=(10 000×0.909 1+16 000×0.826 4+20 000×0.753 1)−(30 000+5 000×0.826 4)
　　　　　=37 375.4−34 132=3 243.4(元)

净现值 NPV(C)=(14 000×0.909 1+14 000×0.826 4+14 000×0.753 1)−40 000
　　　　　=34 840.4−40 000=−5 159.6(元)

从上面的计算可以看出，A、B 方案投资的净现值为正数，说明这两个方案的投资报酬率超过资金成本率 10%，这两个方案是可行的。C 方案投资的净现值为负数，说明该方案的投资报酬率低于资金成本率 10%，该方案不可行。B 方案的净现值比 A 方案大，说明 A 方案与 B 方案相比，B 方案更好些。

(2) 对净现值法的评价。

其优点主要如下。

① 适用性强。净现值法具有广泛的适用性，在理论上也比其他方法更完善，基本上能满足互斥方案的投资决策。所谓互斥方案，是指两个或两个以上投资项目不能同时存在，必然互相排斥，如用了 A 方案就不能用 B 方案。例如，有 A、B 两个投资项目，资金成本率都为 10%。A 项目需要投资 50 000 元，可获得净现值 10 000 元；B 方案需要投资 20 000 元，可获得净现值 5 000 元。尽管 A 项目所需的投资额大，但是在计算净现值时已经考虑了实施该项目所承担的资金成本和时间价值，所以净现值较大的 A 项目优于净现值较小的 B 项目。

② 能灵活地考虑投资风险。净现值法中所使用的贴现率有不同的确定方法，既可以使用无风险利率作为贴现率，也可以在无风险利率的基础上加上风险报酬率，把投资的风险考虑进去。例如，某投资项目的无风险利率是 10%，而风险报酬率是 5%，那么我们就可以用 15%作为该项投资的贴现率。

净现值法也有明显的缺陷，主要表现如下。

① 贴现率难以确定。采用净现值法最主要的问题就是如何确定一个合理的贴现率。贴现率一般包括无风险收益率和风险收益率。无风险收益率一般情况下以银行同期存款利率或国库券利率确定，而风险收益率则比较难确定，且不同的投资项目有不同的风险报酬率。在现实生活中主要使用两种办法来确定贴现率：其一，以社会平均资本成本率为标准；其二，以企业期望的最低投资报酬率为标准。

② 不能说明方案本身报酬率的大小。净现值法所提供的是一个绝对数，而不能提供相对指标，但是在很多情况下，要比较两个投资方案的好坏，仅仅依靠绝对指标是并不可取的。例如，在原始投资额不相等或投资期限不同时，靠净现值法是很难决策的。在两个独立的投资方案中(两个方案是非互斥的，可以同时存在)，尽管 A 方案的净现值大于 B 方案，但所需的投资额大，获利能力可能并不比 B 方案好；或者 A 方案的净现值虽然大于 B 方案，但所需的期限长，它们之间的净现值不具有可比性，A 方案的获利能力可能并不比 B 方案好。

2. 现值指数法

这种方法使用现值指数作为评价投资项目优劣的指标。所谓现值指数(present value index，PVI)，是指投资项目未来现金流入的现值与未来现金流出及原始投资额现值之间的比率。其计算公式为

$$\text{PVI} = \sum_{t=0}^{n} \frac{I_i}{(1+r)^t} \div \sum_{t=0}^{n} \frac{O_i}{(1+r)^t} \tag{8.3}$$

式中，n 为投资涉及的年限；I_i 为第 i 年现金流入量；O_i 为第 i 年现金流出量；r 为折现率。

从现值指数的计算公式可以看出，现值指数的计算结果有三种：大于 1、等于 1、小于 1。当现值指数大于 1 时，说明投资方案的实际报酬率高于所要求的报酬率，方案可行；当现值指数等于 1 时，说明投资方案的实际报酬率等于所要求的报酬率，方案无利可图；当现值指数小于 1 时，说明投资方案的实际报酬率低于所要求的报酬率，方案不可行。在其他条件相同时，现值指数越大，方案越好。

根据表 8-1 的资料，三个投资方案的现值指数计算如下。

现值指数 PVI(A)=22 478.8÷20 000=1.12
现值指数 PVI(B)=37 375.4÷34 132=1.09
现值指数 PVI(C)=34 840.4÷40 000=0.87

从上面的计算可以看出，A、B 方案投资的现值指数大于 1，说明这两个方案的投资报酬超过资金成本，这两个方案是可行的。C 方案投资的现值指数小于 1，说明该方案的投资报酬低于资金成本，该方案不可行。

现值指数法的主要优点是，可以对独立的投资方案的获利能力进行比较。在例 8-1 中，A 方案的净现值是 2 478.8 元，B 方案的净现值是 3 243.4 元。如果这两个方案是互斥的，当然 B 方案较好。如果这两个投资方案是独立的，明显地，A 方案的现值指数大于 B 方案的现值指数，A 方案优于 B 方案。

由于现值指数是未来现金流入量的现值与未来现金流出量的现值的比率，是一个相对指标，反映了投资效率。现值指数可以看作 1 元原始投资可以获得的净现值，所以用现值指数法来评价独立投资方案时，可以克服净现值法不便于对独立投资方案进行比较和评价的缺点，从而使投资决策更加客观合理。

现值指数法不适用于互斥投资方案的决策，而且与净现值法一样不能反映投资方案的内含报酬率。

3. 内含报酬率法

内含报酬率法是根据方案本身的内含报酬率来评价方案优劣的一种方法。所谓内含报酬率(internal rate return，IRR)，是指能够使投资项目未来现金流入的现值等于未来现金流出及原始投资额现值的折现率，或者说是使投资方案净现值为 0 的折现率。

净现值法和现值指数法虽然考虑了资金的时间价值，可以说明投资方案高于或低于某一特定的投资报酬率，但没有揭示投资方案本身可以达到的具体报酬率是多少。内含报酬率是根据方案的现金流量计算的，是方案本身的投资报酬率。

内含报酬率法的基本原理是：在计算方案的净现值时，以预期投资报酬率作为贴现率计算，如果净现值大于或小于 0，则说明该方案的实际可能达到的投资报酬率大于或小于预期投资报酬率；而当净现值为 0 时，说明该投资方案的投资报酬率等于预期投资报酬率。根据这个原理，内含报酬率法就是要计算出使净现值等于 0 时的贴现率，该贴现率就是这个投资方案的本身报酬率。

(1) 每年现金净流量相等时的计算方法。每年现金净流量相等是一种年金形式，通过查年金现值系数表，可以计算出未来现金净流量现值，并令其等于原始投资额，使其净现值为 0。其计算公式为

$$每年现金净流量 \times 年金现值系数 - 原始投资额 = 0$$

计算出净现值为 0 时的年金现值系数后，通过查年金现值系数表，即可找出相应的贴现率 i，该贴现率就是该投资方案的内含报酬率。

在例 8-1 中，C 投资方案各期的现金流入量相等，符合年金的形式，内含报酬率可以直接利用年金现值系数表来确定。

$$14\ 000 \times (P/A, i, 3) - 40\ 000 = 0$$

$$(P/A, i, 3) = 40\ 000 \div 14\ 000 = 2.857\ 1$$

查年金现值系数表，可以发现当 $n=3$ 时，与 2.857 1 接近的现值系数分别是 2%和 3%指向的 2.883 9 和 2.828 6。由于没有与 2.857 1 相对应的利率，在这种情况下，需要用内插法来进行计算。

设与系数 2.857 1 相对应的利率为 X%，以及从表中查得的数据，计算如下。

$$\begin{array}{ccc} 2\% & X\% & 3\% \\ 2.883\ 9 & 2.857\ 1 & 2.828\ 6 \end{array}$$

$$\frac{2.883\ 9 - 2.857\ 1}{2\% - X\%} = \frac{2.883\ 9 - 2.828\ 6}{2\% - 3\%}$$

$$X\% = 2.48\%$$

因此，C 方案的内含报酬率是 2.48%。

(2) 每年现金净流量不相等时的计算方法。每年现金净流量不相等时，各年的现金净流量就不是一种年金形式，不能通过查年金现值系数表来计算投资的内含报酬率。此时需要用逐步测试法来计算。

逐步测试法的具体做法是：根据已知的有关资料，先估计一个折现率，用这个折现率来计算方案的净现值，如果净现值为正数，说明估计的折现率低于方案的实际报酬率，需要重估一个更高折现率来进行试算；如果净现值为负数，说明估计的折现率高于方案的实际报酬率，需要重估一个较低的折现率来进行试算。如此反复多次测试，寻找出一个使净现值接近 0 的折现率，该折现率即为投资方案的内含报酬率。

根据例 8-1 的资料，已知 A 方案的净现值为正，说明它的投资报酬率大于 10%，因此，应提高折现率进行进一步的测试。假设以 15%作为折现率进行测试，得到其结果净现值为 1 020.6 元，仍然为正的，下一步应继续提高折现率。假设以 20%作为折现率进行测试，得到其结果净现值为-278.8 元，说明 A 方案的内含报酬率在 15%和 20%之间，可以使用内插法求得其精确的内含报酬率。同理，B 方案的净现值为正，说明它的投资报酬率大于 10%，因此，应提高折现率进行进一步的测试。仍然假设以 15%作为折现率进行测试，得到其结果净现值为 163.1 元，虽然仍然为正的，但很接近 0 了。下一步以 16%作为折现率进行测试，得到其结果净现值为-389.8 元，说明 B 方案的内含报酬率在 15%和 16%之间，同样可以使用内插法求得其精确的内含报酬率。计算过程和结果如表 8-2、表 8-3 所示。

表 8-2 A 方案内含报酬率的测试　　　　　　　　　单位：元

年　数	现金净流量	贴现率=15%		贴现率=20%	
		折现系数	现值	折现系数	现值
0	(20 000)	1	(20 000)	1	(20 000)
1	12 000	0.869 6	10 435.2	0.833 3	9 999.6
2	14 000	0.756 1	10 585.4	0.694 4	9 721.6
净现值			1 020.6		(278.8)

表 8-3 B 方案内含报酬率的测试   单位：元

年 数	现金净流量	贴现率＝15%		贴现率＝16%	
		折现系数	现值	折现系数	现值
0	(30 000)	1	(30 000)	1	(30 000)
1	10 000	0.869 6	8 696	0.862 1	8 621
2	(5 000)	0.756 1	(3 780.5)	0.743 2	(3 716)11 891.2
3	16 000	0.756 1	12 097.6	0.640 7	12 814
	20 000	0.657 5	13 150		
净现值			163.1		(389.8)

接下来用内插法来进一步计算投资方案 A、B 的内含报酬率。

$$15\% \qquad X\% \qquad 20\%$$
$$1\,020.6 \qquad 0 \qquad -278.8$$

$$\frac{15\% - X\%}{1\,020.6 - 0} = \frac{15\% - 20\%}{1\,020.6 - (-278.8)}$$

$$X\% = 18.93\%$$

因此，A 方案的内含报酬率为 19%。

$$15\% \qquad X\% \qquad 16\%$$
$$163.1 \qquad 0 \qquad -389.8$$

$$\frac{15\% - X\%}{163.1 - 0} = \frac{15\% - 16\%}{163.1 - (-389.8)}$$

$$X\% = 15.29\%$$

因此，B 方案的内含报酬率为 15.29%。

内含报酬率法的优点主要有以下三个方面。

第一，内含报酬率是一个相对指标，它反映了投资项目本身的报酬率。内涵报酬率法和现值指数法有许多相似之处，它们都是相对指标，而不像净现值法那样是绝对指标。因此，内含报酬率法可以对独立的投资方案的获利能力进行比较。在例 8-1 中，A 方案的净现值是 2 478.8 元，B 方案的净现值是 3 243.4 元。如果这两个方案是互斥的，当然是 B 方案较好。如果这两个投资方案是独立的，明显地，A 方案的内含报酬率 18.93%大于 B 方案的内涵报酬率 15.29%，A 方案优于 B 方案。

第二，对于独立投资方案的决策，如果各方案原始投资额和投资期限不同，可以通过计算方案的内含报酬率法与现值指数法相结合，反映各投资方案的盈利水平，使各方案决策更具有合理性。

第三，内含报酬率法不需要事先确定一个折现率，可以直接根据计算出来的内含报酬率来确定各投资的优劣。它只需要确定一个合理的资本成本率或最低报酬率来判断方案是否可行。而净现值法和现值指数法都需要确定一个折现率，而前面我们已经论述了，要确定一个合理的折现率是比较困难的。

内含报酬率法的缺点主要有以下两个方面。

第一，计算复杂，需要使用逐步测试法和内插法多次重复计算才能得出一个比较合理的内含报酬率。

第二，在互斥投资方案决策时，如果各方案的原始投资额和投资期限不同，一般无法作出正确的决策。产生这种现象的原因主要是内含报酬率假设投资项目各期产生的现金流量，都要求按该内含报酬率取得，并贴现回收，造成有些内含报酬率高的项目净现值反而可能比较低的现象。

4. 贴现回收期法

贴现回收期法是根据方案本身的贴现回收期来评价方案优劣的一种方法。所谓贴现回收期，是指将投资引起的未来现金净流量进行贴现，以未来现金净流量的现值等于原始投资额现值时所经历的时间为回收期。

回收期(payback period)是指投资项目的未来现金净流量与原始投资额相等时所经历的时间，即原始投资额通过未来现金净流量回收所需要的时间。

投资者希望投入的资本能尽快收回来，因为收回时间越长，所担风险越大。因而，投资方案回收期的长短，是投资者十分关心的一个问题，也是评价投资方案优劣的标准之一。在其他情况相同时，回收期越短越好。

(1) 每年现金净流量相等时的计算方法。每年现金净流量相等是一种年金形式，在这种情况下，可以通过计算得出年金现值系数，然后通过查年金现值系数表，即可推算出贴现回收期。

在例 8-1 中，C 投资方案各期的现金流入量相等，符合年金的形式，贴现回收期可以直接利用年金现值系数表来确定。

$(P/A, i, 3) = 40\,000 \div 14\,000 = 2.857\,1$

查阅年金现值系数表，可以发现当 $i=10\%$ 时，与 2.857 1 接近的现值系数分别是 $n=3$ 和 $n=4$ 时所指向的 2.486 9 和 3.169 9。由于没有与 2.857 1 相对应的期数，在这种情况下，需要用内插法来进行计算。

设与系数 2.857 1 相对应的期数为 n，以及从表中查得的数据，计算如下。

$$
\begin{array}{ccc}
3 & n & 4 \\
2.486\,9 & 2.857\,1 & 3.169\,9
\end{array}
$$

$$\frac{2.486\,9 - 2.857\,1}{3 - n} = \frac{2.486\,9 - 3.169\,9}{3 - 4}$$

$$n = 3.54$$

因此，C 方案的贴现回收期是 3.54 年。

(2) 每年现金净流量不相等时的计算方法。每年现金净流量不相等时，各年的现金净流量就不是一种年金形式，不能通过查年金现值系数表来计算投资的贴现回收期。在这种情况下，应把每年的现金净流量逐一贴现并加总，根据累计现金净流量现值来确定贴现回收期。根据例 8-1 的资料，B 方案现金流量表如表 8-4 所示。

表 8-4　B 方案现金流量表　　　　　　　　　　　　　　　　　单位：元

年　数	现金净流量	贴现率=10%		累计净流量现值
		折现系数	净流量现值	
0	(30 000)	1	(30 000)	(30 000)
1	10 000	0.909 1	9 091	(20 909)
2	(5 000)	0.826 4	(4 132)	
3	16 000	0.8264	13 222.4	(11 818.6)
	20 000	0.751 3	15 026	3 207.4

由表 8-4 可知，B 方案的贴现回收期在第 2 年和第 3 年之间。具体的项目回收期计算如下。

$$项目回收期=2+\frac{11\,818.6}{15\,026}=2.79(年)$$

(二) 非折现指标的分析评价方法

1. 会计回收期法

会计回收期不考虑货币的时间价值，直接用投资项目的未来现金净流量累计到原始投资额时所经历的时间作为回收期。

(1) 每年现金净流量相等时的计算方法。每年现金净流量相等时会计回收期的计算公式为

$$会计回收期=\frac{原始投资额}{每年现金净流量} \tag{8.4}$$

在例 8-1 中，C 投资方案每年的现金净流量相等，它的会计回收期计算如下。

会计回收期=40 000÷14 000=2.857 1(年)

因此，C 方案的会计回收期是 2.857 1 年。

(2) 每年现金净流量不相等时的计算方法。每年现金净流量不相等时，应把每年的现金净流量逐一加总，根据累计现金净流量来确定会计回收期，如表 8-5 所示。

表 8-5　B 方案现金流量表　　　　　　　　　　　　　　　　　单位：元

年　数	现金净流量	累计净流量
0	(30 000)	(30 000)
1	10 000	(20 000)
2	(5 000)16 000	(9 000)
3	20 000	11 000

由表 8-5 可知，B 方案的贴现回收期在第 2 年和第 3 年之间。具体的会计回收期计算如下。

$$会计回收期=2+\frac{9\,000}{20\,000}=2.45(年)$$

会计回收期的优点是计算简便，易于理解。这种方法是以投资回收期的长短来衡量方案的优劣，投资回收期越短，投资风险越小，方案越有利。会计回收期的不足之处是没有考虑资金的时间价值，所以不能比较精确地计算出投资的经济效益。

会计回收期与贴现回收期还有一个共同局限，就是它们计算回收期时只考虑了未来现金流量还不能收回原始投资额时的部分，并没有考虑超过投资回收期后投资方案所产生的现金净流量。显然，投资回收期长的项目，其超过投资回收期后所产生的现金净流量并不一定比投资回收期短的项目少。事实上，有战略意义的长期投资往往前期收益较低，而中后期收益较高。如果以回收期法为判断标准，很有可能导致放弃长期成功的投资项目。

2. 会计收益率法

会计收益率法是根据方案的每年平均利润额与原投资额之比来评价方案优劣的一种方法。会计收益率越大，方案越好。其计算公式为

$$会计收益率 = \frac{年平均利润额}{原始投资额} \tag{8.5}$$

$$年平均利润额 = \frac{各年利润之和}{年数} \tag{8.6}$$

仍以例 8-1 中的 A 方案的数据为例，其现金流量和净收益如表 8-6 所示。

表 8-6　A 方案现金流量和净收益　　　　　　　　　　　　　　　单位：元

年　　数	现金净流量	净　收　益
0	(20 000)	0
1	12 000	2 000
2	14 000	4 000

$$会计收益率 = \frac{(2\,000 + 4\,000) \div 2}{20\,000} \times 100\% = 15\%$$

会计收益率法的优点是计算简便，易于理解并掌握。而且由于会计收益率受到利润额和投资额的影响，采用这种方法评价投资方案，可以促使投资人重视利润额和投资额的增减变化。会计收益率法的不足之处同会计回收期一样，是没有考虑资金的时间价值，所以不能比较客观准确地对投资方案的经济效益作出判断。

第二节　项目投资现金流量的评估

一、现金流量的概念

所谓现金流量(cash flow)，是指一项长期投资项目所引起的在未来一定期间内所发生的现金收支。其中，现金收入称为现金流入量，现金支出称为现金流出量。现金流入量与现金流出量相抵后的余额，称为现金净流量(net cash flow)。这里的"现金"是广义的现金，它既指库存现金、支票和银行存款等货币性资产，也指投资项目需要投入的相关的非货币性资产的变现价值，如厂房、原材料和设备等的变现价值。一般情况下，投资项目决策中

所用的现金流量是指现金净流量。

任何一项投资方案的现金流量都包含现金流出量、现金流入量和现金净流量。

(一)现金流出量

一个方案的现金流出量,是指该方案引起的企业现金支出额。企业对内投资和对外投资都会发生现金支出。企业对外投资发生的现金流出量比较容易确定,主要包含对外投资实际支付的购买价款、相关费用和投入的原材料、设备等非货币资产的现金当量。企业对内投资的现金流出量比较复杂,主要是为该投资项目的实施而发生的相关现金支出额,以固定资产为例,具体包括如下。

(1) 增加固定资产的投资。它主要包括在固定资产的建造、购买、获得等方面的现金支出和运输、安装、试运行等相关费用支出。

(2) 垫支的营运资金。它是指当投资项目形成生产能力后,需要在流动资产上追加的投资。由于投资项目扩大了企业的生产能力,企业对原材料、在产品等流动资产的需求也相应得到了提高,这时需要追加投入相应的日常营运资金。

(3) 大修理费用改良支出。为了保持固定资产的正常运转使用,在资产使用年限内对其进行的必要大修理费用和对于投资实施后导致固定资产性能改进而发生的改良支出,也属于固定资产的后期投资,应作为投资项目的现金流出量予以考虑。

(二)现金流入量

一个方案的现金流入量,是指该方案引起的企业现金流入额。企业对外投资的现金流入量主要是指债券性投资的利息收入和股权性投资的股息收入以及债券性投资、股权性投资中途或到期转让所得的价款。企业对内投资的现金流入量是指该投资项目实施后所获得的相关现金收入。仍以固定资产为例,具体包括如下。

(1) 营业现金流入。它是指投资项目实施后各期销售产品所增加的销售收入,扣除为生产这些产品所发生的付现成本后的现金净流量。其计算公式为

$$\text{营业现金流入} = \text{销售收入} - \text{付现成本} \tag{8.7}$$

付现成本在这里是指每年需要支付现金的成本。计入生产成本但不需要在本期支付现金的部分称为非付现成本,主要是固定资产折旧费、递延资产摊销费和大修理长期摊销费。

以固定资产折旧费为例,营业现金流入的计算公式为

$$\begin{aligned}\text{营业现金流入} &= \text{销售收入} - \text{付现成本} \\ &= \text{销售收入} - (\text{成本} - \text{折旧}) \\ &= \text{利润} + \text{折旧}\end{aligned} \tag{8.8}$$

(2) 垫支营运资金的收回。随着固定资产的出售或报废,企业可以通过出售原材料等把与之相关的垫支营运资金收回来。收回的资金可以应用于别处,所以它也属于一项现金流入。

(3) 固定资产的残值收入。固定资产出售或报废的残值收入扣除清理费用后的净收入,也应该作为投资方案的一项现金流入。

(三)现金净流量

现金净流量是指一定期限内现金流入量和现金流出量之间的差额。这里所说的"一定

期限"，是指一年以内或投资项目持续的整个年限内。现金流入量大于现金流出量时，净现值为正值；反之，净现值为负值。

二、现金流量的重要性

(一)投资决策要求重视现金流量

对投资项目的评估不仅要考虑它的盈利能力，更需要考虑它所产生的现金流量。代表盈利能力的期间利润是以权责发生制为记账基础的。期间利润中的收入可能是实际现金收入也可能是应收项目，成本费用可能是实际现金支出也可能是应付项目。同样，本期发生的实际现金收入和现金支出也不一定作为本期期间利润的收入和成本费用。因此，以权责发生制为记账基础的期间利润，在评价投资方案时虽然很重要，但是从长期来看，评价投资项目主要还是要看它所产生的现金流入而不是应收项目。

(二)现金流量的支付能力强

一个投资项目虽然有盈利能力，但是如果没有实际现金进行支付，该项目还是不能进行投资；反过来，一个企业有很大的当前利润，并不一定说明它有很强的支付能力。例如，某企业本期收到现金收入 100 万元，成本费用只有折旧费一项，如果按加速折旧法，本期的折旧费用为 50 万元，则利润为 50 万元，它的实际支付能力是 100 万元。如果该企业本期收到现金收入 80 万元，折旧按平均年限法，本期折旧费用为 20 万元，则利润为 60 万元，而它的实际支付能力却只有 80 万元。

进一步来看，长期投资项目的回收期往往比较长，风险比较大，若以没有实际收到的现金作为收入计算利润，那么这种利润往往是不可靠的，具有很大的风险。而且以未实际收到的现金收入来计算利润，人为地高估了投资项目的投资收益。因此，在长期投资决策中不应一味地采用期间利润作为决策依据，而应重视现金流量的取得。

(三)现金流量的计量具有客观性

现金流量的计量是以收付实现制为基础的，以现金实际收到或支付作为确认标准，只是在计量上要受到购买力的影响。只要在长期项目现金流量的计量中充分考虑了货币的时间价值和投资的风险价值，就能在一定程度上避免受购买力损益的影响。而期间利润以权责发生制为计量基础，它具有比较大的主观随意性，如有些成本费用可以计入本期，也可以计入下期。因此，以现金流量作为长期投资项目的决策依据比较客观真实，不受人为选择的影响。

三、现金流量的测算

在测算投资项目的现金流量时，必须确定现金流量的范围。只有那些与该投资项目有关的现金流量、只由该特定投资项目所形成的现金流量，才能计入该投资项目的现金流量。

为了正确测算投资项目的相关现金流量，需要正确判断哪些收支会引起企业现金流量的变动，哪些收支不会引起企业现金流量的变动。因此，在测算现金流量的具体数额时，应注意如下问题。

(一)区分相关成本和非相关成本

相关成本是指与特定投资项目有关的，在分析评价时必须加以考虑的成本，如重置成本、机会成本等。与此相反，与特定投资项目无关的，在分析评价时不必加以考虑的成本是非相关成本，如沉没成本、过去成本等。

非相关成本中应特别注意的是沉没成本。沉没成本是指过去已经发生并支付的款项，这些支出是目前无法改变的，也不会影响当前的投资方案取舍，所以在分析时不能将它作为相关现金流量。例如，在决策是否对旧设备进行更新时，旧设备的原价尽管在过去是一种投资，是一种现金流出，但它毕竟是过去的，目前无法改变，它与当前的决策无关，所以不能把它作为该项决策的相关现金流量。如果将非相关成本纳入投资方案的总成本中，则有可能使一个有利的投资方案因此而变得不利，一个较好的方案可能变成较差的方案，从而造成决策失误。

(二)不要忽视机会成本

在投资方案的选择中，如果选择了一个投资方案，则必须放弃投资于其他项目可能获得的收益。其他投资机会可能获得的收益是施行本方案的一种代价，被称为这项投资方案的机会成本。

机会成本不是我们通常意义上的"成本"，它不是一种支出或费用，而是失去的收益。这种收益也不是实际发生的收益，而是潜在的。因此，机会成本总是针对具体方案而言的，离开了具体方案，就无从计量确定。

例如，某公司打算新建生产车间，需要使用公司的一块土地，那么在进行投资分析时能否因为公司不必要动用资金去购买这块土地就不把它的成本考虑进去呢？答案显然是否定的。因为该公司若不用这块土地来新建车间，它可以被用于其他方面，从而取得一定的收入。只是由于这块土地被用于新建车间，它才不能有其他用途而不得不放弃该笔收入，放弃的该笔收入就代表了新建车间使用土地的机会成本。假设这块土地出售可得净收入10万元，则这10万元就是新建车间的机会成本，必须作为该项决策的成本。值得注意的是，无论该土地获得时是5万元还是20万元，都应以10万元现行市价作为机会成本。

机会成本在投资决策中具有重要的意义，它有助于决策者全面考虑可能采取的各种投资方案，为既定资源寻找最有利的使用途径。

(三)应当考虑现金当量

现金当量是指一年内能够变现的流动资产和需要用现金支付的流动负债。在长期投资中，有些投资是以原材料和设备等非货币性资产形式投入的，尽管没有实际支付现金，但这些非货币性资产已经被限制在该投资项目内，不能移作他用，所以应当视为企业已经投入了现金，作为相关现金流出量。同样，有些收入尽管没有收到现金，但也应当把它们作为相关现金流入量来处理，如设备报废时的残料。

(四)要考虑对公司其他项目的影响

当我们采纳一个新的投资项目后，该项目不是孤立的，而是与公司的其他项目联系在一起的，会对其他项目产生或大或小的影响。有有利的影响，也有不利的影响，所以我们在评价一个投资方案时应考虑该方案对公司其他项目的影响。

例如，当一个公司新建生产线投产后，生产的新产品上市，有可能会促进公司其他产品的销售。因此，公司在评价该方案时，不仅应该将新车间生产的产品销售收入作为增量收入来处理，还应该加上其他产品因此而增加的销售收入。当然，也可能发生相反的情况，新产品的上市不仅没有促进其他产品的销售，反而使其他产品的销售减少。在这种情况下，我们在考虑该项目的现金流量时还应该扣除其他产品因此而减少的销售收入。

在实务中，对某一投资项目在不同时点上现金流量的测算，通常通过编制投资项目现金流量表进行。通过该表，能测算出投资项目相关现金流量的时间和数额，以便进一步进行投资项目可行性分析。

【例 8-2】某投资项目需要 4 年建成，每年需要投入 50 万元，一共投入 200 万元。建成投产后，为满足日常生产经营活动需要，需要投入营运资金 40 万元。投产生产后每年可生产 A 产品 5 000 件，每件售价 80 元，单位变动成本 30 元，固定成本总额 50 000 元(不含折旧)。该项目可使用 6 年，使用第 3 年时需要大修理，估计大修理费用为 36 万元，分 3 年摊销。资产使用期满后估计有残值收入 20 万元，采用年限平均法计提折旧。项目期满时，可收回垫支的营运资金。

根据以上资料，编制投资项目现金流量表，如表 8-7 所示。

表 8-7　投资项目现金流量表　　　　　　　　　　　　　单位：万元

项　目	1月	2月	3月	4月	5月	6月	7月	8月	9月	10月	合计
固定资产价值	(50)	(50)	(50)	(50)							(200)
固定资产折旧					30	30	30	30	30	30	180
大修理费							(36)				(36)
大修理摊销							12	12	12		36
利润					20	20	20	20	20	20	120
残值收入										20	20
垫支营运资金				(40)						40	0
总计	(50)	(50)	(50)	(90)	50	50	14	62	62	122	120

在表 8-7 中的数字，带有括号的为现金流出量，表示负值；没有带括号的为现金流入量，表示正值。

每年净利润=5 000×(80-30)-50 000=200 000(元)

四、所得税和折旧对现金流量的影响

前面的论述中，现金流量没有考虑所得税因素，但实际上所得税是企业的一种现金支出，由利润大小和税率高低决定，而利润大小又受折旧的影响，因此讨论所得税对现金流量的影响时必然要考虑折旧问题。

(一)税后成本和税后收入

税前利润是企业本期销售收入扣除本期各种成本费用后的余额。因此,当前收入增加,成本费用减少,税前利润就会增加,企业的所得税税额和税后利润就会增加;反之,当前收入减少,成本费用增加,税前利润就会减少,企业的所得税税额和税后利润也会减少。可见,当前企业的收入和成本费用都会影响企业的所得税税额和税后利润,但是当前收入和成本费用对税后利润的影响在量上却是不一致的。也就是说,当期一笔现金费用的支出,由于所得税的影响,它对企业税后利润的影响在量上要小于费用的发生数。这种扣除了所得税影响后的实际支付额,称为税后成本。同样,当期一笔现金收入的发生,由于所得税的影响,它对企业税后利润的影响在量上要小于收入的发生数。这种扣除了所得税影响后的实际收入额,称为税后收入。

【例8-3】现有A、B两个公司,它们每月的营业收入都是100 000元,每月的成本费用均为60 000元。但是B公司打算每月刊登一则广告,需要广告支出8 000元,所得税税率为25%。两个公司的税后成本计算如表8-8所示。计算B公司每月广告费用的税后成本是多少。

表8-8 税后成本计算　　　　　　　　　　　　　单位:元

项　目	A　公　司	B　公　司
营业收入	100 000	100 000
减:一般成本费用	60 000	60 000
广告支出	—	8 000
税前利润	40 000	32 000
所得税	10 000	8 000
税后利润	30 000	24 000
广告支出的税后成本	—	6 000

由上面的计算可以看出,虽然B公司每月比A公司多支出8 000元的广告费,但是由于所得税的影响,B公司的税后利润仅比A公司减少了6 000元。这说明,B公司每月广告支出的税后成本为6 000元。因此,我们也可以得出税后成本和税后收入的计算公式为

$$税后成本=支出金额\times(1-所得税税率) \tag{8.9}$$

$$税后收入=收入金额\times(1-所得税税率) \tag{8.10}$$

需要注意的是,公式中的支出金额和收入金额不包括为长期投资项目垫支的营业资金和项目结束时收回的垫支营业资金。因为它只是资金的垫支投入而不是本期的成本费用,收回时也不是真正的投资收入,它们不会使税前利润有所改变,无须缴纳所得税,不存在纳税调整问题。

(二)折旧的抵税作用

在计算企业的税前利润时,折旧等非付现成本是一种成本费用,可以减少当期企业的税前利润,从而使企业少缴纳企业所得税。折旧的这种减少当期企业所得税、减少企业现金流出的作用,称为折旧的抵税作用。其他非付现成本性质与折旧相同的,也具有抵税作用。

【例 8-4】 假设有 A、B、C 三个公司，它们每月的营业收入都为 500 000 元，每月的付现成本费用、折旧、税后利润和现金流量如表 8-9 所示，所得税税率为 25%，折旧的抵税作用见表 8-9。

表 8-9 折旧的抵税作用计算   单位：元

项目	A 公司	B 公司	C 公司
营业收入	500 000	500 000	500 000
减：付现成本费用	300 000	300 000	350 000
折旧	100 000	50 000	50 000
税前利润	100 000	150 000	100 000
所得税	25 000	37 500	25 000
税后利润	75 000	112 500	75 000
税后利润	75 000	112 500	75 000
加：折旧	100 000	50 000	50 000
营业现金净流量	175 000	162 500	125 000

由上面的计算可以看出，由于 A 公司的折旧比 B 公司多了 50 000 元，从而使得 A 公司的税后利润比 B 公司减少了 37 500 元，但是 A 公司的营业现金净流量却比 B 公司多了 12 500 元，其原因是 A 公司多计提的 50 000 元折旧费计入成本费用，发挥了折旧的抵税作用，使得 A 公司少缴纳了所得税 12 500 元。同样，我们还可以看出，尽管 A 公司和 C 公司的收入和成本费用是一样的，但是由于 C 公司比 A 公司多了 50 000 元的付现成本费用，最终使得 C 公司的营业现金流量比 A 公司少了 50 000 元。因此，我们可以发现折旧的抵税作用对现金流量的影响的计算公式为

$$\text{折旧抵税对现金流量的影响额} = \text{折旧额} \times \text{所得税税率} \tag{8.11}$$

(三) 税后现金流量

在考虑了税后收入、税后成本和折旧等非付现成本的抵税作用后，企业在营业期限内的现金流量的计算公式为

$$\text{营业现金流量} = \text{营业收入} - \text{付现成本} - \text{所得税费用} \tag{8.12}$$

或：

$$\begin{aligned}\text{营业现金流量} &= \text{营业收入} - (\text{营业成本} - \text{折旧}) - \text{所得税} \\ &= \text{营业利润} + \text{折旧} - \text{所得税} \\ &= \text{税后利润} + \text{折旧}\end{aligned} \tag{8.13}$$

$$\begin{aligned}\text{营业现金流量} &= \text{税后收入} - \text{税后付现成本} + \text{折旧抵税} \\ &= \text{收入} \times (1 - \text{所得税税率}) - \text{付现成本} \times (1 - \text{所得税税率}) + \text{折旧} \times \text{所得税税率}\end{aligned}$$

$$\tag{8.14}$$

在上述三个公式中，最常用的是公式(8.14)，因为企业的所得税是根据企业的总利润和所得税税率计算出来的，但是我们在评价某个项目的优劣时，往往很难获得与此相关的利润，这就妨碍了公式(8.12)和公式(8.13)的应用，而公式(8.14)并不需要知道企业的利润是多少，使用起来比较方便。

以例 8-4 为例，A、B、C 公司的营业现金流量计算如下。

A 公司 NCF=500 000×(1-25%)-300 000×(1-25%)+100 000×25%=175 000(元)
B 公司 NCF=500 000×(1-25%)-300 000×(1-25%)+50 000×25%=162 500(元)
C 公司 NCF=500 000×(1-25%)-350 000×(1-25%)+50 000×25%=125 000(元)

五、风险对项目净现值的影响

在前面的分析中，我们都假设投资项目的现金流量是可以确定的，但实际上投资项目总是存在风险的，只不过是风险大小而已，因此，要确定投资项目未来一段时期内的现金流量是很困难的，它总是具有某种程度的不确定性。

既然投资项目存在风险，那么我们就必须对风险采取处理。对项目风险有两种处置方法：一种是调整现金流量法，该方法是通过缩小净现值模型中的分子，使净现值减少；另一种是风险调整折现率法，该方法是通过扩大净现值模型中的分母，使净现值减少。

(一)调整现金流量法

调整现金流量法是把不确定的现金流量调整为确定的现金流量，然后用无风险报酬率作为折现率来计算项目净现值的方法。其计算公式为

$$风险调整后的净现值 = \sum_{t=0}^{n} \frac{a_t \times 预期现金流量}{(1+无风险报酬率)^t} \tag{8.15}$$

式中，a_t 是第 t 年现金流量的肯定当量系数，它介于 0 和 1 之间。

肯定当量系数，是指不确定的 1 元现金流量期望值相当于使投资者满意的、肯定的金额的系数。它可以把各年不确定的现金流量换算为肯定的现金流量。也就是说，利用肯定当量系数可以把不确定现金流量中的风险去掉，使之成为无风险的现金流量，所以相应的折现率应该是无风险报酬率。

【例 8-5】假设某公司当期有两个投资方案，它们的预期现金流量如表 8-10、表 8-11 所示，无风险报酬率为 5%，则相关计算如下。

表 8-10　A 项目投资方案　　　　　　　　　　　　　　　　　　单位：元

年 数	预期现金流入量	肯定当量系数	肯定现金流入量	现值系数(5%)	未调整现值	调整后现值
0	(30 000)	1	(30 000)	1.000 0	(30 000)	(30 000)
1	15 000	0.9	13 500	0.952 4	14 286	12 857.4
2	15 000	0.8	12 000	0.907 0	13 605	10 884
3	15 000	0.7	10 500	0.863 8	12 957	9 069.9
净现值					10 848	2 811.3

表 8-11　B 项目投资方案　　　　　　　　　　　　　　　　　　　　单位：元

年　数	预期现金流入量	肯定当量系数	肯定现金流入量	现值系数(5%)	未调整现值	调整后现值
0	(50 000)	1	(30 000)	1.000 0	(50 000)	(50 000)
1	22 000	0.95	20 900	0.952 4	20 952.8	19 905.16
2	22 000	0.90	19 800	0.907 0	19 954.0	17 958.60
3	22 000	0.85	18 700	0.863 8	19 003.6	16 153.06
净现值					9 910.4	4 016.82

由上面的计算可以看出，在调整风险前 A 项目的净现值比 B 项目的大，但是调整后却是 B 项目的净现值比 A 项目的大，所以如果不对项目所含的风险进行调整，有可能会作出错误的投资决策。

(二)风险调整折现率法

风险调整折现率法是更为实际和常用的风险处理方法。这种方法的基本思路是对于高风险的项目采用含风险报酬率较高的折现率来计算项目的净现值。也就是说，在折现率中包含着与风险相对应的风险报酬率。其计算公式为

$$风险调整后的净现值 = \sum_{t=0}^{n} \frac{预期现金流量}{(1+风险调整折现率)^t} \tag{8.16}$$

其中，

$$风险调整折现率 = 无风险报酬率 + 风险报酬率$$

【例 8-6】假设某公司当期有两个投资方案，它们的预期现金流量如表 8-12、表 8-13 所示，无风险报酬率为 5%，市场评价报酬率为 11%，A 项目的预期现金流量风险比较大，其 β 值为 1.5；B 项目的预期现金流量风险比较小，其 β 值为 0.5，则相关计算如下。

A 项目的风险调整折现率 = 5% + 1.5×(11% - 5%) = 14%

B 项目的风险调整折现率 = 5% + 0.5×(11% - 5%) = 8%

表 8-12　A 项目投资方案　　　　　　　　　　　　　　　　　　　　单位：元

年　数	预期现金流入量	现值系数(5%)	未调整现值	现值系数(14%)	调整后现值
0	(30 000)	1.000 0	(30 000)	1.000 0	(30 000)
1	15 000	0.952 4	14 286	0.877 2	13 158.0
2	15 000	0.907 0	13 605	0.769 5	11 542.5
3	15 000	0.863 8	12 957	0.675 0	10 125.0
净现值			10 848		4 825.5

表 8-13　B 项目投资方案　　　　　　　　　　　　　　　　　　　　单位：元

年　数	预期现金流入量	现值系数(5%)	未调整现值	现值系数(8%)	调整后现值
0	(50 000)	1.000 0	(50 000)	1.000 0	(50 000)
1	22 000	0.952 4	20 952.8	0.925 9	20 369.8
2	22 000	0.907 0	19 954.0	0.857 3	18 860.6
3	22 000	0.863 8	19 003.6	0.793 8	17 463.6
净现值			9 910.4		6 694.0

由上面的计算可以看出，在调整风险前 A 项目的净现值比 B 项目的大，但是调整后却是 B 项目的净现值比 A 项目的大，所以如果不对项目所含的风险进行调整，有可能会作出错误的投资决策。

虽然调整现金流量法在理论上得到好评，因为该方法不仅对项目的风险价值进行了调整，而且还对现金流的时间价值进行了调整，而风险调整折现率法用同一个折现率对现金流的风险价值和时间溢价同时进行调整，在理论上受到批评，但在实务中，经常用的还是风险调整折现率法，因为风险调整折现率比肯定当量系数容易确定，而且用报酬率来进行项目的决策也符合人们的思维习惯。

第三节　期权投资的基本方法

一、期权的相关知识

(一)期权的相关概念

1. 期权的定义

期权也称为选择权合约，是指期权购买者向卖方支付了一定数量的期权费后，拥有在将来的某一特定日期或在该日期之前的任何时间内以事先规定好的价格向卖方购买或出售一定数量的特定标的物的权利。期权交易实际上就是某种权利的买卖，在这种交易中期权买方有执行合约的权利也有不执行的权利，可以根据市场条件来决定。

例如，某公司为了激励公司高管，于 2017 年 1 月 1 日推出股票期权计划：本公司各部门经理可以在今后 5 年内的任何时间按 2017 年 1 月 1 日的股票市场价格 10 元/股，购买 10 万股本公司股份。假设 5 年后的 2022 年 1 月 1 日公司股票涨到 30 元/股，则此时公司的部门经理可以按照 2017 年 1 月 1 日的股票市场价格 10 元/股购买 10 万股，然后在股票市场以当时的市价 30 元/股卖出，从中获利 200 万元。如果 2022 年 1 月 1 日公司股票跌到 8 元/股，则部门经理不会去执行这份期权。

2. 期权的性质

(1) 权利义务不对等。期权是一种"特权"，因为期权购买者在支付了一定的期权费之后，就享有了一种权利而不必承担其他相应义务。期权持有者可以选择执行或者不执行该权利，而且也只有在持有期权有利时，期权持有人才会利用它，否则该期权将被放弃。但是期权出售者却只有义务而无权利，当期权购买者执行期权时，他必须履行义务。这也是期权合约不同于远期合约和期货合约的地方。在远期和期货合约中，双方的权利和义务是对等的，双方互相承担责任，享有各自权益。当然与此相适应，投资人签订远期或者期货合约时不需要向对方支付任何费用，而投资人购买期权合约时则必须支付期权费，作为不承担义务的代价。

(2) 风险收益不对称。由于期权的特殊性，期权购买者的风险是已知的，他的最大损失就是当他不执行期权时的期权费，而他的收益从理论上来说却是无限的，具体收益主要取决于执行价格和当时期权标的物的市场价格。与此相反，期权出售者的收益是已知的，他的最大收益就是当期权购买者不执行期权时的期权费，而他的损失从理论上来说却是无限的，具体损失也主要取决于执行价格和当时期权标的物的市场价格。

(3) 获利概率不对等。由于期权购买者只享有权利而不承担义务，期权出售者只承担义务而不享有权利，且期权购买者的风险已知，收益无限，而期权出售者的风险无限，收益已知，所以为了平衡权利和义务，使期权设计合理，有可行性，设计期权时通常会使期权卖方获利的可能性大于期权买方。

3. 期权合约要素

(1) 期权标的物。期权标的物是指期权合约中买卖双方共同指向的对象，也就是合约商品。期权标的物有很多种，如股票、债券、股票指数、商品期货等。值得注意的是，期权出售人不一定拥有标的资产。例如，出售 IBM 公司股票期权的人，未必持有 IBM 的股票，期权是可以"卖空"的，期权购买人也不一定真的想购买标的资产。因此，期权到期时双方不一定进行标的物的实物交割，而只需按差价补足价款即可。

(2) 期权交易方。期权合约至少涉及购买人和出售人两方。获得期权的一方称为期权购买人，出售期权的一方称为期权出售人。交易完成后，期权购买人就成为期权持有人。

(3) 权利金。权利金是指期权购买方为了获得选择权而支付给期权出售方的期权购买费，也称为期权价格或期权费。期权费通常是按照期权标的物的履约价格和当时市价的差额来确定的。

(4) 履约价格。履约价格也称为执行价格，是指双方约定的到期执行的合同标的物的成交价格。例如，一份股票期权的合约价格是 20 元/股，则期权购买方有权在未来一段时间内或到期时以 20 元/股的价格买进或卖出合约中指定的股票。合约的执行价格一经确定，在有效期内不得改变。

(5) 到期日。期权买卖双方约定的期权到的那一天称为到期日。在那一天之后，期权失效。

(二)期权的种类

按照不同的分类方法，期权分为很多种，下面主要介绍两种。

1. 欧式期权和美式期权

按照期权执行时间，期权分为欧式期权和美式期权。如果该期权只能在到期日执行，则称为欧式期权。如果该期权可以在到期日或者到期日之前的任何时间执行，则称为美式期权。从定义可以看出，对于购买方而言，美式期权明显比欧式期权有优势，因此在其他条件等同的情况下，美式期权的期权费要比欧式期权高。

2. 看涨期权和看跌期权

按照合约授予期权持有人权利的类别，期权分为看涨期权和看跌期权两大类。看涨期权实质上就是购买选择权，它赋予持有人在到期日或者到期日之前，以履约价格购买标的资产的权利。由于期权买方预计将来期权标的物的价格会上涨至高于执行价格，故称为看涨期权。其授予权利的特征是"购买"，因此也可以称为"择购期权""买入期权"或"买权"。例如，某份股票期权合约中的执行价格为20元/股，那么在期权有效期内当该公司的股票价格超过20元/股时，期权买方行使购买权，向卖方购入指定数量的该公司股票；如果股票价格低于20元/股，则期权买方放弃购买权，所遭受的损失仅为期权费。

看跌期权实质上就是出售选择权，它赋予持有人在到期日或者到期日之前，以履约价格售出标的资产的权利。由于期权买方预计将来期权标的物的价格会下跌至低于执行价格，故称为看跌期权。其权利特征是"出售"，因此也可以称为"择售期权""卖出期权"或"卖权"。在上例中，当该公司的股票价格低于20元/股时，期权买方行使售出权，向卖方卖出指定数量的该公司股票；如果股票价格高于20元/股，则期权买方放弃售出权，所遭受的损失仅为期权费。

(三)期权的风险与收益

期权分为看涨期权和看跌期权两类，每类期权又分为买入和卖出两种，下面分别说明这四种情形下期权到期日价值、期权购买者净损益和股价的关系。

看涨期权的执行净收入，被称为看涨期权的到期日价值，它等于股票价格减去执行价格的价差。看涨期权的到期日价值，随标的资产价值上升而上升，如果在到期日股票价格低于执行价格，则看涨期权没有价值。看涨期权到期日价值没有考虑当初购买期权的成本。看涨期权的到期日价值减去期权费用后的剩余，称为期权购买人的"损益"。

1. 买入看涨期权

【例8-7】投资人购入一项看涨期权，标的股票的当前市价为100元，执行价格为100元，到期日为一年后的同一天，期权价格为10元，则该看涨期权的净损益有以下四种可能。

(1) 股票市价小于或者等于100元，看涨期权买方不会执行期权，没有净收入，即期权到期日价值为0，其净损益为-10元(期权价值0-期权成本10元)。

(2) 股票市价大于100元并小于110元。例如，股票市价为105元，投资人会执行期权。以100元购入该公司的1股股票，在市场上将其出售得到105元，净收入为5元(股票市价105元-执行价格100元)，即期权到期日价值为5元，买方净损益为-5元(期权价值5元-期权成本10元)。

(3) 股票市价等于110元，投资人会执行期权，净收入为10元(股票市价110-执行价格100元)，即期权到期日价值为10元，净损益为0(期权价值10元-期权成本10元)。

(4) 股票市价大于110元，假设为120元，投资人会执行期权，净收入为20元(股票市价120元-执行价格100元)，即期权到期日价值为10元。投资人的净损益为10元(期权价值20元-期权成本10元)。

综合上述四种情况，可以概括为以下表达式。

$$买入看涨期权到期日价值=Max(股票市价-执行价格，0) \tag{8.17}$$

该式表明：如果股票市价>执行价格，会执行期权，看涨期权价值等于股票市价-执行价格；如果股票市价<执行价格，不会执行期权，看涨期权价值为 0。到期日价值为上述两者中较大的一个。

$$买入看涨期权净损益=看涨期权到期日价值-期权成本 \tag{8.18}$$

买入看涨期权的收入、损益状况，如图 8-1 所示。

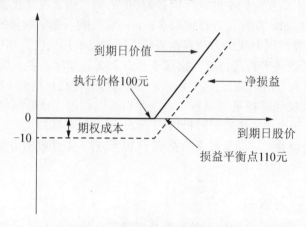

图 8-1　买入看涨期权的收入、损益状况

买入看涨期权的特点是：净损失有限(最大值为期权价格)，而净收益却潜力巨大。

2. 卖出看涨期权

【例 8-8】投资人卖出一项看涨期权，其他数据与例 8-7 相同。标的股票的当前市价为 100 元，执行价格为 100 元，到期日为一年后的同一天，期权价格为 10 元。其到期日的损益有以下四种可能。

(1) 股票市价小于或者等于 100 元，买方不会执行期权，卖方没有净收入，即期权到期日价值为 0，净收益为 10 元(期权价格 10 元+到期日价值 0 元)。

(2) 股票市价大于 100 元并小于 110 元。例如，股票市价为 105 元，买方会执行期权，这时卖方有义务以 100 元执行价格出售股票，净收入为-5 元(执行价格 100 元-股票市价 105 元)，净收益为 5 元(期权价格 10 元+期权到期日价值-5 元)。

(3) 股票市价等于 110 元，期权买方会执行期权，这时卖方净收入-10 元(执行价格 100 元-股票市价 110 元)，净损益为 0 元(期权价格 10 元+期权到期日价值-10 元)。

(4) 股票市价大于 110 元，假设为 120 元，买方会执行期权，这时卖方净收入为-20 元(执行价格 100 元-股票市价 120 元)，净损益为-10 元(期权价格 10 元+期权到期日价值-20 元)。

综合上述四种情况，可以概括为以下表达式。

卖出看涨期权到期日价值=-Max(股票价格-执行价格，0)

卖出看涨期权净损益=看涨期权到期日价值+期权价格

卖出看涨期权的收入、损益状况，如图 8-2 所示。

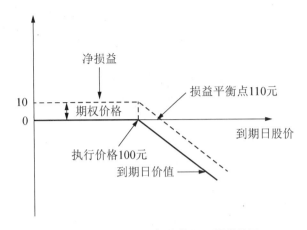

图 8-2　卖出看涨期权的收入、损益状况

卖出看涨期权的特点是：净收益有限(最大值为期权价格)，而净损失却潜力巨大。

从图 8-1、图 8-2 可以看出，对于看涨期权，如果标的股票价格上涨，买方的价值为正值，卖方的价值为负值，且金额的绝对值相同。如果价格下跌，期权被放弃，双方价值均为 0，买方支付期权费，卖方得到期权费。

同理，看跌期权的执行净收入，被称为看跌期权的到期日价值，它等于执行价格减去股票价格的价差。看跌期权的到期日价值，随标的资产价值下降而上升，如果在到期日股票价格高于执行价格，则看跌期权没有价值。看跌期权到期日价值没有考虑当初购买期权的成本。看跌期权的到期日价值减去期权费用后的剩余，称为期权购买人的"损益"。

3. 买入看跌期权

【例 8-9】 投资人购入一项看跌期权，标的股票的当前市价为 100 元，执行价格为 100 元，到期日为一年后的同一天，期权价格为 10 元。该看跌期权的净损益有以下四种可能。

(1) 股票市价高于 100 元，看跌期权买方不会执行期权，没有净收入，即期权到期日价值为 0，其净损益为-10 元(期权价值 0-期权成本 10 元)。

(2) 股票市价低于 100 元但高于 90 元。例如，股票市价为 95 元，投资人会执行期权，在市场以 95 元买入该公司 1 股股票，然后按 100 元的执行价格卖出，净收入为 5 元(执行市价 100 元-股票价格 95 元)，即期权到期日价值为 5 元。买方净损益为-5 元(期权价值 5 元-期权成本 10 元)。

(3) 股票市价等于 90 元，投资人会执行期权，这时净收入为 10 元(执行市价 100-股票价格 90 元)，即期权到期日价值为 10 元，净损益为 0(期权价值 10 元-期权成本 10 元)。

(4) 股票市价低于 100 元，假设为 80 元，投资人会执行期权，净收入为 20 元(执行市价 100 元-股票价格 80 元)，即期权到期日价值为 20 元。投资人的净损益为 10 元(期权价值 20 元-期权成本 10 元)。

综合上述四种情况，可以概括为以下表达式。

买入看跌期权到期日价值=Max(执行市价-股票价格，0)

该式表明：如果股票市价<执行价格，会执行期权，看跌期权价值等于执行市价－股票价格；如果股票市价>执行价格，不会执行期权，看跌期权价值为 0。到期日价值为上述两者中较大的一个。

买入看跌期权净损益=看跌期权到期日价值-期权成本

买入看跌期权的收入、损益状况，如图 8-3 所示。

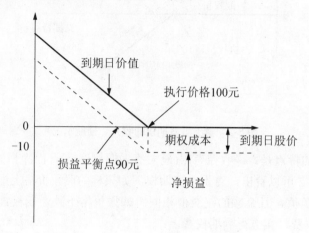

图 8-3　买入看跌期权的收入、损益状况

买入看跌期权的特点是：净损失有限(最大值为期权价格)，而净收益却潜力巨大。

4. 卖出看跌期权

【例 8-10】投资人卖出一项看跌期权，其他数据与例 8-9 相同。标的股票的当前市价为 100 元，执行价格为 100 元，到期日为一年后的同一天，期权价格为 10 元。其到期日的损益有以下四种可能。

(1) 股票市价高于 100 元，看跌期权买方不会执行期权，卖方没有净收入，即期权到期日价值为 0，净收益为 10 元(期权价格 10 元+到期日价值 0 元)。

(2) 股票市价低于 100 元但高于 90 元。例如，股票市价为 95 元，买方会执行期权，他可以在市场上以 95 元买入该公司 1 股股票，然后按 100 元的执行价格卖给期权出售者，这时卖方有义务以 100 元执行价格购买股票，净收入为-5 元(股票市价 95 元-执行价格 100 元)，净收益为 5 元(期权价格 10 元+期权到期日价值-5 元)。

(3) 股票市价等于 90 元，期权买方会执行期权，这时卖方净收入-10 元(股票市价 90 元-执行价格 100 元)，净损益为 0 元(期权价格 10 元+期权到期日价值-10 元)。

(4) 股票市价低于 100 元，假设为 80 元，买方会执行期权，这时卖方净收入为-20 元(股票市价 80 元-执行价格 100 元)，净损益为-10 元(期权价格 10 元+期权到期日价值-20 元)。

综合上述四种情况，可以概括为以下表达式。

卖出看跌期权到期日价值=-Max(执行价格-股票市价，0)

卖出看跌期权净损益=看跌期权到期日价值+期权价格

卖出看跌期权的收入、损益状况，如图 8-4 所示。

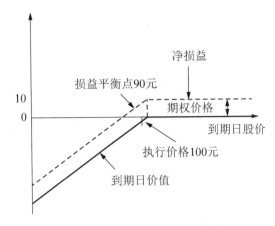

图 8-4 卖出看跌期权的收入、损益状况

卖出看跌期权的特点是：净收益有限(最大值为期权价格)，而净损失却潜力巨大。

从图 8-3、图 8-4 可以看出，对于看跌期权，如果标的股票价格下跌，买方的价值为正值，卖方的价值为负值，且金额的绝对值相同。如果价格上涨，期权被放弃，双方价值均为 0，买方支付期权费，卖方得到期权费。

(四)期权的投资策略

前面我们讨论了单一股票期权的损益状态。买入期权的特点是最小的净收入为 0，不会发生进一步的损失，因此具有构造不同损益的功能。从理论上说，无论处于任何形式的损益状态下，期权都可以帮助我们控制投资风险。这里只介绍两种投资策略。

1. 保护性看跌期权

股票加看跌期权组合，称为保护性看跌期权。单独投资于股票风险很大，同时增加一股看跌期权，情况就会有所变化，可以降低投资的风险。因为当股价上涨时股票有收益，期权有损失；相反，当股价下跌时股票有损失，但期权有收益。

【例 8-11】某投资者购入 1 股 ABC 公司的股票，购入价格 S_o=100 元；同时购入该股票的 1 股看跌期权，执行价格 X=100 元，期权成本 P=10 元，1 年后到期。在不同股票市场价格下的净收入和损益，如表 8-14 和图 8-5 所示。

表 8-14 保护性看跌期权的净收入和损益   单位：元

项 目	股票价格小于执行价格			股票价格大于执行价格		
	符号	下降 20%	下降 50%	符号	上升 20%	上升 50%
股票净收入	S_t	80	50	S_t	120	150
期权净收入	$X-S_t$	20	50	0	0	0
组合净收入	X	100	100	S_t	120	150
股票净损益	S_t-S_0	−20	−50	S_t-S_0	20	50
期权净损益	$X-S_t-P$	10	40	$0-P$	−10	−10
组合净损益	$X-S_0-P$	−10	−10	S_t-S_0-P	10	40

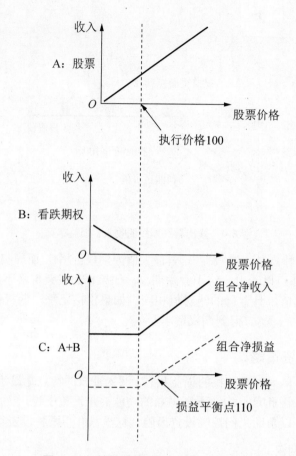

图 8-5　保护性看跌期权的净收入和损益

保护性看跌期权锁定了最低净收入 100 元和最低净收益-10 元，但是同时净损益的预期也因此降低了。在上述四种情况下，投资股票最好能取得 50 元的净收益，而投资于组合时最好只能取得 40 元的净收益。

2. 抛补看涨期权

股票加空头看涨期权组合，是指购买 1 股股票，同时出售该股票 1 股股票的看涨期权，这种组合称为"抛补看涨期权"。抛补看涨期权承担到期出售股票的潜在义务，可以被组合中持有的股票抵补，不需要另外补进股票。

【例 8-12】依例 8-11 的数据，某投资者购入 1 股 ABC 公司股票，同时出售该股票的 1 股股票的看涨期权。抛补看涨期权的收入和损益，如表 8-15 和图 8-6 所示。

表 8-15　抛补看涨期权的收入和损益　　　　　　　　　　　　单位：元

项　目	股票价格小于执行价格			股票价格大于执行价格		
	符号	下降20%	下降50%	符号	上升20%	上升50%
股票净收入	S_t	80	50	S_t	120	150
期权净收入	$-(0)$	0	0	$-(S_t - X)$	-20	-50

续表

项　目	股票价格小于执行价格			股票价格大于执行价格		
	符号	下降20%	下降50%	符号	上升20%	上升50%
组合净收入	S_t	80	50	X	100	100
股票净损益	$S_t - S_0$	−20	−50	$S_t - S_0$	20	50
期权净损益	$P - 0$	10	10	$-(S_t - X) + P$	−10	−40
组合净损益	$S_t - S_0 + P$	−10	−40	$X - S_0 + P$	10	10

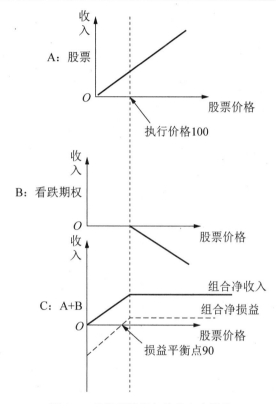

图 8-6　抛补看涨期权的收入和损益

抛补看涨期权锁定了最高净收入 100 元和最高净收益 10 元，但是同时净损益的预期也因此降低了。在上述四种情况下，投资股票最好能取得 50 元的净收益，而投资于组合时最好只能取得 10 元的净收益。

(五)期权价值的影响因素

期权价值是指期权的现值，也就是期权费，它不同于期权的到期日价值。影响期权价值的主要因素有股票市价、执行价格、到期期限、股价波动率等。

1. 股票市价

如果看涨期权在将来某一时间执行，其收入为股票价格与执行价格的差额。如果其他因素不变，当股票价格上升时，看涨期权的价值将增加。看跌期权与看涨期权相反，当股票价格上升时,看跌期权的价值下降。

2. 执行价格

执行价格对期权价格的影响与股票价格相反。看涨期权的执行价格越高,其价值越小;看跌期权的执行价格越大,其价值越大。

3. 到期期限

对于美式期权来说,较长的到期时间,能增加看涨期权的价值。因为到期日离现在越远,发生不可预知事件的可能性越大,股价变动的范围越大,能够执行期权的选择也越多。此外,随着时间的延长,执行价格的现值会减少,从而有利于看涨期权的持有人,也能够增加期权的价值。

对于欧式期权来说,因为只有到期日才能执行期权,较长的时间不一定能增加期权价值。虽然较长的时间可以降低执行价格的现值,但并不会增加执行的机会。到期日价格的降低,有可能超过时间价值的差额。例如,两个欧式看涨期权,一个是一个月后到期,另一个是三个月后到期,预计标的公司两个月后将发放大量现金股利,股票价格会大幅下降,则有可能使时间长的期权价值低于时间短的期权价值。

4. 股价波动率

股价波动率,是指股票价格变动的不确定性,通常用标准差衡量。股价波动率越大,股票上升或者下降的机会越大。对于股票持有者来说,两种变动趋势可以相互抵消,期望股价是均值,因而影响不大。但对于看涨期权持有者来说,估价上升可以获利,股价下跌时最大损失以期权费为限,两者不会抵消。因此,股价波动率增加会使看涨期权价值增加。对于看跌期权持有者来说,股价下跌可以获利,股价上升时放弃执行,最大损失以期权费为限。因此,股价波动率增加也会使期权价值增加。

除此之外,还有很多影响期权价值的因素,如无风险利率、风险报酬率和期权有效期内预计发放的红利等。

二、期权价值评估的方法

(一)期权估价原理

期权股价原理的基本思想是:构造一个股票和借款的适当组合,使得无论股价如何变动,投资组合的损益都与购买该股票期权相同,那么创建该投资组合的成本就是期权的价值。

下面通过一个简单举例,说明期权估价原理。

【例 8-13】假设 ABC 公司的股票现在的市价为 100 元,有 1 股以该股票为标的资产的看涨期权,执行价格为 100 元,到期时间是一年。一年后股价有两种可能:上升 25%,或者降低 25%。无风险利率 r 为 5%。拟建立一个投资组合,包括购进适量的股票以及以无风险利率借入必要的款项,使得该组合一年后的收益与购进该看涨期权相等。

我们可以通过下列步骤来确定该投资组合。

1. 确定一年后可能的股票价格

假设股票当前价格为 S_0，未来变化有两种可能：上升后股价 S_u 和下降后股价 S_d。为便于用当前价格表示未来价格，设 $S_u = u \times S_0$，u 为股价上行乘数；$S_d = d \times S_0$，d 为股价下行乘数。

上行股价 S_u =股票现价 S_0 ×上行乘数 u =100×1.25=125(元)

下行股价 S_d =股票现价 S_0 ×下行乘数 d =100×0.75=75(元)

2. 计算确定期权到期日价值

一年后当股票市价大于 100 元时，看涨期权的买方会执行期权，从而获得净收入，期权有到期日价值；相反，当股票市价低于 100 元时，看涨期权的买方不会执行期权，期权到期日价值为 0。

股价上行时期权到期日价值 C_u =上行股价-执行价格=125-100=25(元)

股价下行时期权到期日价值 C_d =0

3. 计算套期保值比率

为了使构造的股票和借款组合，在到期日后投资组合的损益与购买该股票期权相同，必须确定一个购买股票的适当比率，这个比率就是套期保值比率(或者套头比率、对冲比率、β 系数)，用 H 来表示，套期保值比率的计算公式为

$$H = \frac{C_u - C_d}{S_u - S_d} = \frac{C_u - C_d}{S_0(u-d)} \tag{8.19}$$

代入数据得

$$H = \frac{25-0}{100 \times (1.25-0.75)} = 0.5$$

4. 计算投资组合的成本(期权价值)

购买股票支出=套期保值比率×股票现价=0.5×100=50(元)

借款=(到期日下行股价×套期保值比率)÷(1+r)=(75×0.5)÷1.05=35.71(元)

期权价值 C_0 =投资组合成本=购买股票支出-借款=50-35.71=14.29(元)

通过上面的计算可以看出，该投资组合中需要购买 0.5 股的 ABC 公司股票，并需要借款 35.71 元。该投资组合的收入如表 8-16 所示。

表 8-16 投资组合的收入　　　　　　　　　　　　　　　　　　　　　　　单位：元

股票名称	A 股票	B 股票
股票到期日价格	125	75
组合中股票到期日收入	125×0.5=62.5	75×0.5=37.5
-组合中借款本利和	35.71×1.05=37.5	35.71×1.05=37.5
到期日收入合计	25	0

该组合的到期日净收入分布与购入看涨期权一样，因此看涨期权的价值就应当与建立投资组合的成本一样。

组合投资成本=购买股票支出-借款=100×0.5-35.71=14.29(元)

因此，该看涨期权的价格应当是 14.29 元。

(二)二叉树期权定价模型

二叉树期权定价模型与任何股价模型一样，都需要假设。二叉树期权定价模型存在以下假设：①市场投资没有交易成本；②投资者都是价格的接受者；③允许完全使用卖空所得款项；④允许以无风险利率借入或贷出款项；⑤未来股票的价格将是两种可能值中的一个。

1. 单期二叉树模型

单期二叉树模型的理论依据类似于抛补看涨期权，即假设在购买股票时，又出售以该股票为标的物的股票期权，最终目的是要使期权到期日时该投资组合的价值等于该投资组合成本的现金终值。

公式推导过程如下。

$$\text{初始投资}=\text{股票投资}-\text{期权收入}=HS_0-C_o \tag{8.20}$$

$$\text{初始投资到期日终值}=(HS_0-C_o)\times(1+r) \tag{8.21}$$

由于无论股票价格上升还是下降，该投资组合的最终收入(价值)都一样，都等于该投资组合成本的现金终值。因此，在这里我们假设价格上升，在到期日股票出售收入减去期权买方执行期权给卖方造成的损失等于投资组合到期日价值。

$$\text{投资组合到期日价值}=uHS_0-C_u \tag{8.22}$$

令到期日初始投资终值等于投资组合到期日价值。

$$(1+r)(HS_0-C_o)=uHS_0-C_u \tag{8.23}$$

化简为：

$$C_o=HS_0-(uHS_0-C_u)\div(1+r) \tag{8.24}$$

由于：

$$H=\frac{C_u-C_d}{S_0(u-d)} \tag{8.25}$$

将其代入等式(8.24)并化简得：

$$C_0=\frac{1+r-d}{u-d}\times\frac{C_u}{1+r}+\frac{u-1-r}{u-d}\times\frac{C_d}{1+r} \tag{8.26}$$

式中，S_0 为股票现行价格；u 为股票上行价格；d 为股价下行价格；r 为无风险利率；C_o 为看涨期权现行价格；C_u 为股价上行时期权的到期日价值；C_d 为股票下行时期权的到期日价值；X 为看涨期权执行价格；H 为套期保值比率。

利用公式直接计算例 8-13 的期权价格，得：

$$C_o=\frac{1+5\%-0.75}{1.25-0.75}\times\frac{25}{1+5\%}+\frac{1.25-1-5\%}{1.25-0.75}\times\frac{0}{1+5\%}$$

$$=\frac{0.3}{0.5}\times\frac{25}{1.05}$$

$$=14.29(\text{元})$$

2. 两期二叉树模型

单期的定价模型假设股价只有两个可能，对于时间很短的期权来说是可以接受的。但若到期时间很长，如例 8-13 中的一年时间，就与事实相去甚远，因为股票市场具有极大的波动性。改善的办法是把到期时间分割成多期，从而使每期的时间间隔很短，当进行了无数次分割后，理论上就可以认为期权的价格接近于现实了。为了讨论方便，在此我们把每年分割为两期，即以半年为一期。

简单地说，由单期模型向两期模型的扩展，不过是单期模型的两次应用。

【例 8-14】继续采用例 8-13 中的数据，把一年的时间分为两期，每期 6 个月。变动后的数据如下：ABC 公司的股票现在的市价为 100 元，看涨期权的执行价格为 100 元，每期股价有两种可能：上升 12%或下降 11%；无风险利率为每 6 个月 2.5%。

为了直观地显示有关数量的关系，我们使用二叉树图示。两期二叉树的一般图形如图 8-7 所示。将例 8-14 中的数据填入后如图 8-8 所示。

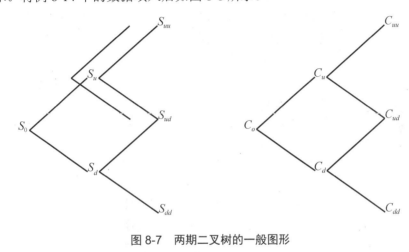

图 8-7　两期二叉树的一般图形

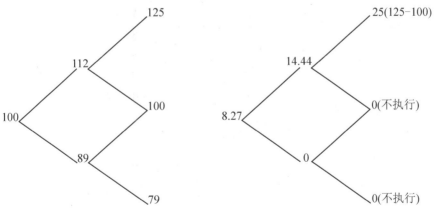

图 8-8　两期二叉树代入数值后图形

我们解决问题的办法是：先利用单期定价模型，根据股权估价原理从后往前推，即先根据 S_{uu}、S_{ud}、C_{uu} 和 C_{ud} 等计算 C_u 的价值，利用 S_{ud}、S_{dd}、C_{ud} 和 C_{dd} 计算 C_d 的价值；然后，再次利用单期定价模型，根据 C_u 和 C_d 计算 C_o 的价值。

首先计算 C_u 和 C_d 的价值：

H=(25−0)÷(125−100)=1.00

借款=(100×1.00)÷1.025=97.56(元)

投资组合的收入如表8-17所示。

表8-17 投资组合的收入 单位：元

股票名称	A股票	B股票
股票价格	125	100
组合中股票到期日收入	125×1.00=125	100×1.00=100
-组合中借款本利和	97.56×1.025=100	97.56×1.025=100
组合的收入合计	25	0

6个月后股票上行的价格是112元。

C_u=投资成本=购买股票支出-借款=112×1.00-97.56=14.44(元)

由于C_{ud}和C_{dd}的值均为0，所以C_d的值也为0。

下面根据C_u和C_d计算C_o的值：

H=(14.44-0)÷(112-89)=0.627 8

借款=(89×0.627 8)÷1.025=54.51(元)

投资组合的收入如表8-18所示。

表8-18 投资组合的收入 单位：元

股票名称	A股票	B股票
股票价格	112	89
组合中股票到期日收入	112×0.6278=70.31	89×0.6278=55.87
-组合中借款本利和	54.51×1.025=55.87	54.51×1.025=55.87
收入合计	14.44	0

C_o=投资成本=购买股票支出-借款=100×0.627 8-54.51=8.27(元)

利用单期二叉树模型的公式，我们很容易就能得出两期二叉树模型的公式为

$$C_u = \frac{1+r-d}{u-d} \times \frac{C_{uu}}{1+r} + \frac{u-1-r}{u-d} \times \frac{C_{ud}}{1+r} \quad (8.27)$$

$$C_d = \frac{1+r-d}{u-d} \times \frac{C_{ud}}{1+r} + \frac{u-1-r}{u-d} \times \frac{C_{dd}}{1+r} \quad (8.28)$$

式中，C_{uu}为标的资产两个时期都上升的期权价值；C_{dd}为标的资产两个时期都下降的期权价值；C_{ud}为标的资产一个时期上升，另一个时期下降的期权价值；其他参数使用的字母与单期定价模型相同。

计算出C_u和C_d，再利用单期定价模型计算C_o。

代入数据：

$$C_u = \frac{1+2.5\%-0.89}{1.12-0.89} \times \frac{25}{1+2.5\%} + \frac{1.12-1-2.5\%}{1.12-0.89} \times \frac{0}{1+2.5\%}$$

$$= \frac{0.135}{0.23} \times \frac{25}{1.025}$$

$$= 14.32(元)$$

$$C_d = 0$$

$$C_o = \frac{1+2.5\%-0.89}{1.12-0.89} \times \frac{14.44}{1+2.5\%} + \frac{1.12-1-2.5\%}{1.12-0.89} \times \frac{0}{1+2.5\%}$$

$$= \frac{0.135}{0.23} \times \frac{14.44}{1.025}$$

$$= 8.27(元)$$

(三)布莱克-斯科尔斯定价模型

当二叉树期权模型的期限被无限分割，每个期间无限小时，股价就成了连续分布，布莱克-斯科尔斯定价模型(black-scholes pricing model，BSPM)也就诞生了。该模型在实际中具有很强的实用性，被期权交易者广泛使用，实际的期权价格与模型设计得到的价格非常接近。为此，布莱克和斯科尔斯获得了1997年的诺贝尔经济学奖，以表彰他们对期权定价做出的卓越贡献。

1. 布莱克-斯科尔斯模型假设

(1) 在股权寿命期内，买方期权标的股票不发放股利，也不做其他分配。
(2) 股票或者期权的买卖没有交易成本。
(3) 短期的无风险利率是已知的，并且在期权寿命期内保持不变。
(4) 任何证券购买者都能以短期的无风险利率借得任何数量的资金。
(5) 允许卖空，卖空者将立即得到所卖空股票当天价格的资金。
(6) 看涨期权只能在到期日执行。
(7) 所有证券交易都是连续发生的，股票价格随机游走。

2. 布莱克-斯科尔斯模型公式

布莱克-斯科尔斯模型包括以下三个公式：

$$C_0 = S_0 N(d_1) - X_0 N(d_2) \tag{8.29}$$

$$d_1 = d_1 = \frac{\ln(S_0/X_0)}{\sigma\sqrt{t}} + \frac{\sigma\sqrt{t}}{2} \tag{8.30}$$

$$d_2 = d_1 - \delta\sqrt{t} \tag{8.31}$$

式中，C_0 为看涨期权的现行价格；S_0 为标的资产的现行价格；X 为看涨期权的执行价格；$X_0 = PV(X)$ 为看涨期权执行价格的连续折现现值；$N(d)$ 为标准正态分布随机变量值小于或等于 d 的概率；r 为连续复利的短期无风险年利率；σ 为连续复利计算的标的资产年收益率的标准差；t 为以年计算的期权有效期。

其中，$X_0 = PV(X) = Xe^{-rt}$，这里 e 为自然对数的底，为 2.718 3；e^{-rt} 为 t 期的连续折现现值系数。

【例8-15】股票当前价格为100元，执行价格也为100元，期权到期日的时间为1年，无风险利率为5%，σ =0.4。根据以上资料计算期权价格如下。

$X_0 = Xe^{-rt} = 100 \times 2.718\ 3^{-0.05 \times 1} = 100 \times 0.951\ 2 = 95.12$

$$d_1 = \frac{\ln(S_0 \div X_0)}{\sigma\sqrt{t}} + \frac{\sigma\sqrt{t}}{2} = \frac{\ln(100 \div 95.12)}{0.4} + \frac{0.4}{2} = 2.6283 + 0.2 = 2.8283$$

$$d_2 = d_1 - \delta\sqrt{t} = 2.8283 - 0.4 = 2.4283$$

查标准正态分布表得：$N(d_1)=0.9977$，$N(d_2)=0.9925$；则：

$C_0=S_0N(d_1)-X_0N(d_2)=100×0.9977-95.12×0.9925=5.36(元)$

布莱克-斯科尔斯模型的理论含义是：期权的现行价值取决于股票现行价值与执行价格现值的差额，而这种差额又取决于一定的发生可能性，即累积概率 $N(d)$。

(四)看跌期权估价

前面的讨论主要针对看涨期权，那么如何对看跌期权估价呢？

规避风险是投资期权最基本的理财思想，而要达到这个目的有很多种方法。这里我们来看看其中的一种投资策略。假定你现在拥有 100 元，既想投资又想规避风险，那么该怎么办呢？你把这 100 元存入银行(暂不考虑存款利息)以规避风险，同时买入履约价值为 100 元的一年后到期的看涨期权和看跌期权各一份(暂不考虑期权费)，此时你的财产价值为银行存款 100 元。一年后如果股价上升到 120 元，你可以取出资金行使期权，按 100 元的履约价格购入该股股票，此时你的财产价值为股票市价 120 元，看涨期权价值为 20 元，看跌期权价值为 0。也就是说，此时无风险资产价值(履约价格)100 元等于看跌期权价值 0 加上股票市价 120 元减去看涨期权价值 20 元。一年后如果到期日股票市价下降为 80 元，此时你取出资金 80 元在股票市场购买 1 股该公司股票，然后按履约价格 100 卖给看跌期权的卖方，再加上你在银行的 20 元，你的财产价值仍为 120 元。也就是说，此时无风险资产价值(履约价格)100 元等于看跌期权价值 20 元加上股票市价 80 元减去看涨期权价值 0。因此，我们可以发现如下等式。

无风险资产价值(X)=看跌期权价值(P)+股票市价(S)-看涨期权价值(C)　　(8.32)

或：

看跌期权价值=看涨期权价值+无风险资产价值(执行价格)-股票市价(标的资产价值) (8.33)

式(8.33)就是看跌期权估价公式。

【例 8-16】两种期权的执行价格均为 20 元，3 个月到期，预计 3 个月后股票的市价为 30 元，看涨期权的价格为 9.0 元，则看跌期权的价格为

$$P=C+X-S=9.0+20-30=7.0(元)$$

本 章 小 结

通过对本章的学习，我们初步较全面地了解了什么是投资、投资的特点及意义；掌握了项目投资评价中的四种折现指标法和两种非折现指标法；了解了净现值的概念及现金流量对公司的重要性；介绍了所得税及折旧、风险对现金流量的影响；学习了期权的相关概念和性质；研究了四种最基本的买卖期权的风险和收益；强调了期权估价的三种方法。

关　键　词

投资(invest)　净现值法(NPV)　现值指数法(PVI)　内含报酬率(IRR)　回收期(payback period)　现金净流量(net cash flow)　期权(options)　期权股价原理(principle stock options)　二叉树期权定价模型(binary tree option pricing model，BTOPM)　布莱克-斯科尔斯定价模型(black-scholes pricing model，BSPM)

思　考　题

1. 企业投资的特点是什么？有什么意义？
2. 净现值法、现值指数法和内含报酬率法各有什么优劣？
3. 为什么要对投资项目的现金流量进行测算？
4. 当考虑风险对投资项目净现值的影响时，通常采用哪两种方法？它们各有什么特点？
5. 期权的分类和影响期权价值的因素是什么？
6. 三种期权价值估价方法的联系与区别是什么？

  微课资源

扫一扫，获取相关微课视频。

资本预算中使用的主流方法：净现值法.mp4

资本预算中使用的主流方法：内部收益率法.mp4

项目投资决策的方法——投资回收期法、贴现回收期法和盈利指数法.mp4

五种方法的适用范围以及优缺点.mp4

互斥项目的评估.mp4

现金流的估计.mp4

沉没成本、机会成本、侵蚀成本、筹资成本与已分配成本.mp4

自由现金流估计的计算公式.mp4

贴现率的估计.mp4

第九章 长期筹资决策

【学习目标】

通过本章的学习，了解公司筹资的含义及其筹资方式；理解公司筹资的各种来源渠道；重点研究各种筹资方式，掌握其种类、筹资方式、价格确定及优缺点等。

【案例导入】

阿里巴巴集团经营多元化互联网业务，其目标是为全球所有人创造便捷的网上交易渠道。自成立以来，发展了消费者电子商务、网上支付、B2B 网上交易市场、个人零售、支付、生活分类信息服务及云计算等领先业务。创业伊始的选择性筹资、二轮筹资、成长阶段的第三轮筹资，前三轮筹资在阿里巴巴创业史上至关重要。而快速成长阶段的第四、第五轮筹资到上市阶段的第六轮筹资，使得 2014 年 9 月 19 日，阿里巴巴在美国纳斯达克上市。至此，阿里巴巴成为全球首家拥有 600 万余商人的电子商务网站，是全球仅次于谷歌的第二大国际多元化互联网公司，也是全球最有价值的科技公司之一。从这个意义上来说，筹资是一个企业创造和发展的必要条件。一个企业从建立到发展的整个过程，都需要根据内外部环境的变化，适时通过合适的筹资渠道，及时筹集资本。因此，筹资活动是企业的一项基本财务活动，是财务管理的主要内容之一。

第一节 长期筹资概述

筹措一定数量的资金是公司要从事经营活动的第一步，它是公司财务管理的一项最原始的和最基本的职能。公司筹集资金必须按照国家有关法规，通过一定的渠道，采用一定的方式进行。筹资渠道是指公司取得资金来源的方向与通道，体现资金的来源与供应量；筹资方式是指公司取得资金的具体方式或形式。资金从哪里来和如何取得资金，既有联系，又有区别。同一渠道的资金往往可以采用不同的方式取得，而同一筹资方式又往往可适用于不同的资金渠道。因此，对于筹资渠道和筹资方式应该分别加以研究。

一、筹资渠道

筹资渠道是指筹集资金来源的方向与通道,体现了资金的源泉和流量。

(一)筹资渠道的类型

1. 内部筹资渠道

内部筹资渠道是指从公司内部开辟资金来源。可以从以下三个方面在公司内部开辟资金来源:公司自有资金、公司应付税利和利息、公司未使用或未分配的专项基金。一般在公司并购中,公司都尽可能地选择这一渠道,因为这种方式保密性好,公司不必向外支付借款成本,因而风险很小。

2. 外部筹资渠道

外部筹资渠道是指公司从外部开辟资金来源,主要包括专业银行信贷资金、非金融机构资金、其他公司资金、民间资金和外资。从公司外部筹资具有速度快、弹性大、资金量大的优点,是企业在并购的过程中筹集资金的主要来源。但其缺点是保密性差,公司需要负担高额成本,因此产生较高的风险,在使用的过程中应当注意。

(二)具体的筹资渠道

在市场经济条件下,公司资金来源的途径有很多。从目前的情况看,公司的筹资途径主要有以下几种。

1. 政府财政资本

政府或地方的重点建设项目,可以申请国家财政或地方财政投资,通过国有资本金的形式投入公司。政府财政资本具有广阔的源泉和稳固的基础,并在国有企业资本预算中安排,今后仍然是国有独资或国有控股企业股权资本筹资的重要渠道。

根据国家的宏观政策,政府财政中还有种种重点科技项目贷款、支农贷款、扶贫贷款、环境治理贷款等低息或贴息贷款,也是符合项目条件的公司可争取的筹资渠道。

2. 银行信贷资本

银行是经营货币资金的公司。马克思认为,银行是买卖钱的特殊的商店,利率是资金的价格,公司以利息为代价向银行购买在有限时间内资金的支配权。商业银行只能向那些保证能按时还本付息的人或法人出售资金的支配权。

银行信贷资本是当前公司筹资的主要渠道之一。银行信贷以信贷是否需要担保为标准,可分为信用贷款和抵押贷款。信用贷款主要凭借款公司或担保人的信誉,没有实物担保,只能用于具有良好信誉的优秀公司;抵押贷款则是由借款公司提供一定的固定资产抵押、证券抵押来作为抵押品,也有少数情况可用品牌商标的无形资产价值进行抵押,如果借款方违约,不能如期归还贷款,则可拍卖商标权进行还贷。

3. 非银行金融机构资本

非银行金融机构资本也可以为一些企业提供一定的长期筹资来源。在我国，非银行金融机构主要有租赁公司、保险公司、企业集团的财务公司以及信托投资公司、证券公司。它们所提供的各种金融服务，既包括信贷资金投放，也包括物资的融通，还包括为企业承销证券等金融服务。

4. 其他法人资本

其他法人资本有时也可为企业提供一定的长期资本来源。在我国，法人可分为企业法人、事业单位法人和团体法人等。它们在生产经营过程中，有时也可能形成部分暂时闲置的资本，为了让其发挥一定的效益，也需要相互融通。

5. 民间资本

民间资本可以为企业直接提供筹资来源。我国企业和事业单位的职工和广大城乡居民持有大量的货币资本，可以对一些企业直接进行投资，成为企业的资金来源。

6. 企业内部资本

企业内部资本主要是指企业内部形成的资本，是指企业通过提取盈余公积金以及留存未分配利润形成的资本。这些资本的重要特征是，它们无须企业通过一定的方式去筹集，直接由企业内部自动形成或转移而来。

二、筹资方式

筹资方式是指公司筹集资金所采取的具体形式，体现资金的属性。如果说筹资渠道属于客观存在，那么筹资方式则属于公司主观能动行为。公司筹资管理的重要内容是如何针对客观存在的筹资渠道，选择合理的筹资方式进行筹资。认识筹资方式的种类及各种筹资方式的特点，有利于公司选择适宜的筹资方式并有效地进行筹资组合，降低筹资成本，提高筹资效益。

随着我国金融市场的发展，公司的筹资有多种方式可以选择，在并购中公司可以根据自身的实际情况选择合适的方式。

(一)借款

公司可以从银行、非金融机构借款以满足并购的需要。这一方式手续简便，公司可以在较短时间内取得所需资金，保密性也很好。但公司需要负担固定利息，到期必须还本付息，如果公司不能合理安排还贷资金就会引起公司财务状况的恶化。

(二)发行债券

债券是公司筹集资本按法定程序发行并承担在指定的时间内支付一定的利息并在到期日偿付本金的有价证券。这一方式与借款有很大的共同点，但债券融资的来源更广，筹集资金的余地更大。

(三) 普通股融资

普通股是股份公司资本构成中最基本、最主要的股份。普通股不需要还本，股息也不需要像借款和债券一样需要定期定额支付，因此风险很低，但采取这一方式筹资会引起原有股东控制权的分散。

(四) 优先股融资

优先股综合了债券和普通股的优点，既无到期还本的压力，也不必担心股东控制权的分散。但这一方式税后资本成本高于负债的税后资本成本，且优先股股东虽然负担了相当比例的风险，却只能取得固定的报酬，所以在发行效果上其不如债券。

(五) 可转换债券融资

可转换债券是指可以被持有人转换为普通股的债券。可转换债券由于具有转换成普通股的利益，所以其成本一般较低，且可转换债券到期转换成普通股后，公司就不必还本，而获得长期使用的资本。但这一方式可能会引起公司控制权的分散，且一旦到期后股市大涨而高于转换价格时会使公司蒙受财务损失。

(六) 认股权证融资

认股权证是一种由公司发行的长期选择权，允许持有人按某一特定价格买入既定数量的股票。其一般随公司长期债券一起发行，以吸引投资者购买利率低于正常水平的长期债券。另外，在金融紧缩期和公司处于信任危机边缘时，认股权证是给予投资者的一种补偿，鼓励投资者购买本公司的债券。与可转换债券的区别是，可转换债券到期转换为普通股并不增加公司资本量；而认股权证被使用时，原有发行的公司债并未收回，因此可增加流入公司的资金。

三、筹资渠道与筹资方式的关系

筹资渠道和筹资方式既相互联系又有所不同。筹资渠道解决的是资金来源的问题，筹资方式则解决通过何种方式取得资金的问题，它们之间存在一定的对应关系。一定的筹资方式可能只适用于某一特定的筹资渠道，如发行股票这种筹资方式只可能利用股东资金；但是，同一渠道的资金往往可以采取不同的方式取得，如公司职工的资金既可以以应付职工薪酬或应付债券的形式借来使用，也可以以发行股票的形式作为资本金使用。因此，公司在筹集资金时，必须考虑两者之间的对应关系，进行合理配合。

第二节 长期负债及租赁融资

负债筹资是指通过负债筹集资金。负债是公司一项重要的资金来源，几乎没有一家公司是只靠自有资本，而不运用负债就能满足资金需要的。负债筹资是与普通股筹资性质不同的筹资方式。与后者相比，负债筹资的特点表现为：筹集的资金具有使用上的时间性，须到期偿还；不论公司经营好坏，须固定支付债务利息，从而形成公司固定利息负担；但其资本成本一般比普通股筹资成本低，且不会分散投资者对公司的控制权。由于负债要归还本金和利息，因而称为公司的借入资金或债务资金。

长期负债是指期限超过 1 年的负债。长期负债的优点是：可以解决公司长期资金的不足，如满足发展长期性固定资产的需要；由于长期负债的归还期长，债务人可对债务的归还作长期安排，还债压力或风险相对较小。缺点是：长期负债筹资一般成本较高，即长期负债的利率一般会高于短期负债的利率；负债的限制较多，即债权人经常会向债务人提出一些限制性的条件以保证其能够及时、足额偿还债务本金和支付利息，从而形成对债务人的种种约束。

目前在我国，长期负债筹资主要有长期借款和债券两种方式。

一、长期借款融资

长期借款是指公司从银行或非银行金融机构借入的、偿还期限在一年以上的各种借款。长期借款主要用于购建固定资产和满足长期流动资产资金占用的需要。长期借款是公司长期负债筹资的主要方式之一。

(一)长期借款的种类

长期借款的种类很多，按不同的标准可进行不同的分类。各公司可根据自身的情况和各种借款条件选用。

1. 按借款担保条件，分为信用借款和抵押借款

信用借款是指以借款人的信誉为依据而获得的借款，公司取得这种借款，无须以财产做抵押；抵押借款是指公司以特定的抵押品作为担保从银行取得的借款。抵押借款的抵押品常常是房屋、建筑物、机器设备、股票、债券等。

2. 按借款用途，分为固定资产投资借款、更新改造借款、科技开发和新产品试制借款

固定资产投资借款，是公司打算用于较长期的固定资产投资的借款。更新改造借款，是公司打算将借款用于公司固定资产的更新改造的长期借款。科技开发和新产品试制借款，是公司主要用于科学研究、生产开发和新产品试制及其配套的长期借款。

3. 按提供贷款的机构，分为政策性银行借款、商业银行借款和保险公司借款

政策性银行借款，是公司从执行国家政策性贷款业务的银行，即国家政策性银行取得的借款。商业银行借款，是公司从商业银行取得的借款。保险公司借款，是公司从保险公司取得的借款。

此外，公司还可以向信托投资公司、证券公司、公司集团财务公司等非银行金融机构申请得到借款。

(二)长期借款的保护性条款

人们都愿意规避风险，而银行家更是把风险规避看作一门艺术。只有经过考虑，确认了公司有足够的能力还款，才会决定向公司贷款。

而一旦银行作出长期贷款承诺，就须在一较长时期内将一定量的资金提供给借款人，为了保护其自身权益，保证到期能收回贷款并获得收益，银行要求公司保持良好的财务状况，对公司提出一些有助于保证贷款按时足额偿还的条件。这些条件写进贷款合同中，形成了合同的保护性条款。如果借款公司财务状况恶化，则银行的利益就可能受到损害，银行可据此采取必要的行为。这些保护性条款主要是为了保护债权人债权的安全，而对借款公司而言，它实际上是一种限制性契约条款。归纳起来，保护性条款大致有以下三类。

1. 一般性保护条款

一般性保护条款应用于大多数借款合同，但根据具体情况会有不同的内容，主要包括以下方面。

(1) 对借款公司流动资金保持量的规定。例如，规定借款公司的流动比率不得低于150%，目的在于保持借款公司资产的流动性及偿债能力。

(2) 对支付现金股利和再购入股票的限制。借款公司支付现金股利和股票的再购入会减少公司的流动资金，从而降低公司的流动比率。限制借款公司的现金支付，目的在于限制现金外流，以保证借款公司的还款能力。

(3) 对资本支出规模的限制。这个条款是对借款公司的长期投资项目作出限制，要求公司的长期投资限定在一定的范围之内。其目的在于保证公司资产的流动性，减少借款公司日后不得不变卖固定资产以偿还借款的可能性。

(4) 限制其他长期债务。要求借款公司在借入其他长期负债时要限制在约定的额度以内。其目的在于防止其他贷款人取得对借款公司资产的优先求偿权。

2. 例行性保护条款

例行性保护条款作为例行常规，在大多数借款合同中都会有类似条款，主要包括以下方面。

(1) 借款公司定期向贷款者提交财务报表。其目的在于便于贷款者及时掌握借款公司的财务状况，以制定相应的对策。

(2) 不准在正常情况下出售较多资产，以保持借款公司正常的生产经营能力。其目的在于保证借款公司有稳定的经济效益，增强其支付能力。

(3) 及时缴纳应缴纳的税金和如期清偿到期债务，以防被罚款而造成现金流失。

(4) 不准以任何资产作为其他承诺的担保或抵押，以避免公司过重的负担。

(5) 限制租赁固定资产的规模。其目的在于防止公司负担巨额租金以致削弱其偿债能力，还在于防止公司以租赁固定资产的办法摆脱对其资本支出和负债的约束。

3. 特殊性保护条款

特殊性保护条款是针对某些特殊情况而制定的条款，主要包括以下方面。

(1) 借款专款专用，要求借款公司按借款合同规定的用途使用所借入的款项。

(2) 不准公司投资于短期内不能收回资金的项目。

(3) 限制公司高级职员的薪金和奖金总额。

(4) 要求公司主要领导人在合同有效期间担任领导职务。

(5) 要求公司主要领导人购买人身保险等。

(三) 长期借款的偿还方式

长期借款的金额大、期限长，因此在借款合同中往往规定借款的偿还方式。公司取得长期借款后，要根据借款合同规定的偿还方式，有针对性地制订借款偿还的计划，以确保按期还本付息。

长期借款的偿还方式通常有：定期支付利息、到期一次性偿还本金的方式；定期等额偿还的方式；平时逐期偿还小额本金和利息、期末偿还余下的大额部分的方式；等等。其中，第一种偿还方式会加大公司借款到期时的还款压力；而定期等额偿还又会提高公司使用贷款的实际利率。

(四) 长期借款筹资的特点

与其他长期负债筹资相比，长期借款筹资的优点为：①长期借款的手续比发行债券简单得多，得到借款所花费的时间短，筹资速度快；②公司可以与银行直接接触，协商借款的金额、期限和利率，借款后情况变化还可再次协议，借款灵活性较大；③由于借款利率相对较低，且无须支付数量很大的发行费用，故借款资本成本较低。但是，从银行借款，筹资数额往往不可能很多；而且在借款合同中银行提出的限制性条款比较多，约束了公司的生产经营和借款的作用。

二、债券融资

债券是公司依照法定程序发行的，承诺按一定利率定期支付利息，并到期偿还本金的有价证券，是持券人拥有公司债权的债权凭证。持券人可按期取得固定利息，到期收回本金，但无权参与公司经营管理，也不参加分红，持券人对公司的经营盈亏不承担责任。公司发行债券通常是为其大型投资项目一次性筹集到大笔长期资本。

发行公司债券，应当符合如下条件。

(1) 股份有限公司的净资产不低于人民币 3 000 万元，有限责任公司的净资产不低于人民币 6 000 万元。

(2) 累计债券余额不超过公司净资产的 40%。

(3) 最近 3 年平均可分配利润足以支付公司债券 1 年的利息。

(4) 筹集的资金投向符合国家产业政策。

(5) 债券的利率不超过国务院限定的利率水平。

(6) 国务院规定的其他条件。

公开发行公司债券筹集的资金，必须用于核准的用途，不得用于弥补亏损和非生产性支出。

(一)债券的种类

债券可按不同的标准进行分类，主要的分类方式如下。

1. 按是否记名，分为记名债券和无记名债券

记名债券是指在债券券面上载明债券持有人的姓名或名称的债券，其偿还本金和支付利息时，公司根据债券名册付款，记名债券的转让、继承须办理过户手续。无记名债券是指在债券券面上不记载债权人的姓名或名称的债券，其还本付息时仅以债券为凭，公司见票即还本或付息。

2. 按是否可转换为普通股，分为可转换债券和不可转换债券

可转换债券是指根据发行公司债券募集办法的规定，债券持有人在一定时期内，可以按某一固定的价格或一定的比例将所持债券转换为一定股数普通股的债券。不可转换债券是指不可以转换为普通股股票的债券。一般来说，前种债券的利率要低于后种债券。按照我国《公司法》的规定，发行可转换债券的主体只限于股份有限公司中的上市公司。

3. 按有无抵押担保，分为信用债券和抵押债券

信用债券是以债券发行者自身的信誉发行的债券，政府债券一般均属于信用债券，一个信誉良好的公司也可发行信用债券。抵押债券是以一定抵押品作抵押而发行的债券，抵押债券按抵押物品的不同，又可分为不动产抵押债券、设备抵押债券和证券抵押债券。

4. 按利率的不同，分为固定利率债券和浮动利率债券

固定利率债券是指将利率明确记载于债券上，按这一固定利率向债权人支付利息的债券。浮动利率债券是指债券上不明确载明利率，发放利息的利率水平按某一标准(如政府公债利率、银行储蓄存款利率等)的变化而同方向调整的债券。

(二)债券的发行方式

债券的发行方式，是指发行公司通过何种方式发行债券，一般包括私募发行和公募发行两种发行方式。

1. 私募发行

它是指面向少数特定投资者发行，一般是由发行公司将债券直接发售给投资者。这种发行方式因受限制，极少采用。

2. 公募发行

它是指发行公司通过证券经营机构面向社会的不特定投资者的发行。这是世界各国通常采用的公司债券的发行方式。我国的有关法律法规规定，公司债券的发行采用公募发行，并规定公司债券由证券经营机构负责承销。证券承销采取代销或者包销方式。代销是指证券经营机构代为推销债券，在约定期限内未售出的债券余额将退还发行公司，证券经营机构不承担发行风险。包销是指由证券经营机构先购入发行公司拟发行的全部债券，然后售给社会上的投资者，若在约定的期限内未能全部售出，债券余额要由证券经营机构认购。在公募发行方式下，债券发行公司应与承销的证券经营机构签订代销或者包销协议。向社会公开发行的公司债券票面总值超过5 000万元的，应由承销团承销。

(三)债券的发行价格

债券的发行价格是债券发行时使用的价格,亦即投资者购买债券时所支付的价格。公司债券的发行价格通常有三种:平价、溢价和折价。

平价是指以债券的票面金额为发行价格;溢价是指以高出债券票面金额的价格为发行价格;折价是指以低于债券票面金额的价格为发行价格。但是在实践中往往要按低于或高于债券票面金额的价格出售,即折价发行或溢价发行。这是因为债券发行价格的形成受诸多因素的影响,其中主要的是票面利率与市场利率的一致程度。债券的票面利率在债券发行前即已参照市场利率和发行公司的具体情况制定下来,并载明于债券之上。而市场利率经常变动,债券利率一经确定就不能改变。在从决定债券发行,到债券开印,一直到债券发售的一段时间里,如果市场利率较前有变化,就要依靠调整发行价格(折价或溢价)来调节债券购销双方在债券利息上的利益。具体为:当票面利率高于市场利率时,以溢价发行债券;当票面利率等于市场利率时,以平价发行债券;当票面利率低于市场利率时,以折价发行债券。

债券发行价格的高低,取决于以下四个因素。

(1) 债券票面价值,即债券面值。债券售价的高低,从根本上取决于面值的大小,面值是公司将来归还的数额,而售价是公司现在收到的数额。在考虑资金时间价值、不考虑利率的情况下,公司应按低于面值的售价出售,即按面值进行贴现收取债券价款。

(2) 债券利率,即债券持有者定期获取的利息与债券票面价值的比率。债券利息是公司在债券发行期内付给债券购买者的,债券利率越高,则售价也越高。

(3) 市场利率,是衡量债券利率高低的参照指标,与债券售价呈反向关系。

(4) 债券到期日。债券发行的起止日期越长,则风险越大,售价越低。

债券的发行价格由两部分组成:①债券到期还本面额;②债券各期利息。因此,在考虑资金时间价值的情况下,债券发行价格的计算公式为

$$\text{债券发行价格} = \frac{\text{票面金额}}{(1+\text{市场利率})^n} + \sum_{t=1}^{n} \frac{\text{票面金额} \times \text{票面利率}}{(1+\text{市场利率})^t} \quad (9.1)$$

式中,n 为债券期限;t 为付息期数。

【例 9-1】某公司 2020 年 1 月 1 日发行面值为 1 000 元、票面利率为 10%、期限为 5 年的债券。该债券每年年末付息一次,到期一次还本。在债券发行时,当市场利率为 10%、5%、15%时,其发行价格分别计算如下。

(1) 当市场利率为 10%时,其与票面利率一致,应为平价发行。债券的发行价格为:

债券发行价格 = 1 000×(P/F, 10%, 5)+1 000×10%×(P/A, 10%, 5)

= 1 000×0.621+1 000×10%×3.791

= 1 000(元)

(2) 当市场利率为 5%时,其低于票面利率,应为溢价发行。债券的发行价格为:

债券发行价格 = 1 000×(P/F, 5%, 5)+1 000×10%×(P/A, 5%, 5)

= 1 000×0.784+1 000×10%×4.329

= 1 217(元)

(3) 当市场利率为15%时,其高于票面利率,应为折价发行。债券的发行价格为:

债券发行价格=1 000×(P/F, 15%, 5)+1 000×10%×(P/A, 15%, 5)

=1 000×0.497+1 000×10%×3.352

=832(元)

对于平价、溢价和折价发行债券,许多国家在法律上没有硬性规定,我国也不例外,但合理确定发行价格仍是保证债券发行成功的关键之一。

(四)债券评级

公司公开发行债券通常需要由债券信用评级机构评定等级。债券的信用等级对于发行公司和购买人都有重要影响。这是因为:①债券评级是度量违约风险的一个重要指标,债券的等级对于债务融资的利率以及公司债务成本有着直接的影响。一般说来,资信等级高的债券,能够以较低的利率发行;资信等级低的债券,风险较大,只能以较高的利率发行。另外,许多机构投资者将投资范围限制在特定等级的债券之内。②债券评级方便投资者进行债券投资决策。对广大投资者尤其是中小投资者来说,由于受时间、知识和信息的限制,无法对众多债券进行分析和选择,因此需要专业机构对债券的还本付息的可靠程度进行客观、公正和权威的评定,为投资者决策提供参考。

债券的评级需要综合分析公司所在行业、公司自身状况以及债券的特点,采用定量和定性相结合的方法。通常,公司公开发行债券都需要由债券评级机构评定等级,主要就如下因素进行综合考虑。

(1) 公司的经营业绩和财务状况。如果公司的销售业绩、营业收入以及利润都较稳定并且具有成长性,这将有助于提高其发行债券的级别。另外,公司的一些财务指标对其债券的评级也有很重要的影响。例如,反映公司当前债务状况的资产负债率和产权比率、反映公司资产流动性和清偿能力的流动比率和速动比率、反映公司偿付借款利息能力的已获利息倍数等。

(2) 公司所处的行业环境。公司所处行业的现状及发展前景如何,公司是否必须服从某些特别的行业管理规定等,也是债券评级时应当考虑的内容。

(3) 所发行债券的特点。债券合同中的某些条款可能会提高债券的等级。例如,债券附有价值高于债券总额的抵押品作保证、债券由其他等级更高的大公司作担保、债券附有偿债基金条款作为其有序回收的保证等。另外,其他条件相同时,通常认为期限较短的债券风险较小。

(4) 其他需要考虑的因素。例如,公司的海外业务是否稳定并具有增长性、公司的劳资关系是否和谐、公司是否涉及法律诉讼问题等。此外,如果公司采用较为保守的会计政策,则会计报告中的收入更可靠,这有利于提高公司债券的评级。

在美国,著名的信用评级机构有穆迪公司(Moody's)和标准普尔公司(Standard & Poor's),它们的评级一般分为三等九级,如表9-1所示。

表 9-1 债券信用等级

标准普尔公司		穆迪公司	
AAA	最高级	Aaa	最高质量
AA	高级	Aa	高质量
A	上中级	A	上中质量
BBB	中级	Bbb	下中质量
BB	中下级	Bb	具有投机因素
B	投机级	B	通常不值得正式投资
CCC	完全投机级	Ccc	可能违约
CC	最大投机级	Cc	经常违约
C	未能付息	C	最低级

我国的债券评级工作正在开展，但尚无统一的债券等级标准和系统评级制度。根据中国人民银行的有关规定，凡是向社会公开发行的公司债券，需要由经中国人民银行认可的资信评级机构进行评信。这些机构对发行债券公司的公司素质、财务质量、项目状况、项目前景和偿债能力进行评分，以此评定信用级别。

(五)债券筹资的特点

发行公司债券是公司筹集借入资金的重要方式。其优点是：①与股票筹资相比，发行费用较低，且债券利息在税前支付，具有节税功能，所以债券成本低；②由于债券利息固定，不会因公司利润增加而增加持券人的收益额，从而能为股东带来杠杆效益；③债券持有者无权参与公司管理决策，有利于保障股东对公司的控制权；④公司债券种类很多，公司在发行种类决策时，如果适时选择可转换债券或可提前赎回债券，则公司可主动调整其资本结构。但是，利用债券筹集资金，同其他借入资金筹资一样，要承担按期还本付息的义务，风险较大；为保障债券持有人的安全，通常发行债券筹资要受到一定的限制；发行债券作为一种负债筹资方式，公司的负债比率过高，会影响公司的再筹资能力，所以筹资数量有限。

三、租赁融资

租赁是承租人向出租人交付租金，出租人在契约或合同规定的期限内将资产的使用权让渡给承租人的一种经济行为。租赁活动由来已久，现代租赁行业已发展成为一个有相当规模的综合性行业，成为解决公司资金来源的一种重要筹资方式。按租赁业务性质，租赁分为经营租赁和融资租赁两种。

(一)经营租赁与融资租赁的区别

经营租赁是出租人向承租人提供租赁设备，并提供设备维修和人员培训等服务性业务的租赁形式。从租赁期限看，它大多属于短期租赁；从租赁人的目的来看，承租人不在于通过租赁来融资，而在于通过租入设备，取得短期内的使用权和享受出租人提供的专门技术服务。因此，它又称营业租赁或服务租赁，不属于借贷关系的范畴。

融资租赁是由出租人(租赁公司)按照承租人(承租公司)的要求融资购买设备,并在契约或合同规定的较长时期内提供给承租人使用的信用业务。它是以融通资金为目的的租赁。一般借贷的对象是资金,而融资租赁的对象是实物。融资租赁是融资与融物相结合的、带有商品销售性质的借贷活动,是公司筹集资金的一种方式。

经营租赁与融资租赁的区别如表9-2所示。

表9-2 经营租赁与融资租赁的区别

项 目	经营租赁	融资租赁
租赁程序	承租人可随时向出租人提出租赁资产要求	由承租人向出租人提出申请,由出租人融通资金引进承租人所需设备,然后租给承租人使用
租赁期限	租赁期短,不涉及长期而固定的义务	租期一般为租赁资产寿命的一半以上
合同约束	租赁合同灵活,在合理限制条件范围内,可以解除租赁契约	租赁合同稳定。在租期内,承租人必须连续支付租金,非经双方同意,中途不得退租
租赁期满的资产处置	租赁期满后,租赁资产一般要归还给出租人	租赁期满后,租赁资产的处置有三种方法可供选择:①将设备作价转让给承租人;②由出租人收回;③延长租期续租
租赁资产的维修保养	租赁期内,出租人提供设备保养、维修、保险等服务	租赁期内,出租人一般不提供维修和保养设备方面的服务

融资租赁决策是公司决定拥有某项固定资产之后的筹资决策,其核心问题是"租赁融资,还是借款购买"。一般来说,当租赁的融资成本低于债务融资时,可以选择租赁融资。

(二)融资租赁的形式

融资租赁按业务的特点,可分为以下三种类型。

(1) 直接租赁。它是由出租方直接将购入设备租给承租人,并收取租金,涉及出租人与承租人两个当事人。直接租赁是融资租赁中最普遍的一种,是融资租赁的典型形式。

(2) 售后回租。它是指承租人先将拥有所有权的资产出售给出租人,然后将该项资产租回的租赁。在这种方式下,它既能解决承租人资金急需,得到一大笔相当于资产市价的现金用于其他资产的购置或现金支付,又可在租赁期内用每年支付的租金换取原有设备的使用权。

(3) 杠杆租赁。它是由资金出借人为出租人提供部分购买资产的资金,再由出租人购入资产租给承租人的方式,一般涉及出租人、承租人和资金出借人三方当事人。从承租人的角度看,这种租赁与其他租赁形式并无区别。从出租人的角度看,出租人只垫支购置资产设备所需资金的一部分(如30%),其余部分(如70%)则以该资产为担保向资金出借人借入。因此,在这种情况下,出租人既是资产的出借人,同时又是款项的借入人,通过租赁既要收取租金,又要支付债务。由于租赁收益大于借款成本,出租人借此而获得财务杠杆收益,因此这种租赁形式称为杠杆租赁。

(三)融资租赁租金的计算

公司在采用融资租赁方式筹资时,租金的数额及租金的支付方式对承租人来说非常重要。租金的数额和支付方式直接影响着公司未来的财务状况,也是公司进行租赁筹资决策的重要指标。

1. 融资租赁租金的构成

融资租赁租金包括设备价款和租息两部分,租息又可分为租赁公司的融资成本、租赁手续费等。

2. 融资租赁租金的支付形式

租金通常采用分次支付的方式,具体类型有以下三种。

(1) 按支付间隔期的长短,可以分为年付、半年付、季付和月付等方式。
(2) 按支付时期先后,可以分为先付租金和后付租金两种。
(3) 按每期支付金额,可以分为等额支付和不等额支付两种。

3. 融资租赁租金的计算方法

(1) 后付租金的计算。根据年资本回收额的计算公式,可得出后付租金方式下每年年末支付租金数额的计算公式为

$$PMT = P \div (P/A, i, n) \tag{9.2}$$

式中,PMT 为每期应付租金;P 为概算成本;n 为付租期数;i 为每期利率。

(2) 先付租金的计算。根据预付年金的现值公式,可得出预付等额租金的计算公式为

$$PMT = P \div [(P/A, i, n-1) + 1] \tag{9.3}$$

【例 9-2】某公司采用融资租赁方式于 2020 年 1 月 1 日从某租赁公司租入一台设备,设备价款为 40 000 元,租期为 8 年,到期后设备归还公司所有,为了保证租赁公司完全弥补融资成本、相关的手续费并有一定盈利,双方商定采用 18%的折现率。试计算该公司每年年末应支付的等额租金。

每年年末应支付的等额租金 PMT=40 000÷(P/A, 18%, 8)

=40 000÷4.0776

=9 809.69(元)

【例 9-3】假如例 9-2 采用先付等额租金方式,则每年年初支付的租金额可计算如下。

每年年初应支付的等额租金 PMT=40 000÷[(P/A, 18%, 7)+1]

=40 000÷(3.811 5+1)

=8 313.42(元)

(四)融资租赁筹资的特点

融资租赁较之其他筹资方式的主要优点是:①融资租赁的实质是融资,当公司资金不足,举债购买设备困难时,更能显示其"借鸡生蛋,以蛋还鸡"办法的优势;②融资租赁的资金使用期限与设备寿命周期接近,比一般借款期限要长,使承租公司偿债压力较小;③融资与融物的结合,减少了承租公司直接购买设备的中间环节和费用,有助于迅速形成

生产能力;④租金可在税前扣除,具有抵免所得税的效用,税收负担轻。但是,融资租赁的租金比举债利息高,因此总的财务负担重,而且不一定能享有设备残值。

第三节 普通股与优先股融资

权益资本融资构成了公司的原始资本,也是实现债务资本融资以及进行资产投资的基础。权益资本融资包括内部股权融资和外部股权融资,反映在资产负债表上,前者是指留存收益的增加,后者则体现为股本或实收资本额的增加(通常伴随资本公积的增加)。

通过资本市场进行的权益资本筹资方式主要有普通股和优先股两种方式。普通股融资通常不需要归还本金且没有固定的股利负担,相对于债券和借款的固定利息现金流支付所承担的财务风险而言,权益融资的融资成本较高。

一、普通股融资

股票是股份公司为筹集自有资金而发行的有价证券,是持股人拥有公司股份的凭证。它代表持股人在公司中拥有的所有权,股票持有人即为公司的股东。公司股东作为出资人按其所持股份享有分享利润等权利,并以其所认购的股份为限对公司承担责任。发行股票使得大量社会游资得到集中和运用,并把一部分消费基金转化为生产资金。它是公司筹集长期资金的一个重要途径。

(一)股票的种类

股票的种类很多,不同的股票有不同的特点,股份有限公司可根据有关情况选择发行各种不同的股票筹集资金。

股票可以从不同的角度进行分类。

1. 按股东的权利和义务的不同,分为普通股和优先股

普通股是股份公司依法发行的具有管理权、股利不固定的股票,是股份公司资本的最基本部分。普通股的最大特点是股利不固定,随着公司盈利的多少及股利政策的松紧而变化。普通股在权利和义务方面的特点是:①普通股股东对公司有经营管理权;②普通股股利分配在优先股分红之后;③公司解散、破产时,普通股股东的剩余财产求偿权位于最后;④公司增发新股时,有优先认股权。通常情况下,股份公司只发行普通股股票。

优先股是股份公司依法发行的具有一定优先权的股票。其优先权利表现在:①优先于普通股获得股利,且股利率是固定的;②公司解散、破产时,优先于普通股分配剩余财产。优先股虽享有一定的优先权利,但是优先股股东在股东大会上无表决权,在公司的经营管理上,仅对涉及优先股权利问题时有表决权。

2. 按票面是否记名,分为记名股票和无记名股票

记名股票是在股票票面上记载股东的姓名或名称,并将股东姓名或名称记入公司股东名册的股票。按照我国《公司法》的规定:公司向发起人、国家授权投资机构、法人发行的股票,应为记名股票;向社会公众发行的股票可以为记名股票,也可以为无记名股票。

记名股票的转让、继承需要办理过户手续。

无记名股票是在股票票面上不记载股东的姓名或名称，股东姓名或名称也不记入公司股东名册的股票。公司只记载股票数量、编号及发行日期。无记名股票转让、继承无须办理过户手续，只要将股票交给受让人，就可发生转让效力，移交股权，故这类股票的持有人即股份所有人，具有股东资格。

3. 按票面是否标明金额，分为面值股票和无面值股票

面值股票是指在股票的票面上标明每股金额的股票。这种股票可以直接确定每一股份在公司资金总额中所占的份额。持有这种股票的股东，对公司享有的权利和承担的义务的大小，依其所持有的股票票面金额之和占公司发行在外股票总面值的比例而定。

无面值股票是指在股票的票面上不标明每股金额，只载明每一股份在公司全部股票中所占有的比例的股票。无面值股票的价值随公司财产的增减而变动，而股东对公司享有的权利和承担的义务的大小，直接依股票标明的比例而定。目前，我国《公司法》规定股票应记载股票的面额，并且其发行价格不得低于票面金额。

4. 按发行对象和上市地区的不同，可将股票分为 A 股、B 股、H 股和 N 股等

A 股是供我国大陆地区个人或法人买卖的，以人民币标明票面金额并以人民币认购和交易的股票。此种股票在上海证券交易所和深圳证券交易所上市。

B 股、H 股、N 股和 S 股是专供外国和我国港、澳、台地区投资者买卖的，以人民币标明票面金额但以外币认购和交易的股票。其中，B 股在上海、深圳两个证券交易所上市；H 股在香港联合交易所上市；N 股在纽约上市；S 股在新加坡上市。

(二)股票的发行方式、销售方式和发行价格

公司发行股票筹资，应当选择适宜的股票发行方式和销售方式，并恰当地制定发行价格，以便及时募足资本。

1. 股票的发行方式

股票的发行方式，指的是公司通过何种途径发行股票。总的来讲，股票的发行方式可分为如下两类。

(1) 公开间接发行，是指通过中介机构，公开向社会公众发行股票。我国股份有限公司采用募集设立方式向社会公开发行新股时，须由证券经营机构承销的做法，就属于股票的公开间接发行。这种发行方式的发行范围广、发行对象多，易于足额募集资本；股票的变现性强，流通性好；股票的公开发行还有助于提高发行公司的知名度和扩大其影响力。但这种发行方式也有不足，主要是手续繁杂，发行成本高。

公开发行由于发行范围广、发行对象多，对社会影响大，需要对其进行限定。我国《证券法》规定有下列情形之一者属于公开发行：向不特定对象发行证券；向累计超过 200 人的特定对象发行证券；法律、行政法规规定的其他发行行为。非公开发行证券，不得采用广告、公开劝诱和变相公开方式。

(2) 不公开直接发行，是指不公开对外发行股票，只向少数特定的对象直接发行，因而不需经中介机构承销；我国股份有限公司采用发起设立方式和以不向社会公开募集的方式

发行新股的做法，即属于股票的不公开直接发行。这种发行方式弹性较大，发行成本低；但发行范围小，股票变现性差。

2. 股票的销售方式

股票的销售方式，指的是股份有限公司向社会公开发行股票时所采取的股票销售方法。股票销售方式有两类：自行销售和委托销售。

(1) 自行销售方式。股票发行的自行销售方式，是指发行公司自己直接将股票销售给认购者。这种销售方式可由发行公司直接控制发行过程，实现发行意图，并可以节省发行费用；但缺点是筹资时间长，发行公司要承担全部发行风险，并需要发行公司有较高的知名度、信誉和实力。

(2) 委托销售方式。股票发行的委托销售方式，是指发行公司将股票销售业务委托给证券经营机构代理。这种销售方式是发行股票所普遍采用的。我国《公司法》规定股份有限公司向社会公开发行股票，必须与依法设立的证券经营机构签订承销协议，由证券经营机构承销。股票承销又分为包销和代销两种具体办法。所谓包销，是根据承销协议商定的价格，证券经营机构一次性全部购进发行公司公开募集的全部股份，然后以较高的价格出售给社会上的认购者。对发行公司来说，包销的办法可以及时筹足资本，免于承担发行风险(股款未募足的风险由承销商承担)；但股票以较低的价格售给承销商会损失部分溢价。所谓代销，是证券经营机构代替发行公司代售股票，并由此获取一定的佣金，但不承担股款未募足的风险。

3. 股票的发行价格

股票的发行价格是股票发行时所使用的价格，也就是投资者认购股票时所支付的价格。股票发行价格通常有等价、时价和中间价三种。等价是指以股票面额为发行价格，即股票的发行价格与其面额等价，也称平价发行或面值发行。时价是以原发行同种股票的现行市场价格为基准来选择增发新股的发行价格，也称市价发行。中间价是取股票市场价格与面额的中间值作为股票的发行价格。以中间价和时价发行都可能是溢价发行，也可能是折价发行。值得注意的是，我国《公司法》规定公司发行股票不准折价发行，即不准以低于股票面额的价格发行。

根据我国《证券法》的规定，股票发行采取溢价发行的，其发行价格由发行人与承销的证券公司协商确定。发行人通常会参考公司经营业绩、净资产、发展潜力、发行数量、行业特点、股市状态等，确定发行价格。在实际工作中，股票发行价格的确定方法主要有市盈率法、净资产倍率法和现金流量折现法。

(1) 市盈率法。市盈率又称本益比(P/E)，是指公司普通股市价与每股收益的比率，计算公式为

$$市盈率 = \frac{每股市价}{每股收益} \tag{9.4}$$

市盈率法是以公司股票的市盈率为依据确定发行价格的一种方法。采用市盈率法确定股票发行价格的步骤如下。

① 根据注册会计师审核后的盈利预测计算出发行公司的每股收益，计算公式为

$$每股收益 = \frac{属于普通股净利润}{发行在外的普通股股数} \quad (9.5)$$

确定每股收益的方法有两种：一是完全摊薄法。用发行当年预测属于普通股的净利润除以总股数，直接得出每股收益。二是加权平均法。采用加权平均法确定每股收益较为合理。因股票发行的时间不同，资金实际到位的先后对公司效益影响较大，同时投资者在购股后才应享受应有的权益。加权平均法的计算公式为

$$每股收益 = \frac{发行当年预测属于普通股的净利润}{发行前普通股总股数 + 本次公开发行普通股股数 \times \frac{12-发行月数}{12}} \quad (9.6)$$

② 根据二级市场的平均市盈率、发行公司所处行业的情况(同类行业公司股票的市盈率)、发行公司的经营状况及其成长性等拟定发行市盈率。

③ 依发行市盈率与每股收益之乘积决定发行价。其计算公式为

$$发行价格 = 每股收益 \times 发行市盈率 \quad (9.7)$$

(2) 净资产倍率法。净资产倍率法又称资产净值法，是指通过资产评估和相关会计手段确定发行公司拟募股资产的每股净资产值，然后根据证券市场的状况将每股净资产值乘以一定的倍率，以此确定股票发行价格的方法。净资产倍率法在国外常用于房地产公司或资产现值要重于商业利益的公司的股票发行，但在国内一直未采用。以此种方式确定每股发行价格不仅应考虑公平市值，还须考虑市场所能接受的溢价倍数。以净资产倍率法确定发行股票价格的计算公式为

$$发行价格 = 每股净资产值 \times 溢价倍数 \quad (9.8)$$

(3) 现金流量折现法。现金流量折现法是通过预测公司未来的盈利能力，据此计算出公司净现值，并按一定的折现率折算，从而确定股票发行价格的方法。其基本要点是：首先是用市场接受的会计手段预测公司每个项目若干年内每年的净现金流量，再按照市场公允的折现率分别计算出每个项目未来的净现金流量的净现值。公司的净现值除以公司股份数，即为每股净现值。采用此法应注意两点：第一，由于未来收益存在不确定性，发行价格通常要对上述每股净现值折让20%~30%；第二，用现金流量折现法定价的公司，其市盈率往往远高于市场平均水平，但这类公司发行上市时套算出来的市盈率与一般公司发行股票的市盈率之间不具可比性。这一方法在国际主要股票市场上主要用于对新上市公路、港口、桥梁、电厂等基建公司的估值发行的定价。这类公司的特点是前期投资大，初期回报不高，上市时的利润一般偏低，如果采用市盈率法定价则会低估其真实价值，而对公司未来收益(现金流量)的分析和预测能比较准确地反映公司的整体和长远价值。

(三)股票的上市

股票的上市是指股份有限公司公开发行的股票经批准在证券交易所进行挂牌交易。经批准在交易所上市交易的股票称为上市股票。股票获准上市交易的股份有限公司简称为上市公司。我国《公司法》规定，股东转让其股份，即股票流通必须在依法设立的证券交易所进行。

股份公司申请股票上市，一般出于以下目的。

(1) 提高股票的变现能力。股票上市，便于投资者在市场上随时购买。因此，股票的流

动性和变现能力就提高了。

(2) 便于筹措新资金。股票上市必须经过有关机构的审查批准并接受相应的管理，执行各种信息披露和股票上市的规定，这就增强了社会公众对公司的信赖，增强了对投资者的吸引力，投资者便乐于购买公司的股票。同时，由于一般都认为上市公司资金实力雄厚，也就便于公司采用其他方式(如发行债券、银行借款等)筹措资金。

(3) 资本大众化，分散公司的风险。股票上市后，会有更多的投资者认购公司股份，公司则可将部分股份转售给这些购股者，再将得到的资金投资于其他方面，这就分散了公司的风险。

(4) 便于确定公司价值。股票上市后，公司股价有市价可循，便于确定公司的价值，有利于促进公司财富最大化。

(5) 提高公司知名度。股票上市后，无异于各种公众媒介在为公司作免费的广告。公司为社会所熟知，并为社会所信赖和肯定。这样，股票上市能提高公司的声誉和知名度，会吸引更多的顾客，从而扩大销售。

股票上市虽可达到上述目的，但对公司也有不利的一面。其主要表现在：股票上市后必须按规定定期向外界公布各种信息并向有关部门呈送相应的报表，由此而来，增加了公司的报告成本；而定期的信息披露，就有可能会泄露公司的某些商业秘密；股价有时会歪曲公司的实际状况，丑化公司声誉；可能会分散公司的控制权，造成管理上的困难。

(四)普通股融资的特点

发行普通股筹集资金是一种重要的筹资方式，它具有许多优点：①发行股票筹集的是自有资金，是公司最基本的资金来源，它反映了公司的实力，能增强公司的举债能力；②发行股票筹集的资金是永久性资金，无到期日，不需归还，对维持公司长期稳定发展极为有益；③发行股票筹资没有固定的股利负担，与债券筹资相比风险较小；④由于普通股的预期收益较高并可一定程度地抵消通货膨胀的影响(通常在通货膨胀期间，不动产升值时普通股也随之升值)，因此普通股筹资容易吸收资金。但是，利用普通股筹资，发行新的股票，引进新的股东，容易分散对公司经营活动的控制权；股票筹资的成本与债券和其他负债的筹资成本相比要高出许多，公司资本成本负担较大。

二、优先股融资

优先股的"优先"是相对于普通股而言的。它在公司分配股利和剩余财产时享有比普通股优先的权利。作为股权融资的一种方式，优先股只占了大部分公司融资来源的一小部分。

(一)优先股的分类

优先股按不同的划分方式可以有不同的类别，它们在某些具体权利上有所区别。

(1) 累积优先股与非累积优先股。累积优先股是最常见的一种优先股，它是指某年未支付的股利可以累积到以后的年度支付，未支付的股利一般不计利息。公司在向普通股股东发放股利之前，所有累积未支付的优先股股利必须已经得到清偿。例如，若某公司连续两年未支付其优先股股利，优先股面值为100元，股利率为10%，那么该公司积欠优先股每股股利 20 元。如果来年公司想要发放股利，那么它必须在支付每股 30 元(其中 20 元为积欠的股利)的优先股股利后，才能发放普通股股利。如果公司希望将盈余保留下来而并不向普通股股东支付股利，那么积欠的优先股股利就未必一定能够得到支付。

非累积优先股是指不补发积欠股利的优先股。这种情况下，公司只需付清当年的优先股股利后，就可发放普通股股利。如上例，公司只需支付每股 10 元的优先股股利后就可发放普通股股利。一般公司很少发行这种股票。

(2) 参与优先股与不参与优先股。参与优先股是指当公司的利润增大，普通股股利发放超过一定数额时，优先股股东除可按固定股利率分得股利外，还可能有权与普通股股东一同分享公司剩余利润。不参与优先股则只能按照固定股利率获得定额股利，不能参与公司剩余利润的分配。通常公司发行的所有优先股都是不参与优先股。

下面我们通过一个例子进行说明。

【例 9-4】 某公司发行的参与优先股面值是 100 元，股利率是 10%，发行普通股共 3 000 万元。若该公司本年发放普通股股利共 360 万元，相当于普通股股利率为 12%。由此计算，参与优先股股东可获得利益如下。

固定股利：每股 10 元。

剩余利润的分配：若为全都参与优先股，可另外享有与普通股股东同样的股利率，获得的股利为每股 2[100×(12%-10%)]元；若为部分参与优先股，则按约定参与剩余利润的分配。

(3) 可转换优先股与不可转换优先股。可转换优先股允许持有人在规定的条件下，按照约定的比例将其转换成公司普通股或债券。实际上，当转换发生时，优先股就被赎回了。这种优先股增加了投资筹资双方的灵活性，近年来较为流行。没有这种转换权利的优先股即为不可转换优先股。

(4) 可赎回优先股与不可赎回优先股。可赎回优先股是指发行公司按事先确定的赎回价格收回发行的股票，其赎回价格一般高于初始发行价格并随着股票流通时间的加长而下降。不可赎回优先股是指不能收回的优先股股票，此类优先股一经发行，即成为公司的永久财务负担。在现实情况中，几乎所有优先股都是可赎回的。

(二)优先股融资的特点

利用优先股筹资具有以下几个优点。①优先股没有到期日，所以公司没有还本负担。②由于优先股一般没有表决权，所以不会分散公司的控制权。③通过发行可赎回优先股，公司可在需要时以一定价格收回，便于调剂资金和控制资本结构。④以优先股筹集的资金属于公司自有资金，可增强公司实力，提高公司举债能力。⑤优先股的股利支付虽然固定，但并不具有强制性，不会给公司带来破产的压力。优先股的融资成本一般低于普通股，但高于债券。由于它要求支付固定股利，而股利支付不像债券利息那样能在税前扣除，所以当公司盈利下降时，优先股股利的支付可能成为公司的一项财务负担。

第四节　可转换债券、认股权证和衍生证券

除了上述分析的各种融资方式，公司还可通过其他一些方式取得所需要的长期资金。

例如，可转换债券、认股权证和衍生证券等。其中，认股权证和可转换债券是带有期权性质的衍生工具。

期权(options)是一份合约，它赋予持有人在特定的时期内以一确定的价格买入或卖出某一特定资产的权利。这种权利是有价值的，公司用来融资的期权通常指定普通股票作为交易的标的资产，因此这种期权的价值随股票的价值变化而变化。

一、可转换债券

可转换债券是一种特殊的债券，即具有在将来某一时期按规定的转换比率转换成股票的债券。可转换债券是附有认股权的债券，兼有债券和股票的特征。它在转换前是公司的负债，转换后变成公司的权益。

(一)可转换债券的转换价格和转换率

1. 转换价格

转换价格是指可转换债券转换为股票时的股票交换价格。转换价格可以是固定的，也可以是逐步提高的。固定的转换价格是在发行可转换债券时预先确定的。逐步提高的转换价格是在债券的期限内，逐步以一定的幅度递增。提高转换价格的目的是鼓励投资者在提高转换价格前行使转换的权利，同时也满足现有股东对将来公司增长带来预期的好处不会被稀释。

2. 转换率

转换率是指转换时债券与股票之间的数量比例关系。转换率与转换价格之间的关系为

$$转换率=可转换债券面值÷转换价格 \tag{9.9}$$

【例9-5】某公司发行的可转换债券的面值为900元，转换价格为12元，则转换率为

转换率=900÷12=75

即每张可转换债券交换75股普通股票。

转换率乘以普通股票的每股市价就是可转换债券的转换价值。由于通常发行时的转换价格高于当时的普通股市价，所以可转换债券在发行时其面值高于转换价值，两者之差为转换价值溢价。

可转换债券在发行时，所确定的转换价格一般高于股票的市场价格。在可转换债券寿命期限内，可能会因公司发售低于转换价格的新股票，或大量分派现金股利或红股，从而使可转换债券大幅度贬值，这将损害可转换债券的投资者的利益。为避免可转换债券的贬值，通常在发行契约中定有保护性条款。这些条款规定，如果发行可转换债券的公司发行新股票或送红股，必须按相应的比例调整转换率或转换价格。如果没有保护性条款，当公司的每股收益大幅度增加时，公司会采用送红股或配股的方式强迫可转换债券的持有人放弃转换的权利。

(二)可转换债券的价值

可转换债券具有按一定的转换价格或转换率转换成股票的权利，它的价值就是转换率

乘以股票价格,初始市场价格是发行价格。纯债券的价值等于债券估值模型的计算值。

【例 9-6】ABC 公司以面值 1 000 元的价格发行可转换债券,债券利率是 5%,期限是 20 年,转换率是 50(即每张债券可转换 50 股普通股票),发行可转换债券时股票的市场价格是 18 元,债券市场的期望收益率是 10%。该公司可转换债券的初始价格就是 1 000 元。如果股票价格上升到每股 25 元,此可转换债券的理论价值为:50×25=1 250(元),纯债券的初始价格是多少?

$$P = \sum_{t=1}^{20} \frac{I}{(1+10\%)^t} + \frac{P_0}{(1+10\%)^{20}} = \sum_{t=1}^{20} \frac{1\,000 \times 5\%}{(1+10\%)^t} + \frac{1\,000}{(1+10\%)^{20}}$$
$$= 425.7 + 148 = 573.7(元)$$

随着时间的推移,纯债券的价格将逐步提高,直至到期日时等于发行价格。纯债券的价格也是可转换债券的最低价格,因为股票的价格无论怎样变化,具有固定收益特点的债券价值是稳定的。因此,可转换债券的风险小于股票。然而,可转换债券具有选择权的特性,获得收益的杠杆作用将使投资者愿意支付高于可转换债券理论价值的市场价格。这一点与选择权的市场价格特征相一致。股票价格与可转换债券的理论价格和市场价格的关系如图 9-1 所示。

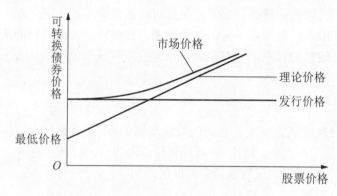

图 9-1　股票价格与可转换债券的理论价格和市场价格的关系

(三)可转换债券的转换期

转换期是指可转换债券转换为股份的起始日至结束日的期间。可转换债券的转换期可以与债券的期限相同,也可以短于债券的期限。例如,某种可转换债券规定只能从其发行一定时间之后(如发行若干年之后)才能够行使转换权,这种转换期称为递延转换期,短于其债券期限。还有的可转换债券规定只能在一定时间内(如发行日后的若干年之内)行使转换权,超过这一段时间转换权失效,因此转换期也会短于债券的期限,这种转换期称为有限转换期。超过转换期后的可转换债券,不再具有转换权,自动成为不可转换债券(或普通债券)。

根据我国《上市公司证券发行管理办法》规定,可转换公司债券自发行结束之日起 6 个月后方可转换为公司股票,转股期限由公司根据可转换公司债券的存续期限及公司财务状况决定。

(四)可转换债券的赎回条款

赎回条款是可转换债券的发行公司可以在债券到期日之前提前赎回债券的规定。赎回条款包括以下内容。

1. 不可赎回期

不可赎回期是可转换债券从发行时开始,不能被赎回的那段期间。例如,规定自发行日起两年之内不能由发行公司赎回,债券的前两年就是不可赎回期。设立不可赎回期的目的在于保护债券持有人的利益,防止发行公司滥用赎回权,强制债券持有人过早转换债券。不过,并不是每种可转换债券都设有不可赎回条款。

2. 赎回期

赎回期是可转换债券的发行公司可以赎回债券的期间。赎回期安排在不可赎回期之后,不可赎回期结束之后,即进入可转换债券的赎回期。

3. 赎回价格

赎回价格是事前规定的发行公司赎回债券的出价。赎回价格一般高于可转换债券的面值,两者之差为赎回溢价。赎回溢价随债券到期日的临近而减少。例如,一种2020年1月1日发行、面值100元、期限5年、不可赎回期为3年、赎回期为2年的可赎回债券,规定到期前1年(2023年)的赎回价格为110元,到期年度(2024年)的赎回价格为105元。

4. 赎回条件

赎回条件是对可转换债券发行公司赎回债券的情况要求,即需要在什么样的情况下才能赎回债券。赎回条件分为无条件赎回和有条件赎回。无条件赎回是在赎回期内发行公司可随时按照赎回价格赎回债券。有条件赎回是对赎回债券有一些条件限制,只有在满足了这些条件之后才能由发行公司赎回债券。发行公司在赎回债券之前,要向债券持有人发出通知,要求他们在将债券转换为普通股与卖给发行公司(即发行公司赎回)之间作出选择。一般而言,债券持有人会将债券转换为普通股。可见,设置赎回条款是为了促使债券持有人转换股份,因此又被称为加速条款;同时也能使发行公司避免市场利率下降后,继续向债券持有人按较高的债券票面利率支付利息所蒙受的损失;或限制债券持有人过分享受公司收益大幅度上升所带来的回报。

(五)可转换债券的回售条款和强制性转换条款

回售条款是在可转换债券发行公司的股票价格达到某种恶劣程度时,债券持有人有权按照约定的价格将可转换债券卖给发行公司的有关规定。回售条款也具体包括回售时回售价格等内容。设置回售条款是为了保护债券投资人的利益,使他们能够避免遭受过大的投资损失,从而降低投资风险。合理的回售条款,可以使投资者具有安全感,因而有利于吸引投资者。

强制性转换条款是在某些条件具备之后,债券持有人必须将可转换债券转换为股票,无权要求偿还债券本金的规定。设置强制性转换条款,是为了保证可转换债券顺利地转换成股票,以实现发行公司扩大权益筹资的目的。

(六)可转换债券融资的特点

可转换债券融资的优点:①可转换债券使得公司能够以较低的利率取得资金;②可转

换债券使得公司取得了以高于当前股价出售普通股的可能性。但是，虽然可转换债券的转换价格高于其发行时的股票价格，但转换时股票价格大幅上涨，公司只能以较低的固定转换价格换出股票，会降低公司的筹资额；并且发行可转换债券后，如果股价没有达到转股所需要的水平，转换债券持有者没有如期转换普通股，则公司只能继续承担债务。在订有回售条款的情况下，公司短期内集中偿还债务的压力会更明显。最后，尽管可转换债券的票面利率比纯债券低，但是加入转股成本之后的总筹资成本比纯债券要高。

二、认股权证

认股权证是公司发行的准许持有者在一定时间内以特定的价格购入一定数量该公司普通股的期权。认股权证包含了选择性契约的全部特征，即选择权约定的有效期限、约定价格及可以购买股票的数量。认股权证是一种长期选择权。

(一)认股权证的发行

公司通常是在发行固定收益证券时附带发行认股权证的。认股权证只是购买普通股票的期权，除非其持有者执行认购权，否则他们并不享有参与公司分红和投票的权利。通常发行公司会考虑股票分割或发行现金股利等因素而调整认股权证的期权价格。

认股权证在发行时会标明每份认股权证可购买的普通股份数，它可以是整数份，也可以是非整数份如 2.85 份等。认股权证还须标明执行价格，即持有者购买普通股的价格。执行价格通常高于发行时的普通股市价，一般溢价为 15%，它可以是固定的，也可以随时间的变化而上升。通常，认股权证有效期为 5~10 年，也有永久性的。持有者执行认股权证后，公司普通股股数会增加并稀释股权。

(二)发行认股权证的用途

(1) 在公司发行新股时，为避免原有股东每股收益和股价被稀释，会给原有股东配发一定数量的认股权证，使其可以按优惠价格认购新股，或直接出售认股权证，以弥补新股发行的稀释损失。这是认股权证最初的功能。

(2) 作为奖励发给本公司的管理人员。所谓"奖励期权"，其实是奖励认股权证，它与期权并不完全相同。有时，认股权证还作为奖励发给投资银行机构。

(3) 作为筹资工具，认股权证与公司债券同时发行，用来吸引投资者购买票面利率低于市场要求的长期债券。

我们这里主要讨论筹资问题，因此重点是认股权证与债券的捆绑发行。

(三)认股权证的价值

发行债券的公司，为了降低债券筹资的成本，在低利率的债券后常附有认股权证，以吸引投资者。这种低利率债券之所以能吸引投资者，是因为认股权证的价值足以抵消债券利率的降低。

(1) 认股权证的初始价格。投资者之所以认购附有认股权证的债券，是因为他们认为这种债券的价格包含了债券的价值和认股权证的价值。

【例9-7】某公司发行期限为20年、面值1 000元的债券,需要付出的利率是13%。由于该公司发行债券时为每一面值债券附有30张认股权证,每张认股权证可按20元的约定价格在20年内的任何一天购买该公司股票,债券的利率为10%,低于市场对该债券要求的13%的利率。该债券的价值是多少?

$$债券价值 = \sum_{t=1}^{20}\frac{1\,000 \times 10\%}{(1+13\%)^t} + \frac{1\,000}{(1+13\%)^{20}} \approx 789(元)$$

该债券所附认股权证的价值等于债券的发行价格1 000元减去债券价值789元,即211元,每张认股权证的价值约为7(211÷30)元。由于债券的发行价格是1 000元(面值),我们可以认为该认股权证的初始价格为7元。

(2) 认股权证的市场价格。认股权证的理论价格是股票的市场价格减去约定价格。认股权证实际上是买方选择权,由于选择权对收益的高杠杆作用,以及投资者对股票价格上扬的预期,认股权证的市场价格总是高于理论价格,如图9-2所示。随着股票价格的升高,市场价格与理论价格将逐渐接近。当股票价格逐渐升高,如果约定价格不变,认股权证的市场价格也会升高。因此,它的杠杆作用将减弱,而风险将增大,溢价会减小,市场价格将接近理论价格。

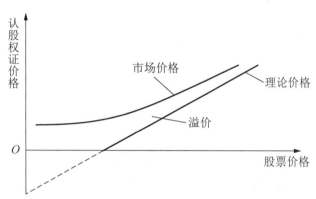

图9-2 认股权证的理论价格和市场价格

(四)认股权证筹资的优缺点

认股权证筹资的主要优点是可以降低相应债券的利率。认股权证的发行人主要是高速增长的小公司,这些公司有较高的风险,直接发行债券需要较高的票面利率。发行附有认股权证的债券,是以潜在的股权稀释为代价换取较低的利息。

认股权证筹资的主要缺点是灵活性较差。附带认股权证的债券发行者,主要目的是发行债券而不是股票,是为了发债而附带期权。认股权证的执行价格,一般比发行时的股价高出20%~30%。如果将来公司发展良好,股票价格会大大超过执行价格,原有股东会蒙受较大损失。此外,附带认股权证债券的承销费用高于债务融资。

(五)可转换债券和认股权证的区别

(1) 认股权证在认购股份时给公司带来新的权益资本,而可转换债券在转换时只是报表项目之间的变化,没有增加新的资本。

(2) 灵活性不同。可转换债券的类型繁多，千姿百态。它允许发行者规定可赎回条款、强制转换条款等，而认股权证的灵活性较少。

(3) 适用情况不同。发行附带认股权证债券的公司，比发行可转换债券的公司规模小、风险更高，往往是新的公司启动新的产品。对这类公司，潜在的投资者缺乏信息，很难判断风险的大小，也就很难设定合适的利率。为了吸引投资者，它们有两种选择，一个是设定很高的利率，承担高成本；另一个是采用期权与债务捆绑，向投资者提供潜在的升值可能性，适度抵消遭受损失的风险。附带认股权证的债券发行者，主要目的是发行债券而不是股票，是为了发债而附带期权，只是因为当前利率要求高，希望通过捆绑期权吸引投资者以降低利率。可转换债券的发行者，主要目的是发行股票而不是债券，只是因为当前股价偏低，希望通过将来转股以实现较高的股票发行价。

(4) 两者的发行费用不同。可转换债券的承销费用与纯债券类似，而附带认股权证债券的承销费用介于债务融资和普通股之间。

三、衍生证券

衍生证券(derivative security)，也称衍生工具，是一种证券，其价值依赖于其他更基本的标的变量。目前，包括远期合约、期货、期权、互换等在内的金融衍生品被称为衍生证券。衍生证券，如期权和期货，是收益决定于其他资产价格(如债券或股票价格)的合约。衍生证券因其价值取决于其他资产的价格而得名。

(一) 证券衍生品的类别

证券衍生产品可以分为契约型和证券型两类。

1. 契约型证券衍生品

契约型证券衍生品以股票、债券等资本证券或者资本证券的整体价值衡量标准如股票指数为基础，主要包括各类期货、期权等品种，如股指期货、股指期权、国债期货、股票期权等。其特点有以下三个方面。

(1) 契约型衍生品是以证券交易场所设计的标准化、规格化的合约的形式存在，而不是以证券的形式存在。

(2) 契约型衍生品不具备融资功能，主要作为一种风险管理工具而存在。

(3) 契约型衍生品没有发行人，交易的方式为期货交易，实行保证金、持仓限制、逐日盯市等交易风险控制措施。

2. 证券型证券衍生品

证券型证券衍生品是股票等基础证券和一个权利合约相结合，并将其中的权利以证券的形式表现出来，形成了一种新的证券品种。有代表性的证券型证券衍生品包括认股权证和可转换公司证券。其特点有以下三个方面。

(1) 从证券的基本原理上看，证券品种都是一种特定权利的证券化，如股票是股东权的证券化，债券是债权的证券化，而认股权证系"选择权"的证券化，应当属于证券范畴。之所以称之为衍生证券，是因为其建立在买卖特定股票的基础上，以标的股票的存在为基础，具有衍生性。

(2) 与股票和公司债券一样，认股权证有发行人，设定发行价格，经历发行和募集程序，具有直接或间接的筹资功能，但契约型证券衍生品并无发行人和发行程序，也无筹资功能。

(3) 认股权证尽管是证券型证券衍生品，但其交易方式和股票、公司债券等保持一致，实行现货交易。认股权证的特征，同样适用于认股选择权合约和公司债券相结合而衍生的可转换公司债券，揭示出证券型证券衍生品的共性特征。

(二)几种主要衍生证券介绍

1. 远期合约

远期合约是一种特别简单的衍生工具。它是一种在确定的将来时间按确定的价格购买或出售某项资产的协议。通常是在两个金融机构之间或金融机构与其公司客户之间签署该合约。它不在规范的交易所内交易。

当远期合约的一方同意在将来某个确定的日期以某个确定的价格购买标的资产时，我们称这一方为多头。另一方同意在同样的日期以同样的价格出售该标的资产，这一方就被称为空头。在远期合约中的特定价格称为交割价格。在合约签署的时刻，所选择的交割价格应该使得远期合约的价值双方都为0。这意味着无须成本就可处于远期合约的多头或空头状态。

远期合约在到期日交割。空头的持有者交付标的资产给多头的持有者，多头支付等于交割价格的现金。决定远期合约价格的关键变量是标的资产的市场价格，正如以上提到的，签署远期合约时该合约的价值为0。其后，它可能具有正的或负的价值，这取决于标的资产价格的运动。例如，如果合约签署之后不久，该标的资产价格上涨很快，则远期合约多头的价值变为正值，而远期合约空头的价值变为负值。

2. 期货合约

像远期合约一样，期货合约是两个对手之间签订的一种在确定的将来时间按确定的价格购买或出售某项资产的协议。与远期合约不同，期货合约通常在规定的交易所内交易。为了使交易顺利进行，交易所详细规定了期货合约的标准化条款。由于期货合约的双方不一定相识，交易所同时也向双方提供该期货合约的承兑保证。

期货合约与远期合约的不同点之一，是期货合约并不总是指定确切的交易日期。期货合约是按交割月划分，由交易所指定交割月中必须进行交割的交割期限。对商品来说，交割期限通常为整个交割月。合约空头方有权在交割期限中选定将要进行交割的时间。通常，在任何时候，不同交割月的期货合约都有交易。交易所指定一份合约应交割的资产的数额、期货价格的标价方法，并且还可能规定任何一天中期货价格可以变化的范围。在商品期货中，交易所也可以指定产品的质量和交割的地点。

3. 期权合约

期权合约是关于在将来一定时间以一定价格买卖特定商品的权利的合约。期权的标的资产包括股票、股票指数、外汇、债务工具、商品和期货合约。期权有两种基本类型，看涨期权和看跌期权，亦称买入期权和卖出期权。看涨期权的持有者有权在某一确定时间以某一确定的价格购买标的资产。看跌期权的持有者有权在某一确定时间以某一确定的价格出售标的资产。期权合约中的价格被称为执行价格或敲定价格。合约中的日期为到期日、执行日或期满日。美式期权可在期权有效期内任何时候执行。欧式期权只能在到期日执行。在交易所中交易的大多数期权为美式期权。但是，欧式期权通常比美式期权更容易分析，并且美式期权的一些性质总是可由欧式期权的性质推导出来。

需要强调的是，期权赋予其持有者做某件事情的权利，持有者不一定必须行使该权利。这一特点使期权合约不同于远期和期货合约，在远期和期货合约中持有者有义务购买或出售该标的资产。需要注意的是，投资者签署远期或期货合约时的成本为0，但投资者购买一份期权合约必须支付期权费。

近年来，在金融领域衍生证券变得越来越重要。许多交易所正在进行大量的期货和期权交易。金融机构与其客户在交易所外的场外市场(over-the-counter，OTC)频繁进行远期合约、互换和其他不同种类的期权的交易。其他更特殊的衍生证券常常作为债券和股票发行的一个组成部分。我们经常看到，衍生证券所依附的标的变量是可交易证券的价格。例如，股票期权是一个衍生证券，其价值依赖于股票的价格。然而，正如我们看到的，衍生证券可以依赖于几乎任何变量，从生猪价格到某个滑雪胜地的降雪量。

本 章 小 结

公司筹集资金是公司筹措和集中生产经营所需资金的财务活动，是公司资金运动的起点。公司筹资按资金使用期限长短可分为短期资金和长期资金两类；按资金的来源可分为所有者权益和负债两类。

公司筹资要通过一定的筹资渠道采取一定的筹资方式来进行。筹资渠道是指公司取得资金的来源，筹资方式是指公司取得资金的具体形式，两者既有联系有又区别。同一渠道的资金往往可以采用不同的方式取得，而同一筹资方式又往往适用于不同的筹资渠道。对此，要理解公司有哪些主要的资金来源渠道。

负债资金的筹集和股权资金的筹集是本章的主要内容。借入资金的筹集方式，主要有长期借款、发行债券、融资租赁。股权资金的筹集方式，主要是发行普通股股票和优先股股票等，对每一种筹资方式，原则上都要研究其种类、筹资程序、有关指标的计算、优缺点等问题，同时要着重研究每种筹资方式的特点。

关 键 词

长期资金(long-term sources of funds)　普通股(common stock)　优先股(preferred stock)　债券(bond)　留存收益(retained earning)　可转换债券(conversion bond)　认股权证(warrants)　衍生证券(derivative security)

思 考 题

1. 什么是筹资渠道？目前我国有哪些筹资渠道？
2. 什么是筹资方式？目前我国有哪些筹资方式？
3. 筹资渠道和筹资方式有何关系？
4. 试述融资租赁的程序。
5. 试分析债券筹资对公司的利弊。
6. 试说明股票发行的定价方式。
7. 试分析普通股筹资的优缺点。
8. 试说明可转换债券价值的确定。
9. 试分析可转换债券筹资的优缺点。
10. 试说明认股权证价值的确定。
11. 试分析可转换债券筹资和认股权证的区别。

 微课资源

扫一扫，获取相关微课视频。

长期筹资决策概述.mp4

长期负债及租赁融资：
长期借款融资.mp4

长期负债及租赁融资：
债券融资.mp4

长期负债及租赁融资：
租赁融资.mp4

普通股与优先股融资.mp4

可转换债券融资.mp4

第十章 资本成本与资本结构

【学习目标】

通过本章的学习，理解资本成本的概念、作用；熟练地计算各种资本成本；了解边际资本成本的概念和计算方法；理解降低综合资本成本的途径；了解资本结构的概念，掌握最佳资本结构确定方法；了解成本按其成本习性的分类；理解经营杠杆、财务杠杆和总杠杆的原理，在此基础上掌握各杠杆效益的运用。

【案例导入】

巴斯夫集团在欧洲、亚洲、南北美洲的41个国家拥有超过160家全资子公司或者合资公司。巴斯夫集团总部位于莱茵河畔的路德维希港，它是世界上工厂面积最大的化学产品基地。该集团涉及多个行业，包括农业、石油和天然气、化工业以及塑料工业。为了提升公司价值，巴斯夫集团发起了"2020计划"，该计划非常全面地涵盖集团内所有的职能，并且鼓励所有员工挑战企业家风格的工作方式。该计划的主要财务部分是集团期望赚取的收益是在加权平均资本成本上加上一个溢价。那么，究竟什么是加权平均资本成本呢？

加权平均资本成本是企业为了满足其所有投资者(包括股东、债权持有人和优先股股东)所需要获得的最低报酬率。例如，2010年巴斯夫集团的加权平均资本成本固定在9%，在扣除资本成本后，获得了39亿欧元的创纪录性的收益，2011年，这一指标是11%。因此，资本成本是筹资过程中必须要考虑的因素。

第一节 资本成本概述

资本成本是财务管理的一个非常重要的概念。资本成本概念之所以重要，是由于以下两点。一是公司要达到股东财富最大化，必须使所有的投入成本最小化，其中包括资本成本的最小化，所以正确估计和合理降低资本成本是制定筹资决策的基础。二是公司为了增加股东财富，只能投资于投资报酬率高于其资本成本率的项目，所以正确估计项目的资本成本是制定投资决策的基础。

狭义的资本概念是指利用普通股、优先股、留用收益等方式所筹集的资金；而广义的资本概念，还包括长期借款、长期债券等负债资金。在长期筹资决策中，我们使用广义的资本概念。

一、资本成本的概念

企业无论从何种渠道取得资金，都需要付出相应的代价。资本成本就是企业筹集和使用资本而付出的代价，它包括资本筹集费和资本占用费两部分。资本筹集费是指在资本筹集过程中支付的各项费用，如发行股票、债券支付的印刷费、发行手续费、律师费、资信评估费、公证费、担保费、广告费等。资本占用费是指占用资金支付的费用，如股票的股息、银行借款和债券利息等。由于资本占用费属于定期支付的费用，而资本筹集费属于一次性支付的费用，因此在计算资本成本时后者可作为筹资金额的一项扣除。

资本成本是在商品经济条件下，资金所有权与资金使用权分离的产物。资本成本是一种机会成本，它是投资者考虑目前情况后愿意为资本预算项目提供资金的利率水平。因此，资本成本是资本使用者对资本所有者转让资本使用权利的价值补偿，我们有时也以如下思维方式考虑问题：投资者的期望报酬就是受资者的资本成本。

资本成本既可以用绝对数表示，也可以用相对数表示。资本成本用绝对数表示即资本总成本，它是筹资费用和用资费用之和。资本成本通常用相对数表示，它是资本占用费与筹资净额的比率。其计算公式为

$$资本成本 = \frac{资本占用费}{筹资总额 - 资本筹集费} \tag{10.1}$$

由于资本筹集费一般以筹资总额的某一百分比计算，所以上述计算公式也可表示为

$$资本成本 = \frac{资本占用费}{筹资总额 \times (1 - 筹集费率)} \tag{10.2}$$

二、资本成本的用途

公司的资本成本主要用于投资决策、筹资决策、营运资本管理、企业价值评估和业绩评价。

(一)投资决策

在评价任何一个投资项目的经济效益时，均须以资本成本作为折现率，计算该投资项目未来现金流量的现值，然后与总投资支出的现值相比较。任何投资项目只有其预期的投资收益率超过资本成本率时，该方案在经济上才是可行的；如果它的预期的投资收益率不能达到资本成本率，则企业的盈利用以支付资本成本以后将发生亏空，这项方案就应放弃。因此，资本成本是投资项目的"最低收益率"，或是判断投资项目的"取舍率"。

(二)筹资决策

不同的资金来源，具有不同的成本。为了以较少的支出取得企业所需资金，就必须分析各种资本成本的高低，并加以合理配置。

首先，对个别资金成本进行计算和比较，按资本成本的高低进行排列，从中选出资本

成本较低的筹资方式；其次，在考虑财务风险、资金期限、偿还方式、限制条件等因素后，确定几种筹资组合的方案，通过计算各自综合资本成本率，选择最优筹资方案；最后，当企业需要追加筹资时，可计算边际资本成本率，从而确定追加筹资方案。

(三)营运资本管理

公司各类资产的收益、风险和流动性不同，营运资本投资和长期资产投资的风险不同，其资本成本也不同。可以把各类流动资产投资看成不同的"投资项目"，它们也有不同的资本成本。

在管理营运资本方面，资本成本可以用来评估营运资本投资政策和营运资本筹资政策。例如，用于流动资产的资本成本提高时，应适当减少营运资本投资额，并采用相对激进的筹资政策。决定存货的采购批量和储存量、制定销售信用政策和决定是否赊购等，都需要使用资本成本作为重要依据。

(四)企业价值评估

在现实中，经常会碰到需要评估一个企业的价值的情况，如企业并购、重组等。在制定公司战略时，需要知道每种战略选择对企业价值的影响，也会涉及企业价值评估。

评估企业价值时，主要采用现金流量折现法，需要使用公司资本成本作为公司现金流量的折现率。

(五)业绩评价

资本成本作为一种投资报酬是企业最低限度的投资收益率。凡是企业的实际投资收益率低于这个水平的，则应认为是经营不力，这也向企业的经营者发出了信号，企业必须改善经营管理，提高经济效益。

总之，资本成本是连接投资和筹资的纽带，具有广泛的用途。首先，筹资决策决定了一个公司的综合资本成本；其次，综合资本成本又成为投资决策的依据，既是平均风险项目要求的必要报酬率，也是其他风险项目资本成本的调整基础；再次，投资决策决定了公司所需要资金的数额和时间，成为筹资决策的依据；最后，投资于高于现有资产平均风险的项目，会增加公司的风险并提高公司的资本成本。在"筹资决策—资本成本—投资决策—资本成本—筹资决策"的循环中，资本成本把筹资决策和投资决策联系起来。为了实现股东财富最大化的目标，公司在筹资活动中寻求资本成本最小化，与此同时，投资于报酬高于资本成本的项目并力求净现值最大化。

三、影响资本成本高低的因素

在市场经济环境中，多方面因素的综合作用决定着企业资本成本的高低，其中主要的影响因素有：总体经济环境、证券市场条件、企业内部的经营和融资状况、融资规模。

(1) 总体经济环境决定了整个经济中资本的供给和需求，以及预期通货膨胀的水平。总体经济环境变化对资本成本的影响，反映在无风险报酬率上。显然，如果整个社会经济中的资金需求和供给发生变动，或者通货膨胀水平发生变化，那么投资者也会相应改变其所要求的收益率。具体来说，如果投资者对货币的需求增加，而货币供给量本身并没有相应增加，那么投资人便会相应提高其投资收益率，企业的资本成本就会上升；反之，则会降低其要求的投资收益率，使资本成本下降。此外，如果预期通货膨胀水平上升，那么将会导致货币购买力下降，此时投资者也会提出更高的收益率来补偿预期的购买力损失，从而导致企业的资本成本上升。

(2) 证券市场条件包括证券的市场流动难易程度和价格波动程度。如果某种证券的市场流动性不好，投资者想买进或卖出证券相对困难，那么变现风险就会加大，投资者要求的收益率就会提高；或者虽然市场上存在对某证券的需求，但其价格波动较大，使得投资的风险加大，投资者要求的收益率也会提高。

(3) 企业内部的经营和融资状况主要是指经营风险和财务风险的大小。经营风险是企业投资决策的结果，表现在资产收益率的变动上。财务风险是企业筹资决策的结果，表现在普通股收益率的变动上。如果企业的经营风险和财务风险变大，投资者便会要求较高的收益率。

(4) 融资规模是影响企业资本成本的另一个因素，如果企业的融资规模大，那么资本成本也会较高。比如，企业发行的证券金额很大，那么资金筹集费和资金占用费都会上升，而且证券发行规模的增大还会降低其发行价格，由此也会相应增加企业的资本成本。

第二节　个别资本成本

在筹资决策中重点是计算长期资本的成本。它又分为长期借款成本、债券成本、普通股成本、优先股成本和留存收益成本等。前两种为债务资本成本，后三种为权益资本成本。

债务成本与权益成本不同。按照国际惯例和各国税法的规定，长期债务的利息一般允许在企业所得税前支付，具有抵税的作用。这样筹资企业实际上可以少缴一部分所得税，从而使其资本成本降低。此时，筹资企业实际负担的债务利息为：债务利息×(1-所得税税率)。而权益成本则不同，筹资企业向股东支付的股利需要在所得税后支付，不能享受免税收益，支付多少就实际负担多少，因此权益成本一般高于长期债务成本。

一、债务资本成本

债务资本成本主要是指长期借款形成的成本和债券筹资形成的成本。

(一)长期借款成本

长期借款成本是指借款利息和筹资费用。分期付息，到期一次还本的长期借款成本，计算公式为

$$K_L = \frac{I_L(1-T)}{L(1-f_L)} = \frac{i_L(1-T)}{1-f_L} \tag{10.3}$$

式中，K_L 为长期借款成本；I_L 为长期借款年利息；L 为长期借款金额，即借款本金；T 为所得税税率；f_L 为长期借款筹资费率；i_L 为长期借款年利息率。

当长期借款的筹资费用(主要是借款的手续费)很小，以致可以忽略不计时，长期借款成本可以进一步简化为

$$K_L = i_L \times (1-T) \tag{10.4}$$

【例 10-1】某公司从银行获得一笔 4 年期长期借款,借款金额为 300 万元,年利率为 10%,每年付息一次,到期还本,筹资费率为 0.3%,企业所得税税率为 25%。该项长期借款的资本成本是多少?

$$K_L = \frac{300 \times 10\% \times (1-25\%)}{300 \times (1-0.3\%)} = \frac{10\% \times (1-25\%)}{(1-0.3\%)} = 7.52\%$$

若例中的手续费忽略不计,则长期借款成本为

$$K_L = 10\% \times (1-25\%) = 7.5\%$$

上述长期借款成本的计算方法比较简单,但该方法有一个最大的缺陷,就是没有考虑资金时间价值。

在实务中,还可根据现金流量计算长期借款成本。这种方法的基本原理是:长期借款的税前成本是使企业因借款而发生的未来现金流出的现值之和等于借款的现金流入的贴现率,即:使借款的净现值等于 0 的贴现率。其计算公式为

$$L \times (1-f_L) = \sum_{t=1}^{n} \frac{I_t}{(1+K)^t} + \frac{P}{(1+K)^n} \tag{10.5}$$

$$K_L = K(1-T)$$

式中,P 为第 N 年年末应偿还的本金;K 为所得税前的长期借款成本;K_L 为所得税后的长期借款成本。

由式 10.5 可以看出,运用现金流量计算长期借款成本可分为两步:第一步先用插值法计算所得税前成本 K;第二步将所得税前成本调整为税后成本。

【例 10-2】承例 10-1 资料,若考虑资金时间价值,该项长期借款成本计算如下。

第一步,先计算税前成本。

当 $K=10\%$ 时:

借款的净现值=300×10%×(P/A,10%,4)+300×(P/S,10%,4)-300×(1-0.3%)

=30×3.169 87+300×0.683 01-299.1

=0.899(万元)

当 $K=12\%$ 时:

借款的净现值=300×10%×(P/A,12%,4)+300×(P/S,12%,4)-300×(1-0.3%)

=30×3.037 3+300×0.635 5-299.1

=-17.33(万元)

然后用插值法计算税前成本:

$$K = 10\% + (12\% - 10\%) \times \frac{0.899}{0.899 + 17.33} = 10.099\%$$

第二步,将税前资本成本调整为税后资本成本。

$$K_L = 10.099\% \times (1-25\%) = 7.57\%$$

(二)债券成本

发行债券的成本主要指债券利息和筹资费用。债券利息的处理与长期借款利息的处理相同,应以税后的债务成本为计算依据。债券的筹资费用一般比较高,不可在计算资本成本时忽略。

从债券的发行价格看,有平价、溢价和折价三种。这种发行价格的区别体现了债券的票面利率和市场利率之间的关系。为了更准确地计算债券成本,债券实际筹得资金额应按发行价格计算。分期付息,到期一次还本的债券成本计算公式为

$$K_b = \frac{I_b(1-T)}{B(1-f_b)} \tag{10.6}$$

式中,K_b 为债券资本成本;I_b 为债券年利息;T 为所得税税率;f_b 为债券筹资费率;B 为债券实际筹得资金数额。

【例 10-3】 某企业发行总面额为 1 000 万元的 5 年期债券,票面利率为 12%,发行费率为 3%,公司所得税税率为 25%。该债券的资本成本如下。

$$K_b = \frac{1\,000 \times 12\% \times (1-25\%)}{1\,000 \times (1-3\%)} = 9.28\%$$

若上述债券的发行价格为 1100 万元,则债券的资本成本如下。

$$K_b = \frac{1\,000 \times 12\% \times (1-25\%)}{1\,100 \times (1-3\%)} = 8.43\%$$

若上述债券的发行价格为 900 万元,则债券的资本成本如下。

$$K_b = \frac{1\,000 \times 12\% \times (1-25\%)}{900 \times (1-3\%)} = 10.31\%$$

由于公司支付给债券持有者的利息是按票面金额乘以票面利率计算的,所以不管实际发行价格为多少,筹资公司的利息负担不变。

实际上,债券的利率水平一般高于长期借款的利率水平,而且发行费用也较高。因此,债券的成本一般也要高于长期借款成本。

上述债券成本的计算,如同长期借款一样没有考虑资金时间价值。若考虑资金时间价值,债券的税前成本应是使企业发行债券而发生的未来现金流出(包括各期应付利息和到期归还本金)的现值之和等于发行债券的现金流入的贴现率,即是使债券的净现值等于 0 的贴现率,其计算方法与长期借款成本相同。

在各种长期资金中,债务资本成本率最低。这是因为,在企业资产不足偿付全部债务时,债权人的索赔权先于各种股票持有人,其投资风险小,因而利率较低,筹资费不多;而且企业支付债务利息后尚可少缴所得税。但是,筹集长期借款和长期债券是有限度的,它要以一定数量的自有资本为条件,通常借入资本不能超过企业的自有资本。

二、权益资本成本

权益资本成本的计算具有较大的不确定性。因为投资者(主要是普通股股东)对所投资金的预期报酬与公司的经营业绩密切相关,与有关政策,如宏观经济、金融政策和股利分配

政策等密切相关。而公司经营业绩和有关政策是不断发生变化的，是不断地对权益资本成本产生影响的。因此，公司必须不断地对权益资本成本作出调整。

然而，权益资本成本计算的不确定性并不意味权益资本成本的不可计算性。在很大程度上，权益资本成本是可以计算的，也是具有较好的参考价值的。

(一)优先股的资本成本

企业发行优先股股票，同发行债券一样，也需要支付筹资费用，如注册费、代销费等。其股利也要定期支付。但与债券利息不同，其股利是以税后净利支付的，不会减少企业应上缴的所得税。

因此，优先股成本的计算公式为

$$K_p = \frac{D_p}{P_p(1-f_p)} \tag{10.7}$$

式中，K_p 为优先股资本成本；D_p 为优先股预订年股利；P_p 为优先股实际筹得资金数额；f_p 为优先股筹资费率。

【例10-4】 某企业发行的优先股的面值为100元，年支付股利15元，发行费率为4%。该优先股的资本成本如下。

$$K_p = \frac{15}{100\times(1-4\%)} = 15.625\%$$

(二)普通股的资本成本

普通股的资本成本的计算原则与优先股的相同。但与优先股相比，普通股股东的股利是不固定的，它将随着公司经营状况的变动而变化。由于公司终止清算时，普通股股东的求偿权又位于优先股股东之后，承担的风险要高于债权人和优先股股东，所以要求较高的报酬率。因此，普通股成本的计算较为困难，需要进行一些必要的假设和简化来估算。目前，估算普通股成本的方法主要有以下三种。

1. 股利增长模型

股利增长模型是依照股票投资报酬率不断增长的思路来估算普通股成本。在正常情况下，随着公司的不断发展，普通股股利应是逐年增长的。假设普通股股利以固定的年增长率递增，根据股东成长股票估价模型公式，普通股资本成本的计算公式为

$$K_c = \frac{D_1}{P_c(1-f_c)} + G \tag{10.8}$$

式中，K_c 为普通股资本成本；D_1 为预期第一年普通股股利；P_c 为普通股实际筹得资金数额；f_c 为普通股筹资费率；G 为普通股年股利增长率。

【例10-5】 某公司发行普通股，每股面值为100元，筹资费率为5%，第一年年末预计股利率为15%，以后每年增长5%。该普通股的资本成本如下。

$$K_c = \frac{100\times15\%}{100\times(1-5\%)} + 5\% = 20.79\%$$

2. 资本资产定价模型

资本资产定价模型的含义可以简单地描述为：普通股投资的必要报酬率等于无风险报酬率加上风险报酬率。其计算公式为

$$K_c = R_F + \beta(R_M - R_F) \tag{10.9}$$

式中，R_F 为无风险报酬率；β 为股票的贝塔系数；R_M 为整个股票市场平均报酬率。

【例 10-6】 某股份公司普通股股票的 β 系数为 1.5，无风险利率为 6%，市场投资组合的期望收益率为 10%。该公司的普通股成本如下。

$K_c = 6\% + 1.5 \times (10\% - 6\%) = 12\%$

3. 风险溢价法（债务成本加风险报酬法）

根据风险与报酬均衡，即"投资风险越大，要求的报酬率越高"的基本原理，由于普通股股东对企业的投资风险要大于债权人，因此，普通股股东会在债权人要求的报酬率的基础上附加一定的风险溢价。依照这一理论，普通股成本的计算公式为

$$K_c = K_b + RP_c \tag{10.10}$$

式中，K_b 为债务成本；RP_c 为股东比债权人承担更大风险所要求的风险溢价。

债务成本的计算比较容易，若公司发行债券，债务成本为债券成本；若公司不发行债券，则可用公司的平均负债成本。而风险溢价的确定比较困难，风险溢价没有直接的计算方法，可以凭借经验估计。根据西方国家的经验，公司普通股的风险溢价相对于其发行的债券来说，绝大部分在 3%～5%。当市场利率达到历史性高点时，风险溢价通常较低；而当市场利率处于历史性低点时，风险溢价则会较高。而通常情况下，常常采用 4% 的平均风险溢价。例如，对于债券成本为 9%、中等风险的企业来讲，其普通股成本如下。

$K_c = 9\% + 4\% = 13\%$

而对于债务成本为 13% 的另一家中等风险企业，其普通股成本如下。

$K_c = 13\% + 4\% = 17\%$

估计 RP_c 的另一种方法是使用历史数据分析，即比较过去不同年份的权益收益率和债务收益率。通常在比较时会发现，虽然权益收益率和债券收益率有较大波动，但两者的差额 RP_c 相当稳定。正因为如此，历史的 RP_c 可以用来估计未来普通股成本。

前面讲述了三种计算普通股成本的估计方法，这三种方法的计算结果经常不一致，我们不知道哪一个更接近真实的普通股成本；实际上不存在一个公认的确定普通股真实成本的方法。一种常见的做法是将每种方法计算出来的普通股成本进行算术平均。但是，有时决策者基于他对某种方法所采用的数据更有信心，而注重其中的一种方法。与此类似，如果决策者知道资本资产定价模型中使用的 β 系数反映的是历史风险，而企业现在的风险要小得多，他就可能不愿意采用资本资产定价模型。

此外，估计增长率需要经验和判断。例如，一个公司的长期增长率不太可能与 GDP 的增长率相差太多。长期的市场竞争会使高增长企业的优势逐渐消失，并淘汰增长缓慢的企业。只有那些具有独特资源和垄断优势的少数公司，才可能较长时期维持高增长率。如果给一个公司较高的增长率估值，必须要知道它的长期竞争优势是如何取得和维持的。

(三)留存收益的资本成本

留存收益是股东大会同意不作为股利分配而留存在公司使用的那部分税后利润。留存收益是企业的可用资金,它属于普通股股东所有,其实质是普通股股东对企业的追加投资。股东放弃一定的股利,是要求对这部分追加投资能获得与普通股相同的报酬。因此,企业对这项资金并非无偿使用,也应计算资本成本,不过留存收益成本并不需要支付现金,是一种机会成本。留存收益资本成本的计算方法,与普通股基本相同,只是不考虑筹资费用。其计算公式为

$$K_s = \frac{D_1}{P_s} + G \tag{10.11}$$

式中,K_s 为留存收益资本成本,其余同普通股。

【例 10-7】某公司的普通股上年发放的股利为 2 元,预计公司的股利能以每年 10%的增长率持续增长。如果该公司普通股股票市价为每股 50 元,留存收益成本可计算如下。

$$K_s = \frac{2 \times (1+10\%)}{50} + 10\% = 14.4\%$$

通常,在各种资金来源中,权益资本成本最高。这是因为,在企业资不抵债时,股票持有人的索赔权居于最后,所以投资的风险最大,这就使得股票股利率高于债务利率,发行股票的筹资费也较高;而且股票股息是税后支付,不会因此而减少企业应缴所得税,所以权益资本成本明显高于债务资本成本。

企业在选择筹资方式时,要考虑不同筹资方式的资本成本水平,一般地,按资本成本率从低到高的顺序排列,以上五种筹资方式依次为长期借款 < 长期债券 < 优先股 < 留存收益 < 普通股。

第三节 综合资本成本

由于受多种因素的制约,企业不可能只从某种资本成本较低的来源筹集资金,往往需要通过多种方式筹集所需资金。

一、综合资本成本

综合资本成本是指公司全部长期资本的总成本,它是以公司各种资本占全部资本的比例为权重,对个别资本成本进行加权平均而得出的,也称加权平均资本成本(weighted average cost of capital,WACC)。

综合资本成本一般是以各种资本占全部资本的比重为权数,对个别资本成本进行加权平均确定的。综合资本成本是企业进行资本结构决策的依据,是综合反映资本成本总体水平的一项重要指标。其计算公式为

$$K_w = \sum_{j=1}^{n} K_j W_j \tag{10.12}$$

式中,K_w 为综合资本成本;K_j 为第 j 种个别资本成本;W_j 为第 j 种个别资本占全部

资本的比重(权数)。

【例 10-8】假设某公司共有长期资本(账面价值)500 万元。其中，长期借款 100 万元，应付债券 50 万元，普通股 250 万元，留存收益 100 万元；其资本成本分别为 5.64%、6.7%、12.7%、12%。该企业的综合资本成本如下。

$$K_w = 5.64\% \times \frac{100}{500} + 6.7\% \times \frac{50}{500} + 12.7\% \times \frac{250}{500} + 12\% \times \frac{100}{500} = 10.55\%$$

原来计算综合资本成本是如此简单！

但仔细想一下，其实问题并不是想象得那么简单。在计算综合资本成本时，需要解决的主要问题有两个：一是如何确定每一种资本要素的成本；二是如何确定公司总资本结构中各要素的权重。那么各种筹资方式的权重是如何确定的呢？

最简单的是使用公司当前的账面价值来确定，上述综合资本成本的计算中所用权数就是按账面价值确定的。账面价值加权是指根据企业资产负债表上显示的会计价值来衡量每种资本的比例。每年报告一次的资产负债表，提供了负债和权益的比例，计算时很方便。但是，账面结构反映的是历史的结构，不一定符合未来的状态；账面价值会歪曲资本成本，因为账面价值与市场价值有极大的差异。当企业资本的账面价值与市场价值的差别较大时，如股票、债券的市场价格发生较大变动，计算结果会与实际有较大的差距，从而贻误筹资决策。

实际市场价值加权是指根据当前负债和权益的市场价值比例衡量每种资本的比例。由于市场价值不断变化，负债和权益的比例也随之变动，计算出的综合成本数额也转瞬即逝。为弥补证券市场价格变动频繁的不便，也可选用平均价格。

目标资本结构加权是指根据市场价值计量的目标资本结构衡量每种资本要素的比例。管理层决定的目标资本结构，代表未来将如何筹资的最佳估计。如果企业向目标结构发展，目标加权是最有意义的。这种方法可以选用平均市场价格，回避证券市场价格变动频繁的不便；可以适用于企业筹措新资金，而不像账面价值权数和实际市场价值权数那样只反映过去和现在的资本结构。调查表明，目前大多数公司在计算综合资本成本时采用按平均市场价值计量的目标资本结构作为权重。

二、边际资本成本

由于企业无法以某一固定的资本成本来筹措无限的资金，当其筹措的资金超过一定限度时，原来的资本成本就会增加。在企业追加筹资时，需要知道筹资额在什么数额上便会引起资本成本怎样的变化。这就要用到边际资本成本的概念。

边际资本成本是指每增加一个单位的新资本而增加的成本。边际资本成本也是按综合资本成本计算的，是追加筹资时所使用的加权平均资本成本。当企业需要追加筹措资本时应考虑边际资本成本的高低。

当筹资数额较大，资本结构又有既定目标时，也可通过边际资本成本的计算，确定最优的筹资方式的组合。

【例 10-9】A 公司拥有长期资金 2 000 万元。其中，长期借款 300 万元，长期债券 500 万元，普通股 1 200 万元。由于扩大经营规模的需要，拟筹集新资金。经分析，认为目前的资本结构是最优的,希望筹集新资金后仍能保持目前的资本结构,即长期借款占15%,长期债券占25%,普通股占60%。经测算,随筹资的增加各种资本成本的变化,如表10-1所示。

表10-1 A公司筹资资料

资金种类	目标资本结构	新筹资额	资本成本
长期借款	15%	45 000元以下	3%
		45 000~90 000元	5%
		90 000元以上	7%
长期债券	25%	200 000元以下	10%
		200 000~400 000元	11%
		400 000元以上	12%
普通股	60%	300 000元以下	13%
		300 000~600 000元	14%
		600 000元以上	15%

(一)计算筹资突破点

因为花费一定的资本成本只能筹集到一定限度的资金,超过这一限度多筹集资金就要多花费资本成本,引起原资本成本率的变化,于是就把在保持某资本成本率的条件下可以筹集到的资金总限度称为现有资本结构下的筹资突破点。在筹资突破点范围内筹资,原来的资本成本率不会改变;一旦筹资额超过筹资突破点,即使维持现有的资本结构,其资本成本率也会增加。筹资突破点的计算公式为

$$筹资突破点 = \frac{用某一特定成本率筹集到的某种资金额}{该种资金在资本结构中所占的比重} \qquad (10.13)$$

在表10-1中,在花费3%资本成本时,取得的长期借款筹资限额为45 000元,该资金在资本结构中占15%比重下,其筹资突破点如下。

$$\frac{45\,000}{15\%} = 300\,000(元)$$

同理,在花费5%资本成本时,取得的长期借款筹资限额为90 000元,其筹资突破点如下。

$$\frac{90\,000}{15\%} = 600\,000(元)$$

按此方法,资料中各种情况下的筹资突破点的计算结果如表10-2所示。

表10-2 A公司筹资突破点的计算结果

资金种类	资本结构	资本成本	新筹资额	筹资突破点
长期借款	15%	3%	45 000元以下	300 000元
		5%	45 000~90 000元	600 000元
		7%	90 000元以上	

续表

资金种类	资本结构	资本成本	新筹资额	筹资突破点
长期债券	25%	10%	200 000 元以下	800 000 元
		11%	200 000～400 000 元	1 600 000 元
		12%	400 000 元以上	
普通股	60%	13%	300 000 元以下	500 000 元
		14%	300 000～600 000 元	1 000 000 元
		15%	600 000 元以上	

在表 10-2 中，筹资突破点是指引起某类资金资本成本变化的分界点。例如，长期借款，筹资总额不超过 300 000 元，资本成本为 3%；超过 300 000 元，资本成本就要增加到 5%。那么筹资总额尽量不要超过 300 000 元。然而要维持原有资本结构，必然要多种资金按比例同时筹集，单考虑某个别资金是不成立的，必须考虑加权平均的边际资本成本。

(二)计算边际资本成本

由表 10-2 计算结果，可以得到七组筹资总额范围：①300 000 元以下；②300 000～500 000 元；③500 000～600 000 元；④600 000～800 000 元；⑤800 000～1 000 000 元；⑥1 000 000～1 600 000 元；⑦1 600 000 元以上。根据七个筹资范围分别计算其加权平均资本成本，就是随着筹资额增加而增加的边际资本成本。结果如表 10-3 所示。

表 10-3 边际资本成本计算

筹资总额范围	资金种类	资本结构	资本成本	加权平均资本成本
300 000 元以下	长期借款	15%	3%	3%×15% = 0.45%
	长期债券	25%	10%	10%×25% = 2.5%
	普通股	60%	13%	13%×60% = 7.8%
				0.45%+2.5%+7.8%=10.75%
300 000～500 000 元	长期借款	15%	5%	5%×15% = 0.75%
	长期债券	25%	10%	10%×25% = 2.5%
	普通股	60%	13%	13%×60% = 7.8%
				0.75%+2.5%+7.8%=11.05%
500 000～600 000 元	长期借款	15%	5%	5%×15% = 0.75%
	长期债券	25%	10%	10%×25% = 2.5%
	普通股	60%	14%	14%×60% = 8.4%
				0.75%+2.5%+8.4%=11.65%
600 000～800 000 元	长期借款	15%	7%	7%×15% = 1.05%
	长期债券	25%	10%	10%×25% = 2.5%
	普通股	60%	14%	14%×60% = 8.4%
				1.05%+2.5%+8.4%=11.95%

续表

筹资总额范围	资金种类	资本结构	资本成本	加权平均资本成本
800 000～1 000 000 元	长期借款	15%	7%	7%×15%＝1.05%
	长期债券	25%	11%	11%×25%＝2.75%
	普通股	60%	14%	14%×60%＝8.4%
				1.05%＋2.75%＋8.4%＝12.2%
1 000 000～1 600 000 元	长期借款	15%	7%	7%×15%＝1.05%
	长期债券	25%	11%	11%×25%＝2.75%
	普通股	60%	15%	15%×60%＝9%
				1.05%＋2.75%＋9%＝12.8%
1 600 000 元以上	长期借款	15%	7%	7%×15%＝1.05%
	长期债券	25%	12%	12%×25%＝3%
	普通股	60%	15%	15%×60%＝9%
				1.05%＋3%＋9%＝13.05%

由表 10-3 计算得出的各加权平均资本成本，就是随着筹资额增加而增加的边际资本成本。该企业可以按照该表的结果规划追加筹资，尽量不要由一段范围突破到另一段范围。

第四节　资本结构决策

一、资本结构的概念

资本结构是指在企业资本总额中各种资本来源的构成和比例关系。例如，某公司的资本总额为 1 000 万元，其中，银行借款 100 万元、债券 200 万元、优先股 200 万元、普通股 400 万元、留存收益 100 万元，其比例分别为银行借款 10%、债券 20%、优先股 20%、普通股 40%、留存收益 10%。由此可见，一个企业的资本结构，可以用绝对数表示，也可用相对数表示。

而最基本的资本结构则是指企业各种长期资金来源的构成和比例关系。这是因为短期资金的需要量和筹集是经常变化的，且在整个资金总量中所占比重不稳定，因此不列入资本结构管理范围，而作为营运资金管理。因此，在通常情况下，企业的资本由长期债务资本和权益资本构成，资本结构指的是长期债务资本和权益资本各占多大比例。

资本结构是企业筹资决策的核心问题，主要表现在以下三个方面。其一，企业筹集资金的一个重要目标，就是用最"经济"的方法筹集必要的长期资金，并使资本成本率降至最低限度。而企业的加权平均资本成本是以各种来源资本综合计算的，因此各种来源的资本在资本总额中所占的比重，是决定加权平均资本成本高低的一个重要因素。其二，资本结构由企业的筹资方式决定，改变筹资方式可以改变资本结构。例如，在负债过多的情况下，发行股票可改善资本结构；在负债过少的情况下，从银行和其他金融机构借款或发行债券可改善资本结构。其三，资本结构是否合理，不仅与企业的财务风险有关，也与企业能否充分利用利息免税带来的好处有关。

资本结构和财务结构是两个不同的概念。资本结构一般只考虑长期资本的来源、组成及相互关系；而财务结构考虑的是所有资本的来源、组成及相互关系，即资产负债表中负债与所有者权益的所有内容的组合结构。

二、资本结构理论

企业在确定资本结构时，利用负债筹资，并确定其占全部资本比例的重要原因就是负债筹资可降低综合资本成本，并具有财务杠杆效应。资本结构理论就是通过研究财务杠杆、资本成本和企业价值之间的关系，以阐述财务杠杆或负债筹资对企业的综合资本成本和总价值的影响。在西方国家的财务管理理论中，关于企业能否通过资本结构的变化(或负债比率的变化)来影响企业的综合资本成本和企业价值的问题存在许多争议，由此形成了若干资本结构理论。具有代表性的是美国学者大卫·杜兰特提出的净收益理论、营业收益理论和传统理论三种早期资本结构理论，以及美国学者莫迪利安尼和米勒提出的权衡理论等现代资本结构理论。

(一)净收益理论

净收益理论认为，负债可以降低企业的资本成本，负债程度越高，企业的价值越大。这是因为债务利息和权益资本成本均不受财务杠杆的影响，无论负债程度多高，企业的债务资本成本和权益资本成本都不会变化。因此，只要债务成本低于权益成本，那么负债越多，企业的加权平均资本成本就越低，企业的净收益或税后利润就越多，企业的价值就越大。当负债比率为100%时，企业加权平均资本成本最低，企业价值将达到最大值。

(二)营业收益理论

营业收益理论认为，不论财务杠杆如何变化，企业加权平均资本成本都是固定的，因而企业的总价值也是固定不变的。这是因为企业在利用财务杠杆时，即使债务成本本身不变，但由于加大了权益的风险，也会使权益成本上升，于是加权平均资本成本不会因为负债比率的提高而降低，而是维持不变。因此，资本结构与公司价值无关；决定公司价值的应是其营业收益。按照这种理论推论，不存在最佳资本结构，筹资决策也就无关紧要。可见，营业收益理论和净收益理论是完全相反的两种理论。

(三)传统理论

传统理论是一种介于净收益理论和营业收益理论之间的理论。传统理论认为，企业利用财务杠杆尽管会导致权益成本的上升，但在一定程度内却不会完全抵消利用成本率低的债务所获得的好处，因此会使加权平均资本成本下降，企业总价值上升。但是，超过一定程度地利用财务杠杆，权益成本的上升就不再能为债务的低成本所抵消，加权平均资本成本便会上升。以后，债务成本也会上升，它和权益成本的上升共同作用，使加权平均资本成本上升加快。加权平均资本成本从下降变为上升的转折点，是加权平均资本成本的最低点，这时的负债比率就是企业的最佳资本结构。

(四)权衡理论

现代资本结构的起点是 MM 理论。所谓 MM 理论是指两位美国学者莫迪利尼和米勒提出的学说。最初的 MM 理论认为，在某些严格的假设下，资本结构与企业价值无关。但是在现实生活中，有的假设是不能成立的，因此早期 MM 理论推导出的结论并不完全符合实际情况，只能作为资本结构研究的起点。此后，在早期 MM 理论的基础上不断放宽假设，继续研究，几经发展，提出了税负利益—破产成本的权衡理论，如图 10-1 所示。

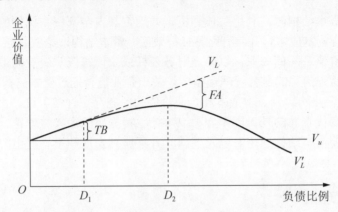

图 10-1　税负利益—破产成本的权衡理论

图中，V_L 为只有负债税额庇护而没有破产成本的企业价值(破产成本是指与破产有关的成本)；V_U 为无负债时的企业价值；V_L' 为同时存在负债税额庇护、破产成本的企业价值；TB 为负债税额庇护利益的现值；FA 为破产成本；D_1 为破产成本变得重要时的负债水平；D_2 为最佳资本结构。

图 10-1 说明，①负债可以为企业带来税额庇护利益。②最初的 MM 理论假设在现实生活中不存在，事实是各种负债成本随负债比率的增大而上升，当负债比率达到某一程度时，息税前盈余会下降，同时企业负担破产成本的概率会增加。③当负债比率未超过 D_1 点时，破产成本不明显；当负债比率达到 D_1 时，破产成本开始变得重要，负债税额庇护利益开始被破产成本所抵消；当负债比率达到 D_2 点时，边际负债税额庇护利益恰好与边际破产成本相等，企业价值最大，达到最佳资本结构；负债比率超过 D_2 点后，破产成本大于负债税额庇护利益，导致企业价值下降。

此后，在资本结构的研究中提出的理论还有代理理论、信号传递理论等。各种各样的资本结构理论为企业筹资决策提供了有价值的参考，可以指导决策行为。但是也应指出，由于融资活动本身和外部环境的复杂性，目前仍难以准确地显示出存在于财务杠杆、每股收益、资本成本及企业价值之间的关系，所以在一定程度上筹资决策还要依靠有关人员的经验和主观判断。

三、资本结构优化决策

从上述分析可知，利用负债资金具有双重作用，适当利用负债，可以降低企业资本成本，但当企业负债比率太高时，会带来较大的财务风险。为此，企业必须权衡财务风险和资本成本的关系，确定最佳资本结构。

资本结构的优化意在寻求最佳资本结构，使企业加权平均资本成本最低，企业风险最小，企业价值最大。

(一)每股收益无差别点法

资本结构是否合理可以通过分析每股收益(EPS)的变化来衡量,能提高每股收益的资本结构是合理的资本结构;反之则不够合理。

每股收益无差别点分析也就是对不同资本结构的获利能力的分析。所谓每股收益无差别点是指使不同资本结构的每股收益相等的息税前利润(EBIT)点。在此点上,所有资本结构的普通股每股收益都相等。因此,从理论上来说,在该点上选择任何筹资方案都能取得相等的每股收益,各方案间无任何差别。根据每股收益无差别点,可以分析判断在什么样的息税前利润下适于采用何种资本结构。

每股收益无差别点法的主要分析对象是 EBIT 和 EPS,所以也称 EBIT-EPS 分析。

每股收益无差别点可以通过计算得出,计算公式为

$$\text{EPS} = \frac{(\text{EBIT} - I)(1-T)}{N} \tag{10.14}$$

式中,I 为债券利息;T 为企业所得税税率;N 为流通在外的普通股股数;EBIT 为息税前利润。

因为在每股收益无差别点上,无论是采用负债融资,还是采用权益融资,每股收益都是相等的。若以 EPS_1 代表第一种筹资方案的每股收益,以 EPS_2 代表第二种筹资方案的每股收益,计算如下:

$$\text{EPS}_1 = \text{EPS}_2$$

$$\frac{(\text{EBIT}_1 - I_1)(1-T)}{N_1} = \frac{(\text{EBIT}_2 - I_2)(1-T)}{N_2}$$

在每股收益无差别点上 $\text{EBIT}_1 = \text{EBIT}_2$,则:

$$\frac{(\text{EBIT} - I_1)(1-T)}{N_1} = \frac{(\text{EBIT} - I_2)(1-T)}{N_2} \tag{10.15}$$

能使得上述条件公式成立的 EBIT 为每股收益无差别点的息税前利润。

【例 10-10】 甲公司现有资本 700 万元,其中,债务资本 200 万元,年利率 12%;普通股资本 500 万元,每股面值 50 元,共 10 万股。现拟增资 300 万元,有两个方案可供选择(企业的所得税税率为 25%)。

甲方案:全部发行普通股:增发 6 万股,每股面值 50 元。

乙方案:全部发行长期债券,债券利率仍为 12%,利息为 36 万元。

将上述资料中的有关数据代入条件公式。

$$\frac{(\text{EBIT} - 200 \times 12\%)(1-25\%)}{10+6} = \frac{(\text{EBIT} - 200 \times 12\% - 300 \times 12\%)(1-25\%)}{10}$$

$$\text{EBIT} = 120(万元)$$

此时的每股收益额为

$$\frac{(120 - 200 \times 12\%) \times (1-25\%)}{10+6} = \frac{(120 - 200 \times 12\% - 300 \times 12\%) \times (1-25\%)}{10}$$

$$= 4.5(元)$$

上述每股收益无差别点分析,可描绘为如图 10-2 所示的情形。

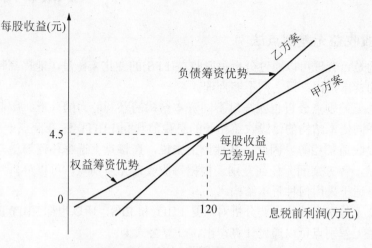

图 10-2 甲公司每股收益无差别点分析

由图 10-2 可以看出，当息税前利润高于 120 万元时，运用负债筹资较多的方案可获得较高的每股收益，此时采用举债增资对企业有利；当息税前利润等于 120 万元时，采用任何一种筹资方式结果都一样；当息税前利润低于 120 万元时，运用权益筹资较多的方案可获得较高的每股收益，此时采用权益增资对企业有利。

应当说明的是，这种分析方法只考虑了资本结构对每股收益的影响，并假定每股收益最大，股票价格也最高。但把资本结构对风险的影响置于视野之外，是不全面的。因为随着负债的增加，投资者的风险加大，股票价格和企业价值也会有下降的趋势，所以单纯地用每股收益无差别点法有时会作出错误的决策。但在资金市场不完善的时候，投资人主要根据每股收益的多少来作出投资决策，每股收益的增加也的确有利于股票价格的上升。

每股收益无差别点法的原理比较容易理解，测算过程较为简单。它以普通股每股收益最高为决策标准，也没有具体测算财务风险因素，其决策目标实际上是每股收益最大化而不是公司价值最大化，可用于资本规模不大、资本结构不太复杂的股份有限公司。

(二)比较综合资本成本

该方法的基本思路是：决策前先拟定若干个备选方案，分别计算各方案的综合资本成本，并根据综合资本成本的高低来确定资本结构。

【例 10-11】乙公司计划年初资本结构如表 10-4 所示。

表 10-4　乙公司计划年初资本结构

资金来源	金额/万元	比重/%
长期借款年利率9%(无筹资费用)	100	10
长期债券年利率10%(筹资费率1%)	200	20
普通股 3.5 万股(筹资费率2%)	700	70
合计	1 000	100

普通股每股面额 200 元，今年期望股利为 20 元，预计以后每年股利增加 3%。该公司所得税税率假定为 25%。

该公司现拟增资 200 万元，有以下两个方案可供选择。

甲方案：发行长期债券200万元，年利率为11%，筹资费率为1%。由于发行债券增加了财务风险，使普通股每股股利增加到25元，以后每年还可增加4%。

乙方案：发行长期债券100万元，年利率为11%，筹资费率为1%。另以每股250元发行普通股100万元。普通股每股股利增加到25元，以后每年再增加4%。

要求：(1)计算年初加权平均资本成本。(2)试作出增资决策。

解：(1)年初综合资本成本计算如下。

长期借款资本成本 $= 9\% \times (1 - 25\%) = 6.75\%$

长期债券资本成本 $= \dfrac{10\% \times (1 - 25\%)}{1 - 1\%} = 7.58\%$

普通股资本成本 $= \dfrac{20}{200 \times (1 - 2\%)} + 3\% = 13.20\%$

综合资本成本 $= 6.75\% \times 10\% + 7.58\% \times 20\% + 13.2\% \times 70\% = 11.43\%$

(2)甲方案。

长期借款资本成本 $= 6.75\%$

旧长期债券资本成本 $= 7.58\%$

新长期债券资本成本 $= \dfrac{11\% \times (1 - 25\%)}{1 - 1\%} = 8.33\%$

普通股资本成本 $= \dfrac{25}{200 \times (1 - 2\%)} + 4\% = 16.76\%$

综合资本成本 $= 6.75\% \times \dfrac{100}{1\,200} + 7.58\% \times \dfrac{200}{1\,200} + 8.33\% \times \dfrac{200}{1\,200} + 16.76\% \times \dfrac{700}{1\,200} = 12.99\%$

乙方案。

旧普通股资本成本 $= 16.76\%$

长期借款资本成本 $= 6.75\%$

旧长期债券资本成本 $= 7.58\%$

新长期债券资本成本 $= 8.33\%$

新普通股资本成本 $= \dfrac{25}{250 \times (1 - 2\%)} + 4\% = 14.20\%$

综合资本成本 $= 6.75\% \times \dfrac{100}{1\,200} + 7.58\% \times \dfrac{200}{1\,200} + 8.33\% \times \dfrac{100}{1\,200} + 16.76\% \times \dfrac{700}{1\,200}$

$\quad + 14.20\% \times \dfrac{100}{1\,200} = 13.48\%$

结论：由以上计算结果可知，甲方案的综合资本成本低于乙方案的，应采用甲方案增资。

这种方法通俗易懂，计算过程也不是十分复杂，是确定资本结构的一种常用方法。但是因所拟定的方案数量有限，故有把最优方案漏掉的可能。同时，资本成本比较法仅以资本成本率最低为决策标准，没有具体测算财务风险因素，其决策目标实质上是利润最大化而不是公司价值最大化，一般适用于资本规模较小、资本结构较为简单的非股份制企业。

(三)公司价值分析法

公司价值分析法是在充分反映公司财务风险的前提下,以公司价值的大小为标准,经过测算确定公司最佳资本结构的方法。与每股收益无差别点法和比较综合资本成本法相比,公司价值比较法充分考虑了公司的财务风险和资本成本等因素的影响,进行资本结构的决策以公司价值最大化为标准,更符合公司价值最大化的财务目标;但其测算原理及测算过程较为复杂,通常用于资本规模较大的上市公司。

公司的市场总价值(V)应该等于其股票的总价值(S)加上债券的价值(B),即:

$$V=S+B \tag{10.16}$$

假设公司的经营利润是可以永续的,股东和债权人的投入及要求的回报不变,股票的市场价值的计算方式为

$$S = \frac{(EBIT - I)(1 - T)}{K_s} \tag{10.17}$$

式中,EBIT 为息税前利润;I 为年利息额;T 为公司所得税税率;K_s 为权益资本成本。采用资本资产定价模型计算股票的资本成本 K_c,计算公式为

$$K_c = R_F + \beta(R_M - R_F) \tag{10.18}$$

式中,R_F 为无风险报酬率;β 为股票的贝塔系数;R_M 为平均风险股票必要报酬率。而公司的资本成本,则应用加权平均资本成本(K_w)来表示。其计算公式为

$$K_w = K_b \left(\frac{B}{V}\right)(1-T) + K_c \left(\frac{S}{V}\right) \tag{10.19}$$

式中,K_b 为税前债务资本成本。

【例10-12】某公司年息税前利润为500万元,资金全部由普通股资本组成,股票账面价值为2 000万元,所得税税率为25%。该公司认为目前的资本结构不够合理,准备用发行债券购回部分股票的办法予以调整。经咨询调查,不同债务水平对公司债务资本成本和权益资本成本的影响如表10-5所示。

表10-5 不同债务水平对公司债务资本成本和权益资本成本的影响

债券的市场价值 B/百万元	税前债务资本成本 K_b/%	股票 β 值	无风险报酬率 R_F/%	平均风险股票必要报酬率 R_M/%	权益资本成本 K_c/%
0	—	1.20	10	14	14.8
2	10	1.25	10	14	15
4	10	1.30	10	14	15.2
6	12	1.40	10	14	15.6
8	14	1.55	10	14	16.2
10	16	2.10	10	14	18.4

根据表10-5的资料,可计算出筹借不同资金额的债务时公司的市场价值和资本成本,如表10-6所示。

表10-6　公司的市场价值和资本成本

债券的市场价值 B/百万元	股票的市场价值 S/百万元	公司的市场价值 V/百万元	税前债务资本成本 K_b/%	权益资本成本 K_c/%	加权平均资本成本 K_w/%
0	25.34	25.34	—	14.8	14.8
2	24	26	10	15	14.42
4	22.70	26.70	10	15.2	14.05
6	20.58	26.58	12	15.6	14.11
8	17.96	25.96	14	16.2	14.44
10	13.86	23.86	16	18.4	15.72

从表10-6中可以看到，在没有债务的情况下，公司的总价值就是其原有股票的市场价值。当公司用债务资本部分地替换权益资本时，一开始公司总价值上升，加权平均资本成本下降；在债务达到400万元时，公司总价值最高，加权平均资本成本最低；债务超过400万元后，公司总价值下降，加权平均资本成本上升。因此，债务为400万元时的资本结构是该公司的最佳资本结构。

第五节　杠杆原理

物理学中的杠杆原理是指通过杠杆的使用，只用一个较小的力量便可引起另一个力量的较大变动。财务管理中也存在着类似的杠杆效应，表现为：由于特定费用(如固定成本和固定财务费用)的存在而导致的，当某一财务变量以较小幅度变动时，另一相关财务变量会以较大幅度变动。

经营杠杆是由与产品生产或提供劳务有关的固定性经营成本所引起的，而财务杠杆则是由债务利息等固定性融资成本所引起的。两种杠杆具有放大盈利波动性的作用，从而影响企业的风险与收益。因此，财务管理中的杠杆效应有三种形式，即经营杠杆、财务杠杆和总杠杆，要了解这些杠杆的原理，我们首先了解成本习性、边际贡献和息税前利润等相关术语的含义。

一、成本习性、边际贡献与息税前利润

(一)成本习性及其分类

所谓成本习性，是指成本总额的变动与业务量总数之间的依存关系。这种依存关系是客观存在的，有一定的规律性。按成本习性可把成本划分为固定成本、变动成本和混合成本。

1. 固定成本

固定成本是指成本总额在一定时期和一定业务量范围内不受业务量增减变动影响而固定不变的成本。例如，某企业全年的财产保险费为10 000元，则在一年内，不管产量为多少，财产保险费固定不变。因此，这笔财产保险费就属于固定成本。其他如折旧费、管理

人员工资、广告费、房屋租金等，这些费用每年支出水平基本相同，产销量在一定范围内变动，它们保持固定不变。正是由于这些成本是固定不可变的，因而随着产量的增加，意味着它可分配给更多数量的产品，也就是说单位固定成本将随着数量的增加而逐渐变小。

企业在一定时期内发生的固定成本，按其支出数额大小是否受管理当局短期决策的影响，可进一步划分为约束性固定成本和酌量性固定成本。

(1) 约束性固定成本是指支出数额不受管理当局的决策行为影响的固定成本。它与企业生产经营能力形成及其正常维护相联系，如按直线法计提的固定资产折旧费、保险费、财产税、管理人员的工资等。这些成本是企业经营活动中必须负担的最低成本，具有较大程度的约束性。

(2) 酌量性固定成本是指管理当局的决策行为能够改变其数额的固定成本，如企业的研究开发费、广告费、职工培训费等。这类成本支出数额的多少可以随生产经营方针和财务负担能力而相应改变。

2. 变动成本

变动成本是指其成本总额随着业务量增减变动成正比例增减变动的成本。例如，构成产品实体的原材料成本，其总额等于产量乘以单位产量原材料成本。因为单位产量原材料成本是固定的，所以原材料成本总额和产量呈正比关系。因此，属于变动成本。其他如直接人工、包装材料以及按销售量比例计算的佣金。变动成本也是就总业务量的成本总额而言的，若从单位业务量的变动成本来看，它又是固定的，即它并不受业务量增减变动的影响。

3. 混合成本

有些成本虽然也是随业务量的变动而变动的，但不成同比例变动，不能简单地归入变动成本或固定成本，这类成本称为混合成本。例如，某企业租用设备一台，租约规定租金每年底数为 4 000 元，另外，按设备利用工时计算，每工时租金 0.5 元。若企业在年度内共使用设备 3 000 工时，则应支付租金 5 500 元。这项租金支出就属于混合成本。混合成本可按照一定方法最终分解为固定成本和变动成本。

4. 总成本习性模型

从以上分析可知，成本按习性可分为变动成本、固定成本和混合成本三类，但混合成本又可以按一定方法分解成变动成本和固定成本，这样，总成本习性模型可用下式表示。

$$C = F + vQ \tag{10.20}$$

式中，C 为总成本；F 为固定成本；v 为单位变动成本；Q 为产量。

显然，若能求出公式中 F 和 v 的值，就可以利用这个直线方程来进行成本预测、成本决策和其他短期决策，所以总成本习性模型是一个非常重要的模型。

(二)边际贡献及其计算方法

边际贡献是指产品销售收入超过变动成本的金额。边际贡献通常有两种表现形式：一是单位边际贡献，二是边际贡献总额。单位边际贡献是指产品的销售单价减去单位变动成本后的余额；边际贡献总额是指产品销售收入总额减去相应的变动成本总额后的差额。有关计算公式如下。

(1) 单一产品的产销情况计算如下。

$$\begin{aligned} M &= S - V \\ &= (P-v) \times Q \\ &= m \times Q \end{aligned} \quad (10.21)$$

式中，M 为边际贡献总额；S 为销售收入总额；V 为变动成本总额；P 为销售单价；v 为单位变动成本；Q 为产销数量；m 为单位边际贡献。

(2) 多种产品的产销情况计算如下。

$$M = \sum(PQ - vQ) \quad (10.22)$$

(三)息税前利润及盈亏平衡点

息税前利润是指企业支付利息和缴纳所得税之前的利润，成本按习性分类后，息税前利润计算公式为

$$\begin{aligned} \text{EBIT} &= S - V - F \\ &= (P-v) \times Q - F \\ &= M - F \end{aligned} \quad (10.23)$$

式中，EBIT 为息税前利润；F 为固定成本；Q 为产销数量；P 为销售单价；v 为单位变动成本；V 为变动成本总额；S 为销售收入总额。

显然，不论利息费用的习性如何，上式的固定成本和变动成本中不应包括利息费用因素。息税前利润也可以用利润总额加上利息费用求得。

当企业的营业收入总额与成本总额相等时，即当息税前利润等于 0 时，达到盈亏平衡点，此时的产品销售数量为 Q_{EE}。其计算公式为

$$\text{EBIT} = Q_{EE} \times (P-v) - F = 0$$

$$Q_{EE} = \frac{F}{P-v} \quad (10.24)$$

【例 10-13】 某企业生产产品 A，销售单价为 50 元，单位变动成本为 25 元，固定成本总额为 100 000 元，则盈亏平衡点如下。

$$Q_{EE} = \frac{F}{P-v} = \frac{100\,000}{50-25} = 4\,000(件)$$

额外销售量达到盈亏点以上时，企业处于盈利状态，此时距离盈亏点越远，利润将增加；销售量跌到盈亏点以下时，企业处于亏损状态，此时距离盈亏点越远，亏损将加剧。

二、经营杠杆

(一)经营风险

企业经营面临各种风险，可划分为经营风险和财务风险。

经营风险是指企业未使用债务时经营的内在风险。影响经营风险的因素很多，主要有以下几个方面。

(1) 产品需求。市场对企业产品的需求稳定，则经营风险小；反之，经营风险大。

(2) 产品售价。产品售价稳定，则经营风险小；反之，经营风险大。

(3) 产品成本。产品成本是收入的抵减，成本不稳定，会导致利润不稳定，因此，产品成本变动大，则经营风险大；反之，经营风险小。

(4) 调整价格的能力。当产品成本变动时，若企业具有较强的调整价格的能力，则经营风险就小；反之，经营风险就大。

(5) 固定成本的比重。在企业全部成本中，固定成本所占比重较大时，单位产品分摊的固定成本额较多，若产品数量发生变动，则单位产品分摊的固定成本会随之变动，最后会导致利润更大的变动，经营风险就大；反之，经营风险就小。

(二)经营杠杆效应

在影响经营风险的诸多因素中，固定性经营成本的影响是一个基本因素。在一定的销售量范围内，固定成本总额是不变的，随着销售量的增加，单位固定成本就会降低，从而单位产品的利润提高，息税前利润的增长率将大于销售量的增长率；相反，销售量的下降会提高产品单位固定成本，从而单位产品的利润减少，息税前利润的下降率将大于销售量的下降率。如果企业不存在固定成本，所有成本都是变动的，那么边际贡献就是息税前利润，这时的息税前利润变动率就同销售量变动率完全一致。这种由于固定成本的存在而导致息税前利润变动率大于销售量变动率的杠杆效应，称为经营杠杆效应。固定成本是引发经营杠杆效应的根源，但企业销售量水平与盈亏平衡点的相对位置决定了经营杠杆的大小，即经营杠杆的大小是由固定性经营成本和息税前利润共同决定的。

通过表 10-7 中的例子可以了解销售量变动对息税前利润变动的影响程度。需要分析的问题是：假设下一年度 A、B、C 三个企业的固定成本保持不变，当销售量均增加 10%时，三家企业的息税前利润的变动程度分别是多少？

【例 10-14】A、B、C 为固定成本结构不同的公司，它们的有关情况如表 10-7 所示。

表 10-7 经营杠杆效应　　　　　　　　　　　　　　　　单位：元

项　目	A 企 业	B 企 业	C 企 业
产品价格(P)	10	10	10
销售量(Q)	300	300	300
营业收入(S)	3 000	3 000	3 000
营业成本			
变动成本(vQ)	1 800	1 800	1 800
固定成本(F)	0	600	800
盈亏平衡点(Q_{EE})	0	150	200
息税前利润(EBIT)	1 200	600	400
成本比率(固定成本相对额)			
固定成本/总成本	0	0.25	0.308

续表

项 目	A 企 业	B 企 业	C 企 业
固定成本/营业收入	0	0.20	0.27
下一年度数据	A 企业	B 企业	C 企业
销售量	450	450	450
营业收入(S)	4 500	4 500	4 500
营业成本			
变动成本(vQ)	2 700	2 700	2 700
固定成本(F)	0	600	800
息税前利润(EBIT)	1 800	1 200	1 000
EBIT 变动百分比(Δ EBIT/EBIT)	50%	100%	150%

注：企业的变动成本率为 60%。

例 10-14 的分析结果可以说明以下两个现象。

第一，当三个企业预计下一年度营业收入均增长 50%时，A 企业由于没有固定经营成本，其息税前利润变动百分比也是 50%。而 B 企业、C 企业由于固定成本的存在，其息税前利润分别增长了 100%和 150%。这说明固定成本引起了经营杠杆效应。

第二，C 企业相对于 B 企业而言，固定成本总额与所占总成本的比率均较大，因此，息税前利润的变化程度也最大。C 企业增加了 150%，而 B 企业却增加了 100%。

综上所述，经营杠杆具有放大企业营业收入变化对息税前利润变动的程度的作用，这种影响程度是经营风险的一种测度。

(三)经营杠杆系数

只要企业存在固定成本，就存在经营杠杆效应的作用。经营杠杆的大小一般用经营杠杆系数表示，它是企业计算利息和所得税之前的盈余(简称息税前利润 EBIT)变动率与营业收入(销售量)变动率之间的比率。经营杠杆系数的定义表达式为

$$经营杠杆系数 = \frac{息税前利润变化的变动率}{营业收入变化的变动率}$$

或：

$$\text{DOL} = \frac{\Delta \text{EBIT}/\text{EBIT}}{\Delta S/S} \tag{10.25}$$

式中，DOL 为经营杠杆系数；ΔEBIT 为息税前利润的变动额；EBIT 为变动前的息税前利润；ΔS 为营业收入(销售量)变动量；S 为变动前营业收入(销售量)。

假定企业的成本－销量－利润保持线性关系，变动成本在营业收入中所占的比例不变，固定成本也保持稳定，经营杠杆系数便可通过营业收入和成本来表示。经营杠杆系数越大，表明经营杠杆作用越大，经营风险也就越大；经营杠杆系数越小，表明经营杠杆作用越小，经营风险也就越小。利用上述定义表达式可以推导出如下经营杠杆系数的两个计算公式。

$$\mathrm{DOL}_Q = \frac{Q(P-v)}{Q(P-v)-F} \qquad (10.26)$$

式中，DOL_Q 为销售量为 Q 时的经营杠杆系数；P 为产品单位销售价格；v 为产品单位变动成本；F 为总固定成本。

$$\mathrm{DOL}_S = \frac{S-VC}{S-VC-F} \qquad (10.27)$$

式中，DOL_S 为销售额为 S 时的经营杠杆系数；S 为销售额；VC 为变动成本总额。

在实际工作中，式(10.26)可用于计算单一产品的经营杠杆系数；式(10.27)除了用于单一产品外，还可用于计算多种产品的经营杠杆系数。

从上面两个公式可以看出，影响经营杠杆系数的因素包括产品销售数量、产品销售价格、单位变动成本和固定成本总额等因素。经营杠杆系数将随固定成本的变化呈同方向变化，即在其他因素一定的情况下，固定成本越高，经营杠杆系数越大。同理，固定成本越高，企业经营风险也越大；如果固定成本为 0，则经营杠杆系数等于 1。

【例 10-15】某企业生产 A 产品，固定成本为 60 万元，变动成本率为 40%，当企业的营业收入分别为 400 万元、200 万元、100 万元时，经营杠杆系数分别为

$$\mathrm{DOL}_{(1)} = \frac{400-400\times 40\%}{400-400\times 40\%-60} = 1.33$$

$$\mathrm{DOL}_{(2)} = \frac{200-200\times 40\%}{200-200\times 40\%-60} = 2$$

$$\mathrm{DOL}_{(3)} = \frac{100-100\times 40\%}{100-100\times 40\%-60} \to \infty$$

以上计算结果说明以下几个问题。

第一，在固定成本不变的情况下，经营杠杆系数说明了营业收入增长(减少)所引起息税前利润增长(减少)的幅度。比如，当经营杠杆系数为 1.33 时，说明在营业收入为 400 万元时，营业收入的增长(减少)会引起息税前利润 1.33 倍的增长(减少)；当经营杠杆系数为 2 时，说明在营业收入为 200 万元时，营业收入的增长(减少)会引起利润 2 倍的增长(减少)。

第二，在固定成本不变的情况下，营业收入越大，经营杠杆系数越小，经营风险也就越小；反之，营业收入越小，经营杠杆系数越大，经营风险也就越大。比如，当营业收入为 400 万元时，经营杠杆系数为 1.33；当营业收入为 200 万元时，经营杠杆系数为 2；而如果营业收入为 100 万元时，恰好处于盈亏平衡点，经营杠杆系数为无穷大。显然，企业盈利状况越靠近盈亏平衡点，盈利的不稳定性越大，表明经营风险也越大。

经营杠杆有助于企业管理层在控制经营风险时，不是简单考虑固定成本的绝对量，而是关注固定成本与盈利水平的相对关系。企业一般可以通过增加营业收入、降低单位变动成本、降低固定成本比重等措施使经营杠杆系数下降，降低经营风险，但这往往要受到条件的制约。

(四)经营杠杆与经营风险的关系

引起企业经营风险的主要原因是市场需求和成本等因素的不确定性，经营杠杆本身并不是利润不稳定的根源。但是，经营杠杆扩大了市场和生产等不确定性因素对利润变动的影响。而且经营杠杆系数越高，利润变动越剧烈，企业的经营风险就越大。一般来说，在

其他因素一定的情况下，固定成本越高，经营杠杆系数越大，企业经营风险也就越大。

在影响经营杠杆系数的因素发生变动的情况下，经营杠杆系数一般也会发生变动，从而产生不同程度的经营杠杆和经营风险。由于经营杠杆系数影响着企业的息税前利润，从而也就制约着企业的筹资能力和资本结构。因此，经营杠杆系数是资本结构决策的一个重要因素。

企业一般可以通过增加销售金额、降低产品单位变动成本、降低固定成本比重等措施使经营杠杆下降，降低经营风险。

三、财务杠杆

(一)财务风险

财务风险，亦称筹资风险，是指由于企业运用了债务筹资方式而产生的丧失偿付能力的风险，而这种风险最终是由普通股股东承担的。企业在经营中经常会发生借入资本进行负债经营，不论经营利润多少，债务利息是不变的。当企业在资本结构中增加了债务这类具有固定性筹资成本的比例时，固定的现金流出量就会增加，特别是在利息费用的增加速度超过息税前利润增加速度的情况下，企业则因负担较多的债务成本引发对净收益减少的冲击作用，发生丧失偿债能力的概率也会增加，导致财务风险增加；反之，当债务资本比率较低时，财务风险就小。

(二)财务杠杆效应

在影响财务风险的因素中，债务利息或优先股股息这类固定性融资成本是基本因素。在一定的息税前利润范围内，债务融资的利息成本是不变的，随着息税前利润的增加，单位利润所负担的固定性利息费用就会相对减少，从而单位利润可供股东分配的部分会相应增加，普通股股东每股收益的增长率将大于息税前利润的增长率；反之，当息税前利润减少时，单位利润所负担的固定利息费用就会相对增加，从而单位利润可供股东分配的部分相应减少，普通股股东每股收益的下降率将大于息税前利润的下降率。如果不存在固定性融资费用，则普通股股东每股收益的变动率将与息税前利润的变动率保持一致。这种在某一固定的债务与权益融资结构下，由于息税前利润的变动引起每股收益产生更大变动程度的现象，被称为财务杠杆效应。固定性融资成本是引发财务杠杆效应的根源，但息前税前利润与固定性融资成本之间的相对水平决定了财务杠杆的大小，即财务杠杆的大小是由固定性融资成本和息税前利润共同决定的。

有关项目之间的关系，如下式所示。

$$息税前利润-固定性资本成本-所得税费用=所有者收益 \quad (10.28)$$

$$\frac{所有者收益}{普通股股数}=普通股每股收益 \quad (10.29)$$

从上式中可以看出，由于固定性资本成本不随息税前利润的增减而变动，因此，普通股每股收益的变动率总是大于息税前利润的变动率。即当息税前利润增长时，普通股每股收益有更大的增长率；当息税前利润下降时，普通股每股收益有更大的降低率。我们把这种作用称为财务杠杆作用。

【例 10-16】A、B、C 为三家经营业务相同的公司，它们的融资方案如表 10-8 所示。

表 10-8 A、B、C 公司的融资方案

项　目	A 公司	B 公司	C 公司
普通股股本	200	150	100
发行股数(万股)	2	1.5	1
债务(利率8%)	0	50	100
资本总额(万元)	200	200	200
资产负债率	0	25%	50%
息税前利润(万元)	20	20	20
债务利息(万元)	0	4	8
税前利润(万元)	20	16	12
所得税(税率25%)	5	4	3.5
税后利润(万元)	15	12	9
普通股每股收益(元)	7.5	8.00	9.00
息税前利润增加额(万元)	20	20	20
债务利息(万元)	0	4	8
税前利润(万元)	40	36	32
所得税(税率25%)	10	9	8
税后利润(万元)	30	27	24
普通股每股收益(元)	15	18.00	24.00
EPS 变动百分比($\Delta EPS / EPS$)	100%	125%	167%

通过对表 10-8 的分析，可以得出以下结论。

第一，完全没有负债融资的 A 公司相对于具有债务融资的 B 公司、C 公司而言，当息税前利润增加 1 倍的情况下(从 200 000 元增加到 400 000 元)，每股收益也增加了 1 倍，说明每股收益与息前税前利润同步变化，即没有显现出财务杠杆效应。而 B 公司，C 公司每股收益的变化率则分别为 125%和 167%，变动幅度均超过了息税前利润所增加的 1 倍，显示出财务杠杆效应。

第二，除 A 公司没有负债外，B 公司、C 公司的资产负债率分别为 25%和 50%。在 B 公司、C 公司各自的资产负债率保持不变时，当息税前利润增加均为 1 倍的情况下(从 200 000 元增加到 400 000 元)，B 公司、C 公司的每股收益变化率则分别为 125%和 167%。结果表明：资产负债率越高的公司显示出每股收益的变化程度越大，财务杠杆效应越明显。

第三，在 A、B、C 三家公司的资产负债率保持不变的条件下(其资产负债率分别为 0、25%、50%)，当息税前利润增加时(从 200 000 元增加到 400 000 元)，债务利息占息税前利润的比例是下降的(A 公司除外)，B 公司、C 公司分别从 20%与 40%下降到 10%与 20%，表明企业的财务风险是下降的。

财务杠杆是把"双刃剑"。在经营利润较高的情况下，财务杠杆的利用将会增加股东的财富；反之，在经营利润较低的情况下，过高的财务杠杆会侵蚀股东的财富。有人喜欢财

务杠杆,因为它具有"一本万利"的魔力;有人厌恶它,因为它会把公司推入破产的深渊。

(三)财务杠杆系数

只要在企业的筹资方式中有固定财务费用支出的,就会存在财务杠杆效应。财务杠杆效应具有放大企业息税前利润的变化对每股收益的变动程度的作用,这种影响程度是财务风险的一种测度。财务杠杆的大小一般用财务杠杆系数表示,它是企业计算每股收益的变动率与息税前利润的变动率之间的比率。财务杠杆系数越大,表明财务杠杆作用越大,财务风险也就越大;财务杠杆系数越小,表明财务杠杆作用越小,财务风险也就越小。财务杠杆系数的定义表达式为

$$财务杠杆系数 = \frac{普通股每股收益变动率}{息税前利润变动率} \tag{10.30}$$

或:

$$DFL = \frac{\Delta EPS / EPS}{\Delta EBIT / EBIT} \tag{10.31}$$

式中:DFL 为财务杠杆系数;ΔEPS 为普通股每股收益变动额;EPS 为变动前普通股每股收益;$\Delta EBIT$ 为息税前利润变动额;EBIT 为变动前的息税前利润。

依据上述定义表达式,可以推导出财务杠杆系数的两个计算公式。

$$DFL = \frac{EBIT}{EBIT - I - PD / (1 - T)} \tag{10.32}$$

式中,I 为债务利息;PD 为优先股股利;T 为所得税税率。

从上面公式可以看出,如果固定性融资成本债务利息和优先股股利等于 0,则财务杠杆系数为 1,即不存在财务杠杆效应。当债务利息成本和优先股股利不为 0 时,通常财务杠杆系数都是大于 1 的,即显示出财务杠杆效应。

$$DFL = \frac{Q(P-v) - F}{Q(P-v) - F - I - PD / (1 - T)} \tag{10.33}$$

在实际工作中,公式(10.33)可用于计算单一产品的财务杠杆系数;公式(10.32)除了用于单一产品外,还可用于计算多种产品的财务杠杆系数。

据例 10-16,分别计算 A、B、C 三家公司在息税前利润均是 200 000 元时的财务杠杆系数如下。

$$DFL_A = \frac{200\,000}{200\,000 - 0} = 1$$

$$DFL_B = \frac{200\,000}{200\,000 - 40\,000} = 1.25$$

$$DFL_C = \frac{200\,000}{200\,000 - 80\,000} = 1.67$$

计算结果表明,除 A 公司外,B、C 两家公司的财务杠杆系数随债务利息的增大而增大。显然,如果三家公司的负债结构保持不变,当息税前利润增加 1 倍时(从 200 000 元增加到 400 000 元),用同样的计算方法,A 公司仍维持财务杠杆系数是 1,而 B、C 两家公司的财务杠杆系数分别为 1.11 和 1.25(同样使用上述公式计算)。这说明盈利能力提高时,固定性利息成本占全部盈利的比重下降,导致财务风险下降,表明财务杠杆系数下降。

财务杠杆有助于企业管理层在控制财务风险时，不是简单考虑负债融资的绝对量，而是关注负债利息成本与盈利水平的相对关系。

(四)财务杠杆与财务风险的关系

由于财务杠杆的作用，当息税前利润下降时，税后利润下降得更快，从而给企业股权资本所有者造成财务风险。财务杠杆会加大财务风险，企业举债比重越大，财务杠杆效应越强，财务风险越大。

负债比率是可以控制的，企业可以通过合理安排资本结构，适度负债，使财务杠杆利益抵消风险增大所带来的不利影响。

四、总杠杆

(一)总杠杆效应

如前所述，由于存在固定的生产经营成本，使息税前利润的变动率大于营业收入(销售量)的变动率，产生经营杠杆效应；同样，由于存在固定的财务费用，使企业普通股每股收益变动率大于息税前利润变动率，产生财务杠杆效应。如果两种杠杆共同起作用，那么就会产生联合杠杆效应，使普通股每股收益的变动率大于营业收入(销售量)的变动率。

因此，经营杠杆通过扩大营业收入(销售量)影响息税前利润，而财务杠杆通过扩大息税前利润影响普通股每股收益。如果两种杠杆共同起作用，那么营业收入(销售量)稍有变动就会使每股收益产生更大幅度的变动，通常把这种两种杠杆的连锁作用称为总杠杆作用。

(二)总杠杆系数

总杠杆系数反映了经营杠杆与财务杠杆之间的关系，即为了达到某一总杠杆系数，经营杠杆和财务杠杆可以有多种不同组合。在维持总风险一定的情况下，企业可以根据实际，选择不同的经营风险和财务风险组合，实施企业的财务管理策略。

只要企业同时存在固定生产经营成本和固定财务费用等财务支出，就会存在总杠杆作用。对总杠杆作用的主要计量指标是总杠杆系数。总杠杆系数是指普通股每股收益的变动率相当于销售量变动率的倍数。其计算公式为

$$总杠杆系数 = \frac{普通股每股收益变动率}{营业收入变动率} \tag{10.34}$$

或：

$$DTL = \frac{\Delta EPS / EPS}{\Delta S / S} \tag{10.35}$$

依据经营杠杆系数与财务杠杆系数的定义表达式，总杠杆系数可以进一步表示为经营杠杆系数和财务杠杆系数的乘积，反映了企业经营风险和财务风险的组合效果。其计算公式为

$$DTL = DOL \times DEL \tag{10.36}$$

总杠杆的两个具体计算公式为

$$\text{DTL} = \frac{Q(P-v)}{Q(P-v)-F-I-PD/(1-T)} \tag{10.37}$$

$$\text{DTL} = \frac{\text{EBIT}+F}{\text{EBIT}-I-PD/(1-T)} \tag{10.38}$$

【例 10-17】 甲公司的经营杠杆系数为 2.5，财务杠杆系数为 1.5，总杠杆系数计算如下。2.5×1.5=3.75

总杠杆系数对公司管理层的意义表现在以下两点。①使公司管理层在一定的成本结构和融资结构下，当营业收入变化时，能够对每股收益的影响程度作出判断，即能够估计出营业收入变动对每股收益造成的影响。上例中总杠杆系数是 3.75，则说明当营业收入每增长 1 倍，就会造成每股收益增长 3.75 倍。②通过经营杠杆与财务杠杆之间的相互关系，有利于管理层对经营风险和财务风险进行管理，即为了控制某一总杠杆系数，经营杠杆和财务杠杆可以有很多不同的组合。比如，经营杠杆系数较高的公司可以在较低的程度上使用财务杠杆；经营杠杆系数较低的公司可以在较高的程度上使用财务杠杆等。这有待公司在考虑了各有关的具体因素之后作出选择。

本 章 小 结

资本成本是企业取得和使用资本而支付的各种费用，它是企业选择资金来源，拟定筹资方案的依据，也是评价企业资金使用效益的最低尺度。企业债券、股票、留存收益等资本成本的构成要素各不相同，其计算方法也不一样。要掌握各种资本成本的计算方法，并要理解企业资本结构与综合资本成本的关系，以便合理安排资本结构，降低资本成本。

资本结构是指在企业资金总额中各种资金来源的构成比例，最基本的资本结构是债务与股权的比例。要从债务资本和股权资本的资本成本率的差别上，研究加权平均资本成本和无差别点分析，并据以确定或调整企业的资本结构。

杠杆效应是指由于固定费用(包括生产经营方面的固定费用和财务方面的固定费用)的存在，当营业收入发生较小的变化时，利润会产生较大的变化。由于固定费用存在的原因不一样，所以形成三种不同的杠杆，即经营杠杆、财务杠杆和总杠杆。理解三种杠杆产生的原因及其造成的结果，掌握三种杠杆的计算方法，并能灵活运用到实践中。

关 键 词

资本成本(cost of capital)　长期借款资本成本(cost of long-term loans)　债券资本成本(cost of bond)　普通股资本成本(cost of common shares)　优先股资本成本(cost of preferred shares)　留存收益资本成本(cost of retained earnings)　资本结构(capital structure)　目标资本结构(target capital structure)　息税前利润(earnings before interest and taxes，EBIT)　经营杠杆系数(degree of operation leverage，DOL)　财务杠杆系数(degree of financial leverage，DFL)

思 考 题

1. 什么是资本成本？其内容包括哪些？
2. 简述资本成本的用途。
3. 如何计算不同资金来源的资本成本？
4. 影响资本成本的因素有哪些？各因素如何影响资本成本的高低？
5. 简述降低资本成本的途径。
6. 如何理解留存收益的成本属性？
7. 为什么债务资本成本通常比权益资本成本低？
8. 如果某公司发现资本成本变化了，这会影响公司的获利能力吗？
9. 什么是综合资本成本？如何计算综合资本成本？
10. 什么是边际资本成本及筹资突破点？如何计算边际资本成本？
11. 什么是资本结构？什么是最佳资本结构？
12. 最佳资本结构决策的方法有哪些？说明各种方法的特点。
13. 什么是成本习性？它分为几类？具有什么特点？成本习性的计算模型是怎样的？
14. 什么是经营风险？影响经营风险的因素有哪些？
15. 什么是财务风险？影响财务风险的因素有哪些？
16. 什么是经营杠杆、财务杠杆和总杠杆？
17. 为什么说财务杠杆效应是一把"双刃剑"？

 微课资源

扫一扫，获取相关微课视频。

资本成本概述.mp4

个别资本成本.mp4

综合资本成本和边际资本成本.mp4

资本结构决策分析.mp4

杠杆原理(一).mp4

杠杆原理(二).mp4

第十一章 股利决策

【学习目标】

通过本章的学习，了解股利的基本理论；掌握常见的几种股利分配政策；理解影响股利分配政策的因素；了解几种股利支付的方式和股利发放程序；理解股票股利与股票分割的区别和联系及其各自的影响。

【案例导入】

珠海格力电器股份有限公司(以下简称格力电器)成立于1991年，是一家集研发、生产、销售和服务于一体的国际化家电企业。公司拥有格力、TOSOT、晶弘三大品牌，主营家用空调、中央空调、热水器、手机、生活电器、冰箱等产品，市场占有率极高。格力电器披露了2016年股利分配方案，向全体股东每10股派发现金红利18元(含税)，但在2017年公司不进行股利分配，不实施送股和资本公积转增股本。这是格力电器11年来首次宣布不分红，消息引发市场震动。在净利润创历史新高的情况下却不分红，不由得让部分投资者产生怀疑，格力电器并没有为股民的不满而改变自己的股利分配政策，而是解释称是将利润留存在公司用于发展生产基地、智慧工厂及进行智能产业、集成电器等新产业的研发与推广，从而实现公司持续、稳定、健康发展，更好地维护全体股东的长远利益。由此可以看出，股利分配在上市公司的生产经营中起着至关重要的作用，关系到公司未来的长远发展、股东对投资回报的要求和资本结构的合理性。

第一节 股利理论

股利理论是关于公司发放股利是否对公司的生产经营、信誉、公司的价值等产生影响的理论。因为，股利理论是制定股利政策的依据。了解有关股利理论不仅有助于股利政策的制定，还有助于对公司再投资、每股收益和每股价格等财务问题的研究。

围绕着公司股利政策是否影响公司价值这一问题，主要有两类不同的股利理论：股利无关论和股利相关论。

一、股利无关论

股利无关论认为股利分配对公司的市场价值(或股票价格)不会产生影响。这一理论是建立在这样一些假定之上：①不存在任何个人和公司所得税；②不存在股票的发行和交易费用(即不存在股票筹资费用)；③公司投资决策独立于其股利政策(即投资决策不受股利政策的影响)；④投资者和管理者可以公平地获得关于未来投资机会的信息。上述假定描绘的是一种完美无缺的市场，因而股利无关论又被称为完全市场理论。

股利无关论之所以提出股利政策不会影响公司的价值，其理论依据如下。

(一)投资者并不关心公司股利的分配

如果公司发放较少的股利，留存较多的利润用于再投资，会导致公司股票价格上升；此时尽管股利较低，但需用现金的投资者可以出售部分股票换取现金。如果公司发放较多的股利，投资者可以用现金再买入一些股票以扩大投资。也就是说，投资者对股利和资本利得并无偏好。

(二)股利的支付比率不影响公司的价值

既然投资者并不关心股利的分配，公司的价值完全由其投资的获利能力所决定，公司的盈余在股利和留存收益之间的分配并不影响公司的价值(即使公司有理想的投资机会而又支付了高额股利，也可以募集新股，新投资者会认可公司的投资机会)。

显而易见，在当今社会经济结构中，上述假定条件是不可能满足的。因此，公司理财者一般不适宜用股利无关论为背景来制定股利政策。

二、股利相关论

股利相关论认为公司的股利分配对公司的市场价值并非无关，而是相关的。因为股东都要求得到股利，而不是将应得的股利放在公司，公司是否发放股利对公司的价值有影响。

股利相关理论的流派较多，但较具代表性的理论如下。

(一)"一鸟在手"理论

这种股利理论认为，在投资者心目中，经由留存收益再投资而产生资本利得的不确定性，要高于股利支付的不确定性，所以投资者的股利偏好要大于资本利得。在这种条件下，投资者愿意以较高价格购买能支付较多股利的股票，股利政策对股票价格产生实际的影响。这样，如果把将来较高的资本收益和较高的股利比喻为"双鸟在林"，把现在就支付的较高股利比喻为"一鸟在手"，那么"双鸟在林，不如一鸟在手"。这就是"一鸟在手"理论的内涵。

(二)信息传递理论

信息传递理论认为，股利之所以对股价产生影响，是因为股利分配向投资者传递了公司收益状况的信息。例如，如果公司长期稳定的股利支付水平发生了变化，传递给投资者的信息则为：公司未来收益水平将发生变化，即投资者把股利用来预测公司未来的经营成果，股利传递了公司管理当局预期未来发展规律前景的信息。这样，公司股票价格将因之发生变化。因此，从信息传递角度看，股利政策会对股票价格产生实际影响。

(三)假设排除理论

这种理论认为，股利无关论假设的一系列条件在现实生活中并不存在。例如，完善的资本市场尚未出现，股票交易不可能不存在交易成本，投资者对公司的投资机会不可能完全了解，不可能不存在税收，等等。如果排除这些假设，股利政策会对股票价格产生实际影响。

(四)所得税差异理论

所得税差异理论认为，由于普遍存在的税率的差异及纳税时间的差异，资本利得收入比股利收入更有助于实现收益最大化目标，公司应当采用低股利政策。由于认为股利收入和资本利得收入是不同类型的收入，所以在很多国家，对它们征收所得税的税率不同。一般地，对资本利得收入征收的税率低于对股利收入征收的税率。另外，即使不考虑税率差异因素的影响，股利收入纳税和资本利得收入纳税在时间上也是存在差异的。相对于股利收入的纳税来说，投资者对资本利得收入的纳税时间选择更具有弹性。这样，即使股利收入和资本利得收入没有税率上的差别，仅就纳税时间而言，由于投资者可以自由后推资本利得收入纳税的时间，所以它们之间也会存在延迟纳税带来的收益差异。

因此，在其他条件不变的情况下，投资者更偏好资本利得收入而不是股利收入。而持有高股利支付政策股票的投资者，为了取得与低股利支付政策股票相同的税后净收益，必须要求有一个更高的税前回报预期。因此，会导致资本市场上的股票价格与股利支付水平呈反向变化，而权益资本成本与股利支付水平呈正向变化的情况。

(五)代理理论

代理理论认为，股利政策有助于减缓管理者与股东之间的代理冲突，也就是说，股利政策是协调股东与管理者之间代理关系的一种约束机制。根据代理理论，在存在代理问题时，股利政策的选择至关重要。较多地派发现金股利至少具有以下几点好处：①公司管理者将公司的盈利以股利的形式支付给投资者，则管理者自身可以支配的"闲余现金流量"就相应减少了，这在一定程度上可以抑制公司管理者过度地扩大投资或进行特权消费，从而保护外部投资者的利益；②较多地派发现金股利，减少了内部融资，导致公司进入资本市场寻求外部融资，从而公司可以经常接受资本市场的有效监督，这样便可以通过资本市场的监督减少代理成本。因此，高水平的股利支付政策有助于降低公司的代理成本，但同时也增加了公司的外部融资成本。因此，理想的股利政策应当使两种成本之和最小。

从以上介绍可看出，股利相关理论比较贴近现实。

第二节 股 利 政 策

股利政策(dividend policy)是关于公司是否发放股利、发放多少股利以及何时发放股利等方面的方针和策略。不同的股利政策可产生不同的股息支付量，产生不同的公司留存收益水平。公司在制定股利政策时，要兼顾公司股东和公司未来发展两方面的需要。因此，制定符合实际的股利政策不仅关系到股东的利益和公司的发展，也是财务管理的重要内容之一。

一、股利政策的类型

从国内国际经验看，公司制定股利政策时，应结合自身的情况，权衡利弊得失，并使股利政策尽可能地有利于改善财务状况、提高公司股票价格。股利分配政策的核心问题是确定支付股利与留用利润的比例，即股利支付率问题。目前，在进行股利分配的实务中，公司经常采用的股利政策如下。

(一)剩余股利政策

1. 股利分配方案的确定

由于股利分配与公司的资本结构相关，而资本结构又是由投资所需资金构成的，所以实际上股利政策要受到投资机会及其资本成本的双重影响。剩余股利政策就是在公司有着良好的投资机会时，根据一定的目标资本结构(最佳资本结构)，测算出投资所需的权益资本，先从盈余当中留用，然后将剩余的盈余作为股利予以分配。

在运用剩余股利政策时，应遵循以下四个步骤。

(1) 设定目标资本结构，即确定权益资本与债务资本的比率，在此资本结构下，加权资本成本将达到最低水平。

(2) 确定按此资本结构所需投资的股东权益数额。

(3) 最大限度地使用留存收益来满足投资方案所需的权益资本数额。

(4) 投资方案所需权益资本已经满足后若有剩余，再将其作为股利发放给股东。

例如，假定某公司遵循剩余股利政策，其目标资本结构为权益资本占60%，债务资本占40%。如果公司该年已提取盈余公积之后的税后净利润为900万元。明年的投资计划所需资金为1 000万元。那么，按照目标资本结构的要求，公司明年投资计划所需的权益资本数额如下。

1 000×60%=600(万元)

公司当年全部可用于分配股利的盈余为900万元，可以满足上述投资方案所需的权益资本数额并有剩余，剩余部分再作为股利发放。

当年发放的股利额=900-600=300(万元)

2. 采用本政策的理由

一般来说，目标资本结构应为资本成本最低、公司价值最高时的资本结构。因此，剩余股利政策可最大限度地降低资本成本，并由此实现公司价值的最大化。但是，在这种政策下，股利支付的多少主要取决于公司的盈利情况和再投资情况。这在很大程度上造成股利支付的不确定性。如果这样，剩余股利政策会给投资者传递这样的信息：公司经营不稳定，财务状况不稳定，股票价格将会有下滑趋势。

可见，剩余股利政策虽可节省筹资成本，但会给股票价格带来负面影响。

(二)固定股利政策

1. 分配方案的确定

这一政策首先要求公司在较长时期中支付固定的股利额,只有确信公司未来的利润将显著增长,且这种增长被认为不可逆转时才考虑增长股利。实施这一政策将向市场传播有利于股价稳定的信号,对于那些依靠股利维持生活的股东有利。

2. 采用本政策的理由

固定股利或稳定增长的股利政策的主要目的是避免出现由于经营不善而削减股利的情况。采用这种股利政策的理由如下。

(1) 稳定的股利向市场传递着公司正常发展的信息,有利于树立公司良好形象,增强投资者对公司的信心,稳定股票的价格。

(2) 许多股东以股利收入为生,他们希望能收到有规律的股利。股利的大幅度波动对这些股东来说存在极大的潜在威胁,稳定的股利政策吸引了大批股东对公司股票的青睐,他们愿意以更高的价格购买这种公司的股票,从而降低公司资本的成本。

(3) 稳定的股利政策可能会不符合剩余股利理论,但考虑到股票市场会受到多种因素的影响,其中包括股东的心理状态和其他要求,因此为了使股利维持在稳定的水平上,即使推迟某些投资方案或者暂时偏离目标资本结构,也可能要比降低股利或降低股利增长率更为有利。

该种股利政策的缺点在于股利的支付与盈余相脱节。当盈余较低时仍要支付固定的股利,这可能导致资金短缺,财务状况恶化;同时不能像剩余股利政策那样保持较低的资本成本。

(三)固定股利支付率政策

1. 分配方案的确定

固定股利支付率政策,是公司确定一个股利占盈余的比率,长期按此比率支付股利的政策。在这一股利政策下,各年股利额随公司经营状况的好坏而上下波动,获得较多盈余的年份股利额高,获得盈余少的年份股利额低。

2. 采用本政策的理由

采用固定股利支付率政策能使股利与公司盈余紧密地配合,以体现多盈多分、少盈少分、无盈不分的原则,对公司的财务压力较小。但是,在这种政策下各年的股利变动较大,股利支付的不稳定性会给投资者传递公司发展不稳定的信号,并由此导致公司股票价格的波动。

(四)低正常股利额加额外股利政策

1. 分配方案的确定

低正常股利额加额外股利政策,是公司一般情况下每年只支付一个固定的、数额较低的股利；在盈余多的年份，再根据实际情况向股东发放额外股利。但额外股利并不固定化，不意味着公司永久地提高了规定的股利率。

2. 采用本政策的理由

这种股利政策使净利润和现金流量不够稳定的公司具有较大的灵活性；当公司净利润较少或需要留存更多的净利润用于再投资时，公司仍旧保持固定的股利发放水平，使股东获得最低股利的保证，降低股东的投资风险；当公司盈利较高或资金需求较低时，可以向股东发放额外的股利，增加股东的现金收入。因此，这种股利政策可使那些依靠股利度日的股东每年至少可以得到虽然较低、但比较稳定的股利收入，从而吸引住这部分股东。

以上各种股利政策各有所长，公司在分配时应借鉴其基本决策思想，制定适合自己实际情况的股利政策。

二、影响确定股利政策的因素

公司需要股利政策，但没有永远的股利政策。以上四种股利政策是公司在实际工作中常用的股利政策，但公司在选择股利政策时，受到许多因素的影响，这些影响因素主要有如下几个方面。

(一)法律方面的因素

从国内国际看，为维护债权人和股东的利益，有关法律会对公司的股利分配作出一定的限制，具体如下。

1. 资本保全的限制

公司不得用募集的经营资本发放股利。用于股利分配的资金只能是公司的当期利润或留存利润。这一限制的目的是使公司将所筹资本用于生产经营，从而保证投资者将来的正当收益。

2. 公司积累的限制

公司在分配股利之前，必须按法定的程序和比例提取各种公积金，只有当累计的公积金达到注册资本的50%时才可不再提取。同时还规定了公司当年出现亏损时一般情况下不得分配股利。这一限制的目的是保证公司自身的财务实力，即保证公司生产经营和发展所需的基本资金。

3. 偿债能力的限制

只有当股利支付不影响公司的偿债能力和正常经营活动时，公司才能发放现金股利。这一限制的目的是维护债权人的利益，维护公司的正常发展。

(二)公司方面的因素

从公司的角度看，影响股利分配的因素主要包括资产的流动性、举债能力、资本成本、投资机会和盈利的稳定程度等，具体如下。

1. 资产的流动性

公司在分配现金股利时，必须考虑到现金流量和资产的流动性，过多地支付现金股利会减少公司现金持有量，影响未来的支付能力，甚至出现财务困难。即使公司收益可观，也不应分配过多的现金股利。

2. 举债能力

具有较强举债能力的公司因为能够及时地筹措到所需的现金，有可能采取较宽松的股利政策；而举债能力弱的公司则不得不多滞留盈余，因而往往采取较紧的股利政策。

3. 资本成本

资本成本是公司选择筹资方式的基本依据。与发行新股或筹措债务相比，留存收益不需花费筹资费用，资本成本低，是一种比较经济的筹资渠道。因此，从资本成本考虑，如果公司有扩大资金的需要，也应当采取低股利政策。

4. 投资机会

当公司预计将来有较好的投资机会时，意味着公司所需的投资资金多，应考虑少发放现金股利，增加留存收益用于再投资；缺乏良好投资机会的公司，保留大量现金会造成资金闲置，于是倾向于支付较高的股利。正因为如此，处于成长中的公司多采取低股利政策；陷于经营收缩的公司多采取高股利政策。

5. 盈利的稳定程度

股利政策在很大程度上受其盈利稳定程度的影响。一般情况下，盈利相对稳定的公司，对未来盈余更有信心，因此往往采取较高的股利支付率政策；而盈利不太稳定的公司，很难把握未来盈利的多少，往往采取较低的股利支付率政策。

(三)股东方面的因素

从股东的角度来看，影响股利分配的主要因素有利益冲突、权益变化和税收问题等。

1. 稳定的收入观念

一些依靠公司发放现金股利维持生活的股东，他们往往要求公司能够定期支付较多的股利，反对公司留用过多的净利润；另外，一些高股利收入的股东又出于避税的考虑，往往反对公司发放较多的股利。

2. 控制权的考虑

公司支付较高的股利，就会导致留存收益减少，这就意味着将来发行新股的可能性加大。如果发行新股筹集资金，对拥有公司一定控制权的大股东来说，其持股比例就可能会降低，其对公司的控制权就有可能被稀释。为了防止控制权旁落，这部分股东则希望少分配股利，而多留存利润。

3. 避税考虑

目前我国税法规定，股东从公司分得的股利和红利应按20%的税率缴纳个人所得税，而对资本收益暂未开征个人所得税。因此，对股东来说，往往要求限制股利的支付，而保留过多利润，从而使股票价格上涨而获得更多的收益。

(四)其他方面因素

影响股利分配的其他方面因素如下。

1. 债务合同限制

为保障债权人利益，公司在借款时一般都需要制定债务保障方面的条款。为此，公司必须按有关规定拨出相应资金用于还本付息。这样，就在很大程度上限制了股利分配的水平。

2. 通货膨胀

通货膨胀可使公司的购买力下降，并由此导致折旧基金不足以重置资产。为此，公司不得不用有关利润来补充。因此，在通货膨胀时期，公司股利政策往往偏紧。

三、股利政策类型的选择

股利政策不仅会影响股东的利益，也会影响公司的正常运营以及未来的发展，因此制定恰当的股利政策就显得尤为重要。由于各种股利政策各有利弊，所以公司在进行股利政策决策时，要综合考虑公司面临的各种具体影响因素，适当遵循收益分配的各项原则，以保证不偏离公司目标。

另外，每家公司都有自己的发展历程，就规模和盈利来讲，都会有初创阶段、增长阶段、稳定阶段、成熟阶段和衰退阶段等。在不同的发展阶段，公司所面临的财务、经营等问题都会有所不同，如初创阶段公司的获利能力、现金流入量水平、融资能力、对资金的需求等，和公司在经历高速增长阶段之后的成熟阶段相比，是完全不同的，所以公司在制定股利政策时还要与其所处的发展阶段相适应。

公司在不同发展阶段所适用的股利政策如表 11-1 所示。

表 11-1　公司在不同发展阶段所适用的股利政策

公司发展阶段	特　　点	适用的股利政策
公司初创阶段	公司经营风险高，有投资需求且融资能力差	剩余股利政策
公司增长阶段	公司快速发展，投资需求大	低正常股利加额外股利政策
公司稳定阶段	公司业务稳定增长，投资需求减少，净现金流入量增加，每股净收益呈上升趋势	固定或稳定增长型股利政策
公司成熟阶段	公司盈利水平稳定，公司通常已经积累一定的留存收益和资金	固定支付率股利政策
公司衰退阶段	公司业务锐减，活力能力和现金获得能力下降	剩余股利政策

第三节 股利支付的方式及其发放程序

一、股利的性质

股利是指公司分发给股东的投资报酬。公司发行的股票有普通股与优先股之分，因而股利也就有普通股股利和优先股股利之分。一般地，关于优先股股利的支付方法在公司章程里早就有规定，公司管理当局只需按章程规定办法支付即可。因此，本节所讨论的股利仅指普通股股利。

股利，就其性质而言，是公司历年实现的累积盈余中的一部分。按照西方国家的有关法律规定，股利只能从公司历年累积盈余中支付。这就意味着，财务会计账面上保有累积盈余是股利支付的前提。根据这一规定，公司分派的股利，一般情况下就是对累积盈余的分配。然而，有些国家或地区也允许将超面值缴入资本(资本公积)列为可供股东分配的内容，但相当于普通股股票面额或设定价值的股本是不能作为股利分派给股东的。这是"资本保全"原则的核心内容之一。

公司管理当局所制定的股利政策，是代理全体普通股股东分配财富。所作的决策不仅要对股东有利，使股东财富最大化，也要对公司的现状和将来以及对整个经济社会的发展有利。因此，股利政策涉及的问题很多，政策性很强，是公司理财工作的重要环节。

二、股利分配程序

根据我国《公司法》的规定，公司进行利润分配涉及的项目包括盈余公积和股利两部分。公司税后利润分配的顺序如下。

(一)弥补以前年度的亏损

按我国财务和税务制度的规定，公司的年度亏损可以由下一年度的税前利润弥补，下一年度税前利润尚不足以弥补的，可以由以后年度的利润继续弥补，但用税前利润弥补以前年度亏损的连续期限不得超过五年。五年内弥补不足的，用本年税后利润弥补。本年净利润加上年初未分配利润为公司可供分配的利润，只有可供分配的利润大于 0 时，公司才能进行后续分配。

(二)提取法定盈余公积金

公司按抵减年初累计亏损后的本年净利润计提法定盈余公积金。提取公积金的基数，不一定是可供分配的利润，也不一定是本年的税后利润。只有不存在年初累计亏损时，才能按本年税后利润计算应提取数。法定盈余公积金以净利润扣除以前年度亏损为基数，按10%提取，即公司年初未分配利润为借方余额时，法定盈余公积金计提基数为：本年净利润-年初未分配利润(借方)余额。若公司年初未分配利润为贷方余额时，法定盈余公积金计提基数为本年净利润，未分配利润贷方余额在计算可供投资者分配的净利润时计入。当公司法定盈余公积金达到注册资本的 50%时，可不再提取。法定盈余公积金主要用于弥补公司亏损和按规定转增资本金,但转增资本金后的法定盈余公积金一般不低于注册资本的25%。

(三)计提任意盈余公积金

公司从税后利润中提取法定公积金后,经股东会或者股东大会决议,还可以从税后利润中提取任意公积金。任意公积金的提取是企业为了满足企业管理的需要,控制和调整利润分配的水平,按公司章程或股东会议决议而对利润分配作出的限制,提取比例由董事会决定。

股份有限公司以超过股票票面金额的价格发行股份所得的溢价款以及国务院财政部门规定列入资本公积金的其他收入,应当列为公司资本公积金。公司的公积金用于弥补公司的亏损、扩大公司生产经营或者转为增加公司资本。但是,资本公积金不得用于弥补公司的亏损。

(四)向投资者分配利润

公司本年净利润扣除弥补以前年度亏损、提取法定盈余公积金和任意盈余公积金后的余额,加上年初未分配利润贷方余额,即为公司本年可供投资者分配的利润,按照分配与积累并重原则,确定应向投资者分配的利润数额。

【例11-1】假定某公司2014年年初未分配利润账户的贷方余额为37万元,2012年发生亏损100万元,2015—2019年的每年税前利润为10万元,2020年税前利润为15万元,2021年税前利润为40万元。所得税税率为25%,盈余公积金计提比例为10%。问:(1)2020年是否缴纳所得税?是否计提盈余公积金?(2)2021年可供给投资者分配的利润为多少?

(1) 2020年年初未分配利润=37−100+10×5=−13(万元)(为以后年度税后利润应弥补的亏损)

2020年应缴纳所得税=15×25%=3.75(万元)

本年税后利润=15−3.75=11.25(万元)

公司可供分配的利润=11.25−13=−1.75(万元)

不能计提盈余公积金。

(2) 2021年税后利润=40×(1−25%)=30(万元)

可供给分配的利润=30−1.75=28.25(万元)

计提盈余公积金=28.25×10%=2.825(万元)

可供给投资者分配的利润=28.25−2.825=25.425(万元)

分配给投资者的利润,是投资者从公司获得的投资回报。向投资者分配利润应遵循纳税在先、公司积累在先、无盈余不分利的原则,其分配顺序在利润分配的最后阶段,这体现了投资者对公司的权利、义务以及投资者所承担的风险。

三、股利支付的方式

公司通常以多种形式发放股利,股利支付形式一般有现金股利、股票股利、财产股利和负债股利,其中最为常见的是现金股利和股票股利。目前我国上市公司的股利分配只存在现金股利和股票股利两种形式,在这里我们只介绍这两种形式。

(一)现金股利

现金股利,俗称派现,是上市公司以现金形式支付给股东的股息红利。现金股利是公司最常见的,也是最易被投资者接受的股利支付方式。由于现金股利的多少可直接影响股票的市场价格,公司必须依据实际情况对其全面权衡,并制定合理的现金股利政策。

从财务角度考虑,发放现金股利须具备这样一些条件:①有足够的留存收益,以保证再投资资金的需要;②有足够的现金,以保证生产经营需要和股利支付需要;③有利于改善公司的财务状况。

(二)股票股利

股票股利,是指公司以增发的股票作为股利的支付方式。由于这种方式通常按现有普通股股东的持股比例增发普通股,所以它既不影响公司的资产和负债,也不增加股东权益的总额。但是股票股利增加了流通在外的普通股的数量,每股普通股的权益将被稀释,从而可能会影响公司股票的市价。因此,对股票股利进行研究具有重要的现实意义。

公司发放股票股利既不使用公司的资金,也不增加公司的财产,因此不会导致资产的流出或负债的增加,公司的资产和负债总额都不会改变,资产扣除负债以后的所有者权益也不会变化,可见,股票股利的支付并不会增加股东的财富。但股票股利的支付,是将留存的未分配利润和盈余公积金转化为资本金,会引起资金在所有者权益各项目之间的再分配。

对股东个人而言,发放股票股利后,他所持有的股票数量增加了,但在公司股东权益中所占的比例却仍保持不变,其实际拥有公司的价值也没有变化。

【例 11-2】 某公司在发放股票股利前股东权益的构成如表 11-2 所示。

表 11-2 发放股票股利前股东权益的构成   单位:万元

项 目	股东权益的构成
普通股(每股面值 1 元,已发行 40 万股)	40
资本公积	80
未分配利润	400
股东权益合计	520

假定该公司宣布发放 10%的股票股利,即发放 4 万股普通股股票,并规定现有股东每持 10 股可得一股新发放股票。若该股票当时市价为 20 元,随着股票股利的发放,须从"未分配利润"项目划转出的资金如下。

20×40×10%=80(万元)

由于股票面值(1 元)不变,发放 4 万股,普通股只应增加"普通股"项目 4 万元,其余的 76 (80-4)万元应作股票溢价转至"资本公积"项目,而公司股东权益总额保持不变。发放股票股利前后股东权益的构成对比如表 11-3 所示。

表 11-3　发放股票股利前后股东权益的构成对比　　　　　　　单位：万元

项　　目	发放股票股利前	发放股票股利后
普通股(每股面值 1 元，已发行 44 万股)	40	44
资本公积	80	156
未分配利润	400	320
股东权益合计	520	520

可见，发放股票股利，不会对股东权益总额产生影响，但会发生资金在各股东权益项目间的再分配。

发放股票股利后，如果盈利总额不变，会由于普通股股数增加而引起每股收益和每股市价的下降；但又由于股东所持股份的比例不变，每位股东所持股票的市场价值总额仍保持不变，因为股东权益总额没有因发放股票股利而增加或减少。

【例 11-3】承例 11-2，如果该公司本年度的收益为 88 万元，某股东持有的普通股股数为 4 万股，发放股票股利前后每股收益、市价和股东持股状况对比如表 11-4 所示。

表 11-4　发放股票股利前后每股收益、市价和股东持股状况对比

项　　目	发放股票股利前	发放股票股利后
每股收益(元)	88÷40=2.2	88÷44=2
每股市价(元)	20	20÷(1+10%)=18.18
持股比例(%)	4÷40=10	4.4÷44=10
所持股票总值(万元)	20×4=80	18.18×4.4=80

发放股票股利对每股收益和每股市价的影响，可以通过对原每股收益、每股市价的调整直接计算如下。

$$\text{发放股票股利后的每股收益} = \frac{E_0}{1+D_S} \tag{11.1}$$

式中，E_0 为发放股票股利前的每股收益；D_S 为股票股利发放率。

$$\text{发放股票股利后的每股市价} = \frac{M}{1+D_S} \tag{11.2}$$

式中，M 为股利分配权转移日的每股市价；D_S 为股票股利发放率。

根据上面的例子：

$$\text{发放股票股利后的每股收益} = \frac{2.2}{1+10\%} = 2(\text{元})$$

$$\text{发放股票股利后的每股市价} = \frac{20}{1+10\%} = 18.18(\text{元})$$

发放股票股利的意义如下。

从纯粹经济的角度看，股票股利没有改变公司股东权益总额，既不增加股东财富与公司的价值，也不改变财富的分配，仅仅增加了股份数量，但对股东和公司都有特殊意义。

从股东方面看，发放股票股利的主要意义如下。

(1) 如果公司在发放股票股利的同时支付现金股利，股东会因所持股数的增加而得到更多的现金。例如，公司宣布发放 10%的股票股利，同时每股支付现金股利 3 元，某拥有 200 股股票的股东可得现金股利为 660[3×200×(1+10%)]元。

若不发放股票股利，该股东所得现金股利只有 600(3×200)元。可见，发放股票股利的同时支付现金股利是受股东欢迎的。

(2) 根据国际上的经验，在少量发放股票股利的情况下，公司的股票价格并不会成比例地下降；相反，如果公司的经营前景良好，股票价格还会因此上升。因为，在经营前景良好的情况下，适当多持有股票可在将来分得更多的股利，股东也可从相对上升的股票价格中得到更多的资本收益。

(3) 发放股票股利通常由成长中的公司所为，因此投资者往往认为发放股票股利预示着公司将会有较大发展，利润将大幅度增长，足以抵消增发股票带来的消极影响。这种心理会稳定住股价甚至反而略有上升。

(4) 在股东需要现金时，还可以将分得的股票股利出售。根据有关税法，出售股票所需交纳的资本收益(价值增值部分)税率一般低于现金股利所需缴纳的所得税税率，这使得股东可以从中获得纳税上的好处。

从公司方面看，发放股票股利的主要意义如下。

(1) 发放股票股利既不需要向股东支付现金，又能给股东留下从公司获得了投资回报的印象，保持了股利的持续发放，是一个既不减少现金，又可使股东分享利润的两全其美的方法。而且公司持有大量现金，便于进行再投资，有利于公司长期发展。

(2) 发放股票股利可以降低股票市价，当公司股票价格较高，不利于交易时，股票股利有稀释股权的作用，从而吸引更多的投资者，促进交易更加活跃。

(3) 从国内国际经验看，发放股票股利往往意味着公司再投资机会较多，发展前景较好，从而使投资者看好公司的股票，并由此稳定和提高公司的股票价格。然而，在某些情况下，发放股票股利也会被认为是公司资金周转不灵的征兆，从而降低投资者对公司的信心，加剧股价的下跌。

(4) 发放股票股利的费用比发放现金股利的费用大，会增加公司的负担。

四、股利发放程序

在股票市场中，股票可以自由买卖。一个公司的股票不断地在流通，它的持有者经常在变换，为了明确究竟哪些人应该领取股利，必须有一套严格的派发程序，确保股利的正常发放。

(一)股利宣告日

股利宣告日是指公司董事会将股东大会通过本年度利润分配方案以及股利支付情况予以公告的日期。宣告股利发放的通知书内容包括：股利发放的数目、股利发放的形式，同时宣布股权登记日、除息日和股利支付日以及派发对象等事项。

(二)股权登记日

股权登记日是指即有权领取本期股利的股东资格登记截止日期,也称为除权日,通常在股利宣告日以后的两周至一个月内。只有在股权登记日前在公司股东名册上有名的股东,才有权领取本期股利。而在这一天之后登记在册的股东,即使是在股利支付日之前买入的股票,也无权领取本期分配的股利。证券交易所的中央清算登记系统会为股票登记提供服务。

(三)除息日

除息日是指领取股利的权利与股票本身相互分离的日期,将股票中含有的股利分配权利予以解除,即在除息日当日及以后买入的股票不再享有本次股利分配的权利。在除息日前,股利权从属于股票,持有股票者即享有领取股利的权利;除息日始,股利权与股票相分离,新购入股票的人不能分享股利。除息日的确定是证券市场交割方式决定的,因为股票买卖的交接、过户需要一定时间。在美国,当股票交割方式采用例行日交割时,股票在成交后的第五个营业日才办理交割,即在股权登记日的第四个营业日以前购入的新股东,才有资格领取股利。在我国,由于采用次日交割方式,则除息日通常是在登记日的下一个交易日。

由于在除息日之后购买股票的股东将不能参与股利分配,因此在除息日的当天,股票的市场价格一般会下跌,下降的幅度理论上等于支付的现金股利。

(四)股利支付日

股利支付日是指公司确定的向股东正式发放股利的日期。在这一天,公司将股利支票寄给有资格获得股利的股东,也可通过中央清算登记系统直接将股利打入股东的现金账户,由股东向其证券代理商领取。同时,抵冲资产负债表中的股利负债金额。

【例 11-4】假定某公司于 2×20 年 3 月 16 日发布了《公司派发现金红利实施公告》。公告称该公司在 2×20 年 3 月 13 日召开的 2×19 年度股东大会上,通过了董事会提出的每 10 股派发 5 元的股利分配预案,公司将于 2×20 年 5 月 15 日将股利支付给已在 2×20 年 4 月 17 日登记在册的股东。确定该公司股利支付相关的日期。

本例中,股利宣告日是 2×20 年 3 月 16 日,股权登记日是 2×20 年 4 月 17 日,除息日是 2×20 年 4 月 20 日,股利发放日为 2×20 年 5 月 15 日,股利分配过程如图 11-1 所示。

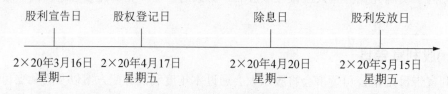

图 11-1 股利分配过程

第四节 股票分割与股票回购

一、股票分割

股票分割,也称拆股,是指在公司股票总面值不变的条件下,将面额较高的股票交换成数股面额较低的股票的行为。例如,西南公司股票原来的面值每股为 10 元,若该股票进行一分十的股票分割,则分割后的股票面值为 1 元。股东持有股票的数量将增加 10 倍。

股票分割的最主要原因是降低每股股票市场价格,从而提高股票在市场上的流通性。面值较大的股票,其市场价格一般较高,往往不受投资者欢迎,在股票市场上的流通比较困难。这是由于大多数国家的股票市场,股票的交易往往以手(100 股)为单位。这样,面值大的股票每股价格相应也较高,使得一般的投资者难以购买。若减小股票的面值,则相应的市场价格也减小,可以满足大多数投资者的需要,活跃股票的交易。

股票分割不属于某种股利方式,但其所产生的效果与发放股票股利近似,故而在此一并介绍。股票分割时发行在外的股数增加,使得每股面额降低,每股盈余下降;但公司价值不变,股东权益总额、权益各项目的金额及其相互间的比例也不会改变。这与发放股票股利时的情况既有相同之处,又有不同之处。

【例 11-5】某公司原发行面额 2 元的普通股 10 万股,若按 1 股换成 2 股的比例进行股票分割,分割前后的股东权益的构成如表 11-5、表 11-6 所示,分割前后的每股收益计算如下。

表 11-5 股票分割前的股东权益的构成　　　　　　　　　　　　　　　　单位:万元

项　　目	金　　额
普通股(每股面值 2 元,已发行 10 万股)	20
资本公积	40
未分配利润	200
股东权益合计	260

由表 11-5 可得出,如果该公司当年的收益为 22 万元,股票分割前的每股收益为 2.2(22÷10)元。

表 11-6 股票分割后的股东权益的构成　　　　　　　　　　　　　　　　单位:万元

项　　目	金　　额
普通股(每股面值 1 元,已发行 20 万股)	20
资本公积	40
未分配利润	200
股东权益合计	260

由表 11-6 可得出,股票分割未使该公司的股东权益结构发生变化。此时假定该公司股票分割后净收益不变,则股票分割后的每股收益由 2.2 元变为了 1.1(22÷20)元,该公司的每股市价会因此而下降。

尽管股票分割与发放股票股利都能达到降低公司股价的目的，但一般地讲，只有在公司股价剧涨且预期难以下降时，才采用股票分割的办法降低股价；而在公司股价上涨幅度不大时，往往通过发放股票股利将股价维持在理想的范围之内。

若公司认为自己股票的价格过低，为了提高股价，会采取反分割(也称股票合并)的措施。反分割是股票分割的相反行为，即将数股面额较低的股票合并为一股面额较高的股票。例如，若例 11-5 中原面额 2 元、发行 10 万股的股票，按 2 股换成 1 股的比例进行反分割，该公司的股票面额将成为 4 元，股数将成为 5 万股，市价也将上升。

二、股票回购

(一)股票回购的定义

股票回购是指公司在有多余现金时，向股东回购自己的股票。近几年，股票回购已成为公司向股东分配利润的一个重要形式，尤其当避税效用显著时，股票回购就可能是股利政策的一个有效的替代方式。

股票是上市公司的所有权证书，代表了投资者在公司中的投资及其衍生权益，因此股票回购可以理解为减少公司资本的行为。但是，上市公司真正直接为了"减资"而进行股票回购的情况是比较少的。通常，公司回购股票是为了调整资本结构、发挥财务杠杆的作用，从而改善资金运用效率，达到利润分配或反收购等目的。股票回购是证券市场发展到一定阶段的产物，是上市公司财务管理中一个重要的领域，其最终目的在于使股价上升，使股东财富最大化。

我国《公司法》规定，公司只有在以下六种情形下才能回购本公司的股份：①减少公司注册资本；②与持有本公司股份的其他公司合并；③将股份用于员工持股计划或者股权激励；④股东因对股东大会作出的公司合并、分立决议持异议，要求公司收购其股份的；⑤将股份用于转换上市公司发行的可转换为股票的公司债券；⑥上市公司为维护公司价值及股东权益所必需。

公司因上述第①种情形收购本公司股份的，应当自收购之日起 10 日内注销；属于第②种和第④种情形的，应当在 6 个月内转让或者注销；属于第③种情形收购本公司股份的，不得超过本公司已发行股份总额的 5%，用于收购的资金应当从公司的税后利润中支出，所收购的股份应当在 1 年内转让给职工。可见我国法规并不允许公司拥有西方实务中常见的库存股。

(二)股票回购的方式

一旦公司决定回购股票，管理者必须选择一种恰当的方式来实施股票回购计划。股票回购的方式主要有以下三种。

1. 公开市场回购

公开市场回购是指公司在股票的公开交易市场上以等同于任何潜在投资者的地位，按照公司股票当前市场价格回购股票。这种方式很容易推高股价，从而增加回购成本。此外，交易税和交易佣金也较高。

2. 要约回购

要约回购是指公司在特定期间向市场发出的以高出股票当时市场价格的某一价格，回购既定数量股票的回购。这种方式赋予所有股东向公司出售其所持股票的均等机会。与公开市场回购相比，要约回购通常被认为是更积极的信号，原因在于要约价格存在高出股票当前价格的溢价。但是，溢价会导致回购要约的执行成本较高。

3. 协议回购

协议回购是指公司以协议价格直接向一个或多个主要股东购回股票。协议价格通常低于当前的股票价格。但是，有时公司也会以超常溢价向其认为有潜在威胁的非控股股东回购股票。由于这种股票回购不是面向全部股东，所以如果回购价格太高将损害其他股东的利益。

（三）股票回购的动机

公司实施股票回购的目的是多方面的。在证券市场上，股票回购的动机主要有以下七点。

1. 代替现金股利

对公司来讲，派发现金股利会对公司形成未来的派现压力，而股票回购属于非正常股利政策，不会给公司带来未来的派现压力。对股东来讲，需要现金的股东可以选择出售股票，不需要现金的股东可以选择继续持有股票。因此，当公司有富余资金，但又不希望通过派现方式进行分配的时候，股票回购可以作为现金股利的一种替代方式。

2. 提高每股收益

由于财务上的每股收益指标是以流通在外的股份数作为计算基础的，有些公司出于自身形象和投资人渴望高回报等原因，采取股票回购的方式来减少实际支付股利的股份数，从而提高每股收益。

3. 改善公司的资本结构

股票回购可以通过改变公司的资本结构和每股收益来影响市场价值。当公司认为其权益资金在资本结构中所占的比例过大、负债与权益的比率失衡时，就有可能对外举债，并用举债所得资金去购回其自身的股票，以提高公司财务杠杆水平，优化资本结构。

4. 传递公司的信息，以稳定或提高公司的股价

股票回购是公司向股东传递信号的一种方式。由于信息不对称及其差异，公司的股票价格可能被市场低估，而过低的股价将会对公司产生负面影响。因此，当公司认为其股价被低估时，可以进行股票回购，以向市场和投资者传递有关公司真实价值的信息，增强投资者对公司股票的信心，稳定或提高公司的股价。

5. 巩固既定控制权或转移公司控制权

许多股份公司的大股东为了保证其控制权不变，往往采取直接或间接的方式回购股票，从而巩固其既有的控制权。另外，有些公司的法定代表人并不是公司大股东的代表，为了保证不改变在公司中的地位，也为了能在公司中实现自己的意志，往往也采取股票回购的方式分散或削弱原股东的控制权，以实现控制权的转移。

6. 防止敌意收购

股票回购有助于公司管理者避开竞争对手企图收购的威胁,因为它可以减少公司流通在外的股份,提高股价,从而使得收购方更难达到控制公司的法定股份比例的目的。

7. 满足公司兼并与收购的需要

在进行公司兼并与收购时,产权交换的实现方式包括现金购买和换股两种。如果公司有库藏股,则可以用公司的库藏股来交换被并购公司的股权,这样可以减少公司的现金支出。

(四)股票回购的影响

1. 股票回购对上市公司的影响

股票回购需要大量现金支付回购的成本,容易造成资金紧张,使资产流动性降低,影响公司的后续发展;公司进行股票回购,无异于股东退股或公司资本的减少,在一定程度上削弱了对债权人利益的保障,股票回购可能使公司的发起人股东更注重创业利润的兑现,而忽视公司长远的发展,损害公司的根本利益;股票回购容易导致公司操纵股价。公司回购自己的股票,容易导致其利用内幕消息进行炒作,或操纵财务信息,加剧公司行为的非规范化,使投资者蒙受损失。

2. 股票回购对股东的影响

对于投资者来说,与现金股利相比,股票回购不仅可以节约个人税收,而且具有更大的灵活性。因为股东对公司派发的现金股利没有是否接受的可选择性,而对股票回购则具有可选择性,需要现金的股东可以选择卖出股票,而不需要现金的股东则可以继续持有股票。如果公司急于回购相当数量的股票,而对股票回购的出价太高,以至于偏离均衡价格,那么结果会不利于选择继续持有股票的股东。因为回购行动过后,股票价格会出现回归性下跌。

本 章 小 结

股利理论是关于公司发放股利是否对公司的生产经营、信誉、公司的价值等产生影响的理论。根据股利政策对公司价值有无影响,目前有两种不同的观点:股利无关论和股利相关论。

股利政策是关于公司是否发放股利、发放多少股利以及何时发放股利等方面的方针和策略。公司在制定股利政策时,要兼顾公司股东和公司未来发展两方面的需要,根据侧重点的不同,公司经常采用的股利政策有四种,学习时要理解并会运用。股利政策的具体选择受到很多方面因素的影响,要了解并能分析。

股票股利是常见的股利支付方式之一,通常按现有普通股的持股比例增发普通股股票。发放股票股利后,不会对股东权益总额产生影响,但会发生资金在各股东权益项目间的再分配,而且对每股收益和每股市价产生影响,股票股利的发放,对股东和公司都会产生重大意义。股票分割,是指在公司股票总面值不变的条件下,将面额较高的股票交换成数股面额较低的股票的行为，其最主要动因是降低每股股票市场价格，从而提高股票在市场上的流通性。股票分割不属于股利支付方式，但其所产生的效果与发放股票股利近似，学习时应理解并掌握。

股票回购是指公司在有多余现金时，向股东回购自己的股票，股票回购可以理解为减少公司资本的行为，因此按照我国《公司法》的规定，必须在符合《公司法》规定的情形时，才能回购股票。学习时应理解股票回购的方式、动机，以及回购后对公司造成的影响。

关 键 词

股利理论(dividend theory)　剩余股利政策(residual dividend policy)　固定股利支付率政策(constant payout ratio)　股票股利(stock dividends)　股票分割(stock split)　股票回购(stock repurchase)

思 考 题

1. 股利理论有哪些观点？你是怎样理解的？
2. 公司经常采用的股利分配政策有哪几种类型？每一种股利分配政策有何优缺点？
3. 什么是剩余股利政策？它对股票价格有何影响？
4. 试述采用固定股利或稳定增长股利政策的理由及不足之处。
5. 影响股利分配的主要因素有哪些？
6. 试述公司自身因素对制定股利政策的影响。
7. 简述公司盈利分配的顺序。
8. 股票分割的意义是什么？
9. 股利支付形式主要有哪几种？各有什么特点？
10. 什么是股票股利？什么是股票分割？两者有何区别？
11. 《公司法》规定的允许股票回购的情形有哪些？
12. 股票回购对上市公司和股东会造成什么样的影响？

 微课资源

扫一扫，获取相关微课视频。

股利政策.mp4　　　　股利支付的方式及其发放程序.mp4　　　　股票分割与股票回购(1).mp4

参 考 文 献

[1] 王化成. 财务管理[M]. 5 版. 北京：中国人民大学出版社，2017.
[2] 陆正飞. 财务管理[M]. 3 版. 大连：东北财经大学出版社，2010.
[3] 宋献中，熊楚熊. 公司理财[M]. 杭州：浙江人民出版社，2000.
[4] 荆新，王化成，刘俊彦. 财务管理学[M]. 8 版. 北京：中国人民大学出版社，2018.
[5] 郭复初. 财务管理学[M]. 4 版. 成都：西南财经大学出版社，2012.
[6] 张鸣，陈文浩，张月武. 财务管理[M]. 2 版. 北京：高等教育出版社，2007.
[7] 刘淑莲. 财务管理[M]. 5 版. 大连：东北财经大学出版社，2019.
[8] 财政部注册会计师考试委员会办公室. 财务成本管理[M]. 北京：财政经济出版社，2019.
[9] 冯巧珍. 财务管理[M]. 5 版. 北京：清华大学出版社，2017.
[10] 黄虹. 财务管理基础[M]. 上海：上海财经大学出版社，2013.
[11] 斯蒂芬·罗斯，伦道夫·W. 威斯特菲尔德，杰弗利·贾菲，等. 公司理财[M]. 5 版. 李常青，魏志华，等，译. 北京：中国人民大学出版社，2018.
[12] 斯蒂芬·A. 罗斯，伦道夫·W. 威斯特菲尔德，布拉德福德·D. 乔丹. 公司理财(精要版)[M]. 10 版. 谭跃，周卉，丰丹，译. 北京：机械工业出版社，2014.
[13] 詹姆斯·范霍恩，约翰·瓦霍维奇. 现代企业财务管理[M]. 10 版. 郭浩，徐琳，译. 北京：经济科学出版社，1998.